Stefan Hug
Migrantengewalt

Stefan Hug

Migrantengewalt

Wie sich unser Staat selbst entmachtet

Bublies Verlag

IMPRESSUM:

Stefan Hug, Migrantengewalt. Wie sich unser Staat selbst entmachtet
© 2010 Verlag Bublies, 56290 Beltheim-Schnellbach
Internetadresse: http://www.bublies-verlag.de
e-mail-Adresse:bublies-verlag@t-online.de
Umschlaggestaltung: © Studio Haneke, Essen
Fotos: ArtusArt / Martin Fally - Fotolia.com / MEV
Druck: Eigendruck
Printed in Germany
ISBN: 978-3-937820-13-2

Inhaltsverzeichnis:

GANZ NORMALE POLIZEIEINSÄTZE?

Am 14. November 2006 versuchten abends im »Wrangel-Kiez« in Berlin-Kreuzberg junge Türken einen fünfzehnjährigen Deutschen auszurauben. Kurz darauf wurden einige Tatverdächtige von Polizeibeamten gestellt, aber bis auf zwei laufengelassen. Die Polizisten entschieden sich, den beiden für ihr Alter ziemlich kräftigen und widerspenstigen Zwölfjährigen Handfesseln anzulegen.

Mittlerweile waren jedoch andere Einwohner des Viertels auf die Polizei aufmerksam geworden. Im Nu bildete sich eine Rotte von 80 bis 100 Personen, meist Türken und Araber, die einen Halbkreis um die Beamten bildeten. Aus dieser Menge heraus wurden die Polizisten bespuckt, beleidigt und bedroht. Aufgrund der Übermacht entschlossen sich diese, massive Verstärkung herbeizurufen, die schließlich 40 Mann der Bereitschaftspolizei betrug.[1]

Bis diese Verstärkung eintraf, mußten sie sich noch des tätlichen Angriffs eines dreiundzwanzigjährigen Türken aus der Meute erwehren. Mehmet S. wurde deshalb kurzzeitig festgenommen und behauptete nach seiner Freilassung, von den Beamten in einem Polizeiwagen mißhandelt worden zu sein.[2]

Die anderen konnten mit Abwehrspray und Schlagstöcken auf Distanz gehalten werden. Mehmet S. war schon vor dieser Sache bei der Polizei bekannt. Auch danach blieb er auffällig: Am 1. März 2008 stach er in Kreuzberg einen Busfahrer nieder und stellte sich knapp drei Wochen nach der Tat.[3]

Der »Wrangel-Kiez« gehört zu jenen Gebieten der Millionenstadt Berlin, in denen besonders viele Ausländer und deutsche Staatsbürger mit »Migrationshintergrund« leben. Das kann man von Erkner nicht behaupten, einem Ort mit knapp 12 000 Einwohnern in Brandenburg, direkt an der Stadtgrenze zu Berlin. Dort fand am 27. Mai 2008 zwi-

---

1   »Der Tagesspiegel« vom 16. November 2006
2   »Frankfurter Allgemeine« vom 17. und 20. November 2006, »taz« vom 20. November 2006, 1., 12. und 27. Dezember 2006
3   »Der Tagesspiegel« vom 19. März 2008

schen einem deutschen Jugendlichen und türkischen Jugendlichen aus Berlin eine verbale Auseinandersetzung statt. Einen Tag später tauchten bis zu 30 türkische Jugendliche aus Berlin vor einer Schule in Erkner auf, offenbar um in einem »Racheakt« den Deutschen zu verprügeln. Dieser konnte sich ins Schulgebäude flüchten, worauf die Türken andere Jugendliche, darunter auch Mädchen, attackierten. Für Erkner bedeutete das einen Großeinsatz der Polizei: »Alle verfügbaren Kräfte der Polizeiwache Erkner, also der komplette Wach- und Wechseldienst, die Revierpolizisten sowie die Mitarbeiter von Wasserschutzpolizei und Kripo haben daraufhin im Stadtgebiet 16 Verdächtige vorläufig festgenommen«.[4]

Baden-Württemberg genießt in Fragen der öffentlichen Sicherheit einen ähnlich guten Ruf wie Bayern. Daß man sich aber auch dort den »Berliner Verhältnissen« annähert, bewies ein Vorfall in der Gemeinde Achern bei Karlsruhe, die etwa 25 000 Einwohner zählt. Am 15. Juli 2007 kam es nach einem Stadtfest zu einer Auseinandersetzung, bei der ein 24-jähriger algerischer Asylbewerber festgenommen wurde. Das hatte gravierende Folgen. »Gegen 0.40 Uhr rotteten sich am Hintereingang zum Hof des Polizeireviers mehrere Personen zusammen. Darunter etwa ein halbes Dutzend Algerier und die Ehefrau des Festgenommenen. Sie rüttelten am Schiebetor und verlangten lauthals die Freilassung ihres Landsmanns. Die Situation drohte zu eskalieren, aus Offenburg, Kehl, von der Autobahnpolizei, der Hundestaffel und von der Bundespolizei fuhren Streifen zur Verstärkung los.« Zwischenzeitlich waren zwei Algerier in den Hof des Polizeireviers eingedrungen. Man benötigte 22 Polizisten, um die Situation unter Kontrolle zu bringen.[5]

Handelt es sich bei solchen Vorfällen um ganz normale, alltägliche Polizeieinsätze? In einem gewissen Sinne schon. »Normal« sind diese Einsätze in der Hinsicht, daß sie immer öfter vorkommen und selbst in bundesdeutschen Kleinstädten fast schon zur Regel werden (außer Erkner und Achern ließen sich noch Dutzende andere Beispiele anführen).

---

4   »Märkische Oderzeitung« vom 29. Mai 2008
5   »ka-news« (Online-Tageszeitung für Karlsruhe) vom 15. Juli 2007

»Nicht normal« bleiben sie allerdings in einem anderen Punkt. Die Personen, die hier kriminelles Verhalten an den Tag legen und mit ihrem außergewöhnlich aggressiven Auftreten starke Polizeikräfte binden, stellen keinen Durchschnitt oder repräsentativen Querschnitt aus der deutschen Bevölkerung dar. Es handelt sich im Gegenteil fast durchweg um ethnische Türken, Kurden und Araber, vereinzelt auch um Albaner oder Angehörige anderer Völker. Auffallend ist, daß sie vor allem aus Kulturkreisen stammen, in denen der Islam die dominierende Religion stellt.

Man kann deshalb mit Fug und Recht behaupten, daß aus einem Bevölkerungsteil, der nur 5% der Gesamtbevölkerung Deutschlands umfaßt, sich zunehmend die überwiegende Mehrheit jener Personen rekrutiert, welche die Polizei zu kräftezehrenden Großeinsätzen zwingen.

Das sei an einem konkreten Beispiel erläutert. Der Landfriedensbruch – die Zusammenrottung gewalttätigen Charakters – ist das klassische Delikt, das einerseits das Gewaltmonopol des Staates angreift, andererseits eine große Zahl von Polizisten zur Regulierung erfordert. Matthias Rebmann hat in einer Tabelle die Entwicklung der Tatverdächtigenzahlen von 1986 bis 1995, aufgegliedert nach Deutschen und Nichtdeutschen, dargestellt. Von den neunzehn ausgewählten Deliktgruppen erfuhr der Landfriedensbruch die höchste Steigerung, um satte 315,7% von 261 nichtdeutschen Tatverdächtigen 1986 zu 1085 nichtdeutschen Tatverdächtigen im Jahr 1995. Bei den Deutschen wuchs die Zahl im gleichen Zeitraum nur um 30,6%.

Noch aussagekräftiger wird die Statistik, wenn man nach einzelnen Nationalitäten aufschlüsselt: Von den nichtdeutschen Tatverdächtigen dieses Delikts waren im Jahr 1995 überwältigende 73,7% Türken, während die Jugoslawen nur bei 5,9%, Italiener bei 2,9%, Polen bei 1,1 % rangierten.[6]

Ethnische Türken und Kurden (die zu dieser Zeit meist die türkische Staatsbürgerschaft innehatten) sind also beim Landfriedensbruch enorm

---

6   Matthias Rebmann, Ausländerkriminalität in der Bundesrepublik Deutschland, S. 79, S. 109

überrepräsentiert. Inzwischen ist ihr Anteil an diesem Delikt erheblich gesunken, was aber vor allem auf die verstärkte Einbürgerung seit 1998 zurückzuführen ist, welche allgemein einen stark verfälschenden Einfluß auf die Kriminalstatistik ausübt.

Paradigmatisch kann an solchen Vorfällen wie im »Wrangelkiez« abgelesen werden, was sich an Konfliktpotential in deutschen Städten zusammenbraut – und zwar nicht nur in deren »Ausländer-Ghettos« wie Kreuzberg.

Ein maßgeblicher Teil der Medien – bei dem Vorfall im »Wrangel-Kiez« beispielsweise die »taz« – verarbeitet die Ereignisse in einer Art, daß sich der Eindruck einer Parteinahme für Landfriedensbrecher und steter Schuldzuweisung an die Polizei geradezu aufdrängt. Die »taz« wirft sich für den »Kiez« in die Bresche, wenn sie schreibt »Wrangelkiez geht auf Distanz« (nämlich auf Distanz zur Polizei!). Sie läßt die Teilnehmer der Zusammenrottung ausführlich zu Wort kommen, die behaupten, daß Mehmet S. zuerst von den Beamten niedergeschlagen worden sei. Den Polizisten wird zudem eine generelle Diskriminierung von Ausländern unterstellt »Warum werden wir ungerecht behandelt« und desweiteren bestechende Argumente für die Unschuld der Halbwüchsigen ins Feld geführt: »Die meisten Schaulustigen kennen die Kinder: Es seien brave Jungs, die ihre Hausaufgaben machen und *in die Moschee gehen.*«[7]

Mit dem Ausdruck »Schaulustigen« für die Teilnehmer an der Zusammenrottung signalisiert die »taz«, daß sie dem Vorfall einen weniger bedrohlichen Akzent verleihen möchte. Nicht wundern braucht man sich über die Berichterstattung der türkischen Tageszeitung »Hürriyet«, die schrieb »Die deutsche Polizei provoziert« und behauptete, Mehmet S. sei von den Polizisten krankenhausreif geprügelt worden.[8]

Darüber hinaus werden die Ereignisse von Teilen der Legislative instrumentalisiert, um politisches Kapital für ihre Klientel daraus zu schlagen. So berichtete die »Frankfurter Allgemeine«, »die Grünen im Berli-

---

7   »taz« vom 20. November 2006, Hervorhebung von S.H.
8   »Der Tagesspiegel« vom 27. November 2006

ner Abgeordnetenhaus (...) forderten den Einsatz türkisch- und arabischsprachiger Polizisten«. Diese »hätten anders auf die zwei zwölf-jährigen Jugendlichen einwirken können, als sie mit Handfesseln an die Wand zu stellen«[9]

Die »taz« schrieb über eine weitere, konkrete Wirkung des Vorfalls: Jobcenter und Jugendamt des Bezirks legten ein Programm von 64 Lehrstellen für schwer vermittelbare junge Erwachsene auf. In ihrem gewohnt flapsigen Stil erzählt die Zeitung: »Für den Kreuzberger Wrangelkiez hat es sich ausgezahlt, als angebliche No-go-Area Schlag-zeilen zu machen.«[10]

Was solche Belohnungen für Gewalt – um nichts anderes handelt es sich – langfristig bewirken werden, wird von der Verfasserin des Tex-tes allerdings nicht thematisiert. Hier kommt zudem mit dem Begriff der *angeblichen* No-go-Area wieder eine Verharmlosung der Zustän-de in Kreuzberg ans Licht.

Die massive Bedrohung von Polizisten und der alteingesessenen Bevölkerung ist allerdings kein deutscher Sonderfall. Von Malmö in Schweden, Kopenhagen in Dänemark und vor allem von Paris ist oft in diesem Zusammenhang zu hören und zu lesen. In französischen Groß-städten ist das Abfackeln von Personenwagen inzwischen fast zu ei-nem Volkssport geworden. Verschiedene niederländische Städte haben inzwischen Ausgangssperren erlassen. Europaweit gilt, daß diese An-griffe auf die öffentliche Ordnung kaum von Einheimischen ausgehen. In Frankreich sind es primär Abkömmlinge von nordafrikanischen Ein-wanderern, in den Niederlanden Marokkaner, in Schweden ebenfalls Angehörige von orientalisch-muslimischen Kulturkreisen. Es ergibt sich so trotz der Verschiedenheit der Herkunft ein verblüffend einheitliches Muster. Das Problem scheint mit dem Islam in Verbindung zu stehen. Inwiefern das wirklich zutrifft, wird später noch erörtert.

Wie ist die Reaktion der Politik auf diese bedrohliche, sich stetig zu-spitzende Sicherheitslage? Geradezu reflexhaft wird in Deutschland beschworen, daß unterm Strich eigentlich alles unter Kontrolle sei und

---

9   »Frankfurter Allgemeine« vom 17. November 2006
10   »taz« vom 27. Dezember 2006

wir keineswegs auf französische Zustände zusteuern, wo in Pariser Vorstädten schon regelrechte Straßenschlachten von Maghrebinern mit der Polizei ausgetragen werden. In einem Radiointerview behauptete der Polizeipräsident Dieter Glietsch, es handele sich bei den Angriffen um »Ausnahmefälle«. »Die Darstellung, es gebe polizeifreie Räume in der Hauptstadt, wies er scharf zurück. (...) Der Kreuzberger Bürgermeister Schulz widersprach der Darstellung, es handle sich beim »Wrangelkiez« um eine »No-go-area«.«[11]

»Innensenator Körting sagt, er könne keine einzige Straße in Berlin nennen, durch die er nicht auch nachts alleine laufen würde.«[12]

Vielleicht sollte sich Körting bei seinen Untergebenen erkundigen, die durchaus eine andere Meinung haben. Der Kontaktbereichsbeamte Christian Eitel über den Soldiner Kiez im Bezirk Wedding: »er würde nachts nicht alleine in bestimmte Straßen gehen. ›Wenn Du alleine herumläufst, dann bist du ein Opfer.‹«[13]

Noch deutlicher wird Eberhard Schönberg, Landesvorsitzender der Gewerkschaft der Polizei (GdP) für Berlin. Er spricht bereits von »verlorenen Gebieten«. »Gemeint sind Teile von Wedding, von Tiergarten, von Schöneberg und Kreuzberg sowie Neukölln-Nord. (...) Denn leider muß bereits von Gettos gesprochen werden, in die sich einzelne Funkstreifenwagen nicht mehr hineinwagen, weil sie sich oft einem gewaltbereiten Mob gegenübersehen, der den Respekt vor der Polizei entweder verloren oder niemals gelernt hat.«[14]

Tage später ergänzte die »Berliner Morgenpost« das Lagebild mit einem weiteren Artikel: Täglich werden neun bis zehn Polizisten in Berlin attackiert. Die Angriffe werden zunehmend brutaler und geschehen nicht mehr nur in den klassischen Problemkiezen, sondern z.B. auch in Charlottenburg.[15]

---

9 »Frankfurter Allgemeine« vom 17. November 2006
10 »taz« vom 27. Dezember 2006
11 »Frankfurter Allgemeine« vom 17. November 2006
12 »Frankfurter Allgemeine« vom 22. März 2009
13 »Frankfurter Allgemeine« vom 22. März 2009
14 »Berliner Morgenpost« vom 9. Januar 2008
15 »Berliner Morgenpost« vom 20. Januar 2008

Die Wirklichkeit auf der Straße wird inzwischen schon in der Rechtswissenschaft wahrgenommen. Im Zusammenhang mit der Diskussion über die Privatisierung der Gefahrenabwehr spricht Vasileios Tzemos in seiner Dissertation davon, daß der Staat sich in den Augen vieler Bürger »als unfähig im Umgang mit der zunehmenden Kriminalität und in der Wahrnehmung seiner Schutzfunktion erweist« und konstatiert eine partielle Unfähigkeit der öffentlichen Polizeibehörden zur Wahrnehmung ihrer grundrechtlichen Schutzpflichten.[16]

In ähnlicher Weise argumentiert Christian Müller, der über das Gewaltmonopol promovierte und in der Gegenwart ebenfalls bedenkliche Tendenzen sieht:

»Das Gewaltmonopol wird von der stetig zunehmenden Bereitschaft, in der zwischenmenschlichen Auseinandersetzung Gewalt einzusetzen, in seinen Grundfesten berührt. Daß gefährliche und schwere Körperverletzungsdelikte im Jahr 2004 gegenüber 1994 um mehr als 59% zugenommen haben, der Diebstahl aber im gleichen Zeitraum um fast 29% abgenommen hat, zeigt, daß die Gewaltkriminalität Besorgnis erregende Ausmaße annimmt. (...) Dies (...) deutet auf eine Legitimationskrise des staatlichen Gewaltmonopols hin.

Systemimmanent wird das Gewaltmonopol durch die schlechte finanzielle Lage der öffentlichen Hand geschwächt. In einigen deutschen Großstädten wie Berlin, Bremen und Hamburg ist nach Umfragen das Sicherheitsgefühl der Bevölkerung erschreckend gering. Am Rande der Leistungsfähigkeit arbeitet die Polizei vor allem in der Hauptstadt – hat sie doch neben der allgemeinen Polizeiarbeit, Staatsbesuche, Großdemonstrationen und Sportgroßereignisse sicherheitstechnisch zu bewältigen. Qualitativ und quantitativ anspruchsvollere Aufgaben müssen mit immer weniger Personal im Bereich der Rechtspflege und der Polizei bewältigt werden. Der Staat, der von dem Bürger die Friedenspflicht einfordert, hat umgekehrt eine Schutzpflicht, den Bürger vor Angriffen zu sichern. Grundbedingung für ein wirkungsvolleres Handeln von Polizei und Justiz ist eine angemessene materielle und personelle Ausstattung.«[17]

---

16   Tzemos, Das Untermaßverbot, S. 156
17   Müller, Das staatliche Gewaltmonopol, S. 234-235

Daß die Polizei in manchen Konfliktsituationen kurzfristig zurück-weichen muß, wäre zu verschmerzen, wenn sie langfristig dennoch unmißverständlich klar macht, daß sie das Sagen hat. Doch gerade hier drängt sich der Eindruck auf, daß vielerorts speziell in Auseinanderset-zungen mit Migranten die Polizeikräfte fatale Zeichen der Schwäche aussenden und diese der Öffentlichkeit sogar noch als positiv zu wer-tende »Deeskalation« verkaufen wollen.

Beispielhaft sei hier ein Vorfall in der Stadt Melle bei Osnabrück erwähnt, die fast 50 000 Einwohner zählt. Am 15. Juni 2009 wollten zwei Polizisten zwei Personen auf einem Motorroller kontrollieren, da dessen Fahrer keinen Helm trug. Sie folgten dem Roller bis in eine Hofeinfahrt, wo der sechzehnjährige Fahrer nach einem Wortwechsel versuchte, sich der Kontrolle zu entziehen. Die aus dem Libanon stam-mende Großfamilie des Betroffenen strömte aus dem angrenzenden Haus und rief offenbar telefonisch Hilfe herbei, da sie von Personen aus hinzukommenden Autos verstärkt wurden. Am Schluß waren es 25 Personen, welche die zwei Polizeibeamten beleidigten, ihnen Vergel-tungsmaßnahmen und sogar den Tod androhten. Nur durch herbeigeru-fene massive Verstärkung konnte auch in diesem Fall die Situation ent-schärft werden. Eine Beamtin sah sich genötigt, ihre Schußwaffe zu ziehen, um die drohend vorrückende Menge in Schach zu halten. Die beiden Polizisten wurden so verletzt, daß sie im Krankenhaus behan-delt wurden und selbst danach nicht mehr dienstfähig waren.

Am 16. Juli 2009 erfuhr die Öffentlichkeit, daß die beiden Polizisten »vorsichtshalber momentan nicht in Melle eingesetzt« werden. Der Sprecher der Polizeiinspektion Osnabrück, Jens Jantos, begründete dies als »Vorsichtsmaßnahme« und kleidete die Kapitulation in folgende wohlgesetzte Worte:
»Ganz bewußt haben wir die Kollegen aus der Schußlinie genom-men, um den Zündstoff vor Ort rauszunehmen und einen eventuellen weiteren Kontakt mit der Familie zu vermeiden.«

Und die Meller Polizeichefin Christine Reinert beschrieb die Gefühls-lage der Polizisten, die mithalfen, die enthemmte arabische Großfamilie zurückzudrängen:

»Selbst gestandene Schutzleute, die früher in Brennpunkten Hannovers Dienst getan haben, hatten Todesangst.«[18]

Halten wir fest: Eine normale Routine-Verkehrskontrolle der Polizei entwickelt sich völlig unvorhersehbar zu einem Landfriedensbruch, an dem eine zweistellige Zahl von Migranten beteiligt ist, und der selbst altgedienten Polizisten *Todesangst* einjagt – Todesangst, die den Migranten nicht verborgen geblieben sein dürfte. Wie werden sie wohl auf die Tatsache reagieren, daß sie danach indirekt die Dienstpläne der Meller Polizei bestimmen können und einzelne Beamte an anderen Orten eingesetzt werden, nur um nicht mit ihnen konfrontiert zu werden? Kann daraus etwas anderes entstehen als ein Gefühl der Macht und der Überlegenheit gegenüber der deutschen Polizei? Zwar erfolgten Anzeigen gegen die Täter, da aber laut Meller Kreisblatt die meisten Angehörigen der Familie die deutsche Staatsbürgerschaft innehaben, kann bei ihnen das schärfste Instrument, die Ausweisung, nicht mehr in Anwendung gebracht werden. Und sollte einer von ihnen tatsächlich noch die libanesische Staatsbürgerschaft besitzen, ist es dennoch fraglich, ob er Deutschland wird verlassen müssen.

Daß die Angst der Meller Polizisten kein Einzelfall ist, belegt der »Brandbrief« eines Dienstgruppenleiters der Polizei Düsseldorf, veröffentlicht am 28. November 2008 in der Westdeutschen Zeitung. Darin wird die Überlastung der Polizei in Düsseldorf beklagt, die an Wochenenden in jeder Nacht knapp 100 Einsätze tätigen muß. Zwar benennt der Briefschreiber auch deutsche Gruppierungen – Fußballfans, Teilnehmer von Junggesellenabschieden – anfangs als Problemgruppen, wird dann aber bei der Schilderung der Qualität der Auseinandersetzungen ungewöhnlich deutlich:
»Ich bin an diesem Wochenende von Menschen aller Altersklassen bespuckt, beleidigt, mit Flaschen beworfen und sonst wie angegriffen worden. Komischerweise augenscheinlich durchweg von Migranten. (...) Ich habe an diesem Wochenende Mitarbeiter erlebt, die länger in der Altstadt sind (...) aber auch Berufsanfänger, die ihre ›Feuertaufe‹

---

18   »Meller Kreisblatt« vom 18. Juni 2009, 16. und 18. Juli 2009

erleben mußten. Ich mußte in den Gesichtern stellenweise Angst sehen und habe sie in Gesprächen zum Teil auch erlebt.«

Und er beschreibt konkret, was sich aus seiner Sicht verändert hat, nämlich daß sich die Situation »in den letzten Jahren permanent verschlimmert hat«. Seine Kollegen und Untergebenen versuchte er bisher bei der Stange zu halten mit dem Argument, daß es »da draußen im Einzelfall« schon einmal hart zugeht, es aber nicht die Regel ist. Das hat sich geändert. Es ist die Regel, und er beschreibt weiter ungefärbt, daß sich die Polizisten »verheizt« fühlen.

Bemerkenswert ist die zum Teil klägliche Durchsetzungskraft und Außenwirkung der Polizei inzwischen selbst auf die deutschen Bürger. Der Dienstgruppenleiter, der sich mit seiner Truppe gegen 200 Migranten durchsetzen mußte (dieses Durchsetzen gelang übrigens nur, weil Verstärkung eintraf und einer der Beamten die Schußwaffe zog!), die anfangs gedroht hatten, die Polizisten zu »töten«, wird in seiner strammen Haltung von deutschen Gastwirten bestätigt:

»Positive Rückmeldung erhielt ich von zwei Gastwirten. Traditionell bzw. politisch sind/waren die Personen nicht unbedingt Fans der Polizei, sagten mir aber übereinstimmend, daß sie den Einsatz der Polizei toll fanden und sich in ihrem Bereich mehr Polizeieinsätze wünschen würden. Zusammengefaßt darf ich aber feststellen, daß unser Ansehen in der Öffentlichkeit zusehends sinkt und erhebliche Auswirkungen bei der Durchführung unserer Maßnahmen hat.«[19]

Daß nicht nur die Polizei, sondern auch der deutsche Durchschnittsbürger Zielscheibe von Migrantengewalt ist, belegt ein Artikel aus dem »Focus« vom 5. März 2007. In der Badstraße in Berlin-Wedding rempelte ein Deutscher versehentlich eine Türkin an, die sofort auf ihn einprügelte und dann über Mobiltelefon Verstärkung herbeirief. Der Deutsche, der mit seiner Freundin unterwegs war, mußte sich mit ihr vor fünfzig (!) Türken in einen Supermarkt flüchten. Nur unter »Geleitschutz« der Polizei konnten sie den Ort verlassen. Aus der Menge wur-

---

19   »Westdeutsche Zeitung« vom 28. November 2008

de dabei gerufen: »Wir bringen euch um, ihr deutschen Drecksschweine! Das ist unser Bezirk, verpißt euch!«

Die massive Migrantengewalt hatte einen Vorläufer, nämlich die Kurdenproteste während der neunziger Jahre in Deutschland. Damals allerdings standen primär noch Kurden gegen Türken. Peter Scholl-Latour, Auslandskorrespondent mit jahrzehntelanger Erfahrung in Bürgerkriegsgebieten, schildert seine Sicht der deutschen Polizei, als im Februar 1999 Kurden das griechische Konsulat am Wittenbergplatz in Berlin besetzten:

»Die Polizeidirektion von Berlin hat von Anfang an auf Deeskalation gesetzt, das heißt, man nimmt den Landfriedensbruch und die gewaltsamen Ausschreitungen gegen das griechische Konsulat passiv und abwartend hin. Es wird diskutiert und über freien Abzug der Randalierer verhandelt, wobei ausdrücklich auf die Feststellung der Personalien verzichtet wird. Die Besatzer hätten sich ›kooperativ‹ verhalten, äußert sich ein Einsatzleiter der Ordnungskräfte und gesteht damit seine eigene Kapitulation vor der Gewalt ein.«[20]

Der Vorsitzende der Polizeigewerkschaft in Nordrhein-Westfalen, Erich Rettinghaus, brachte im Juli 2010 den Vorschlag, Polizisten aus der Türkei mit deutschen Beamten in Problemvierteln des Ruhrgebiets auf Streife gehen zu lassen. Meinte er das ernsthaft oder war sein Rat nur ein verklausulierter Hilfeschrei, wenn er betont, daß sein Vorschlag »keinesfalls als Kapitulation oder Offenbarungseid der deutschen Polizei« zu verstehen sei?[21]

Es ist offensichtlich: Die Polizei in Deutschland – und große Teile der deutschen Bevölkerung – geraten zunehmend in Bedrängnis. Das staatliche Gewaltmonopol ist eklatant gefährdet, und zwar durch eine bestimmte Form von Gewalt, die fast ausschließlich von Migranten und deren Nachkommen ausgeht.

---

20 Scholl-Latour, Allahs Schatten über Atatürk, S. 295
21 »Welt« vom 19. Juli 2010

Die Betrachtung der Vorfälle läßt es ebenfalls als unumgänglich erscheinen, sich mit *Massen-Kriminalität* zu beschäftigen. Denn eine große Menge von Personen, die als geballte Masse widerrechtlich handelt, stellt den Staat vor ein ganz besonderes Problem. Wie soll er die Durchsetzung einer Norm begründen, wenn sie in der breiten Masse auf Ablehnung stößt? Und was folgt aus der Nichtdurchsetzung der Norm?

»Wo die Gesetze nicht vollzogen werden können, ist es genauso, als gäbe es keine Gesetze.«[22]

Für jedes Staatswesen, egal ob demokratisch verfaßt oder diktatorisch herrschend, stellt die so definierte Kriminalität einer großen Volksmenge eine besondere Herausforderung dar, weil durch sie die Legitimität der herrschenden Ordnung an sich in Frage gestellt wird.

Der Ruf »Nieder mit dem König!« war 1788 in Frankreich noch ein Verbrechen, hätte aber jede Menge stillschweigender Sympathisanten gefunden; 1789 war er Allgemeingut, 1793 endete König Ludwig XVI. auf dem Schaffott. Jede (Staats-)Ordnung ruht letztlich auf der Zustimmung der Massen, das ist in Monarchien nicht anders als in Demokratien, Staaten können »allein auf die Zustimmung des Volkes gegründet werden«.[23]

Die wesentlichen Aussagen der beiden großen englischen Staatstheoretiker Thomas Hobbes (1588-1679) und John Locke (1632-1704) über die Rechte und Pflichten eines Staatswesens sind bis heute gültig, und für diese Untersuchung werden darum immer wieder ihre Theorien herangezogen – allerdings primär in Bezug auf das Gewaltmonopol und die Gefährdungen, die einem Staat durch mangelnde Durchsetzungskraft entstehen.

Ergänzt werden ihre Betrachtungen durch Untersuchungen, die sich auf die jüngste deutsche Geschichte beziehen, vor allem von Hannah Arendt (1906-1975), jüdischer Konfession, die von den Folgen des zerbrechenden Gewaltmonopols der Weimarer Republik betroffen war.

---

22 Locke, Über die Regierung, S. 165
23 Locke, Über die Regierung, S. 134

Ihr stelle ich Carl Schmitt (1888-1985) bei. Das mag auf den ersten Blick seltsam anmuten, gilt Schmitt doch als *furchtbarer Jurist* und Kronjurist der frühen Phase des Dritten Reiches, während Arendt vor eben diesem Dritten Reich flüchtete. Das sollte nicht den Blick dafür verdecken, daß Schmitt vor allem auch ein *fruchtbarer Jurist* war, Allgemeingültiges sehr scharfsinnig festhielt und die Schwäche der Weimarer Republik – worin er sich mit Arendt einig war – genauestens seziert hat. Als Theoretiker der staatlichen Macht, mit der das Gewaltmonopol untrennbar verbunden ist, hat er ungebrochen seinen wissenschaftlichen Wert, überdies war er kein genuiner Nationalsozialist. Schmitts Haltung war vor allem durch den Zusammenbruch des Kaiserreiches 1918 und den Wirren der Weimarer Republik geprägt; als Antwort auf diese Ereignisse erhob er den durchsetzungsstarken Staat zum Ideal. Diesen sah er nach 1933 in Hitlers Staat, wie ihm seine Kritiker vorwerfen. Doch Schmitt sah vor der Machtergreifung Hitlers den Nationalsozialismus als Bewegung, der die Staatsgewalt untergrub – folgerichtig diente er sich dem Reichskanzler Kurt von Schleicher als juristischer Berater an, um die Republik vor den politischen Extremisten zu retten. Geplant war eine exzessive Ausübung der Präsidialgewalt Hindenburgs, um der bürgerkriegsähnlichen Zustände Herr zu werden.[24]

Legitimatorische Massen-Kriminalität

Das Problem bei dieser Vielzahl von »Einzelfällen« der Migrantengewalt – der »Wrangelkiez« ist inzwischen überall, in München-Hasenbergl, in Köln-Kalk, in Hamburg-Wilhemsburg, in Duisburg-Marxloh – liegt darin, daß die polizei-logistische Ausnahmesituation zugleich eine Ausnahmesituation der staatlichen Legitimität ist. Denn überall dort, wo die Polizei mit all ihrer Kraft und ihrem Personal gegen die Mehrheit einer Straße, eines »Kiezes«, eines ganzen Viertels agieren muß, stellt sie dadurch die Legitimität des Staates an sich in Frage. Das Staatswesen kann nur funktionieren, wenn ihm die Mehrheit der Bürger loyal zugetan ist, wenn die Gesetze befolgt werden. Denn worin sollte sich

---

24   Pyta, Hindenburg, S. 727, 797

staatsbürgerliche Loyalität anders äußern als im Befolgen herrschender Gesetze? »Untertanentreue ist nichts anderes als Gehorsam nach dem Gesetz« sagt John Locke, und »Wer es auch sei, wer die Gesetze mit Gewalt bricht und ihre Verletzung mit Gewalt rechtfertigt, ist im wahren und eigentlichen Sinne Rebell.«[25]

Diese immer häufiger werdenden Zusammenrottungen in Ausländerghettos auf deutschem Boden symbolisieren quasi »Mikro-Rebellionen«. Man könnte dagegen argumentieren, daß selbst die Zusammenrottung von hundert Personen nicht die Mehrheit des Wrangelkiezes darstellt. Das ist richtig – aber entscheidend ist, daß man sie in der türkisch-arabisch-muslimischen Gemeinschaft gewähren läßt.

Man stimmt ihnen zu, indem man ihnen nicht in den Arm fällt. Theoretisch könnten zweihundert weitere türkische und arabische Männer sofort antreten, um den bedrohten Polizisten zu helfen. Oder wenige, respektgebietende ältere Familienoberhäupter könnten die tobende Menge auffordern, Ruhe zu bewahren und sich zu zerstreuen. Aber sie tun es nicht. Das Handeln der Hundert basiert letztlich auf der Zustimmung der Wohngegend – manchmal sogar auf einer aktiven Mithilfe. Als im September 2009 in Berlin-Mariendorf Polizeibeamte zwei Männer verhaften wollten, die zuvor aus einer Gruppe heraus Polizisten attackiert hatten, wurden von Balkonen Gegenstände auf die Beamten geworfen! Die Gruppe bestand überwiegend aus Türken und Arabern.[26]

Hannah Arendt hat das Phänomen dieser Zustimmung sehr deutlich in ihrem Buch »Macht und Gewalt« konkretisiert. Sie, die sowohl die Ausgrenzung jüdischer Dozenten in der Weimarer Republik als auch die sogenannten »Achtundsechziger« an den amerikanischen Universitäten erlebte, schildert es so:

»Deshalb ist die oft gehörte Behauptung, eine Handvoll unbewaffneter Extremisten sei imstande, ›gewaltsam‹ – durch Geschrei, Spektakel, Krawall – den Abbruch starkbesuchter Vorlesungen zu erzwingen,

---

25   Locke, Über die Regierung, S. 116, S. 170-171
26   »Berliner Morgenpost« vom 8. September 2009

obwohl eine große Mehrheit für deren normale Durchführung stimmte, so irreführend. (...) In Wirklichkeit liegen die Dinge in solchen Fällen erheblich ernster: Die Mehrheit weigert sich, von ihrer Macht Gebrauch zu machen und die Störer zu überwältigen; der akademische Betrieb bricht zusammen, weil niemand bereit ist, für den status quo mehr zu tun als einen Finger hochzuheben. Das besagt, daß die Universitäten sehr viel mehr Studenten gegen sich haben, als man gemeinhin glaubt, und daß die militante Minderheit ein größeres Machtpotential besitzt, als die in öffentlichen Abstimmungen ermittelte Zahl erwarten läßt. Die Mehrheit der bloßen Zuschauer, die den lautstarken Gefechten zwischen Student und Professor belustigt folgen, sind in Wirklichkeit schon die heimlichen Verbündeten der Minderheit. (Man braucht sich nur vorzustellen, was geschehen wäre, wenn ein oder ein paar unbewaffnete Juden im Vor-Hitler-Deutschland versucht hätten, die Vorlesung eines antisemitischen Professors zu unterbrechen, und die Absurdität des Geredes von der ›Handvoll‹ extremer Elemente springt in die Augen.«[27]

Nun könnte man weiter dagegen argumentieren: daß die Polizei bedroht wird oder aufgrund der Zahlenverhältnisse defensiv agieren muß, ist kein spezifisches Merkmal der Migrantengewalt. Dasselbe ereignet sich ebenfalls immer wieder bei Kirmesfeiern und Bierzeltschlägereien, wenn Deutsche die herbeieilenden Polizisten aufgrund ihrer Überzahl bedrohen können. Das trifft zu, dennoch besteht ein bedeutender Unterschied zur Migrantengewalt: bei ihr wird von den Akteuren die Staatsmacht als »deutsch«, das im Kiez agierende Staatsvolk aber ausdrücklich als »nichtdeutsch« definiert, selbst wenn es die deutsche Staatsbürgerschaft besitzt. Aus dieser Definition folgen dann Forderungen nach »türkisch-und arabischsprechenden Polizisten« (was nur eine Verbrämung ist: gefordert werden eigentlich Polizisten türkischer und arabischer Ethnie!) und allgemein die Forderung, die Polizei möge weniger Präsenz zeigen, weil zu viel Präsenz »provoziere«. Wo hat man je nach einer ausgearteten Bierzeltschlägerei mit massivem Polizeieinsatz da-

---

27   Arendt, Macht und Gewalt, S. 43-44

nach gelesen, daß der Polizeipräsident an der eigenen Präsenz Kritik übte?[28]

Wo, daß man sensibel auf die Befindlichkeiten betrunkener und aggressiver Deutscher reagieren müsse? Wo, daß man den Arbeitslosen unter den Bierzeltschlägern Lehrstellen und Perspektiven bieten müsse? Bei Deutschen kommt das nicht vor, bei Migranten ist es eigentlich schon zur Regel geworden...

Im Falle der Migrantengewalt kann festgestellt werden, daß der deutsche Staat zwar in den meisten Fällen noch die (stärkere) Gewalt ausübt, wenn es darauf ankommt, daß er aber schon längst nicht mehr die Macht innehat. Dazu führt Arendt, die die Begriffe »Macht« und »Gewalt« sehr sorgfältig unterscheidet, ein schönes Beispiel an. Gewalt kann Gehorsam erzwingen, »mit dem Gehorsam, auf den jeder rechnen kann, der mir die Pistole auf die Brust oder das Messer an die Kehle setzt, um mir die Handtasche zu entreißen oder eine Bank auszuplündern. Aber dieser Gehorsam erzeugt und verleiht keine Macht. Was den Institutionen und Gesetzen eines Landes Macht verleiht, ist die Unterstützung des Volkes, die wiederum nur die Fortsetzung jenes ursprünglichen Konsenses ist, welcher Institutionen und Gesetze ins Leben gerufen hat.«[29]

Hier ist wiederum wichtig, eines festzuhalten: Das Gewaltmonopol beschreibt den Umstand, daß allein der Staat befugt ist, physische Gewalt *legitim* auszuüben. Doch selbst diese formal berechtigte Gewaltausübung beruht letztlich auf der Zustimmung der Masse; sobald die Mehrheit gegen das herrschende System eingestellt ist (und sei es nur auf lokaler Ebene), beginnt dieses System automatisch zu wanken. Auf Gewalt allein gründet sich keine solide Herrschaft, keine Macht, der man deshalb gehorcht, weil man ihre Ordnungsvorstellung respektiert.

---

28 »Dann fuhr eine mit Mehrzweckschlagstöcken bewaffnete geschlossene Einheit der Polizei stundenlang im Wrangelkiez hin und her, einzig und allein, um Präsenz und Stärke zu demonstrieren. ›Das war nicht erforderlich‹ verdeutlichte Polizeipräsident Dieter Glietsch.« »taz« vom 12. Dezember 2006

29 Arendt, Macht und Gewalt, S. 42

Arendt drückt es so aus: »Wo Befehlen nicht mehr gehorcht wird, sind Gewaltmittel zwecklos.«[30] Gewalt kann Gehorsam zwar kurzfristig erzwingen, aber »Was niemals aus den Gewehrläufen kommt, ist Macht.«[31]

Die eigentliche Macht in vielen deutschen Großstadtvierteln gehört schon längst anderen Personen und Institutionen als dem deutschen Staat. Seien es Familienoberhäupter orientalischer Clans oder die Führungsriegen von Moscheegemeinden – ihnen wird fraglos gehorcht, sie besitzen Autorität, derweil die deutsche Staatsmacht in Form der Polizei sich ständig rechtfertigen und die eigene Präsenz anzweifeln lassen muß.

Zwar kann die Staatsmacht, wenn sie ihre Autorität schon verloren hat, durch Gewalt diese Autorität nicht wieder herstellen und wenn, dann nur kurzzeitig. Aber der entgegengesetzte Weg, »demokratisch«, mit »Dialog«, ist im Zweifelsfall genau so wenig zielführend. Arendt: »So kann ein Vater seine Autorität entweder dadurch verlieren, daß er das Kind durch Schläge zwingt, oder dadurch, daß er versucht, es durch Argumente zu überzeugen. In beiden Fällen handelt er nicht mehr autoritär, in dem einen Fall tyrannisch, in dem anderen demokratisch.«[32]

Mit »legitimatorischer Massen-Kriminalität« soll folgend jene Art von Kriminalität bezeichnet werden, die so viele Personen hinter sich versammelt, daß sie nicht nur polizeiliche Maßnahmen provoziert, sondern auch den Staat an sich herausfordern, weil sie zeigen, daß dieser eigentlich unfähig ist, seine Gesetze durchzusetzen. Mehr noch: diese Kriminalität wird langfristig legitim.

Welche Handlung ist kriminell und welche Person ist kriminell? Das sind letztlich Definitionsfragen. Delikte und Verbrechen sind Verstöße gegen Normen – und diese Normen werden vom Staatssystem festge-

---

30 Arendt, Macht und Gewalt, S. 50
31 Ebd., S. 54
32 Ebd., S. 46

legt. Daß Normen nicht an sich existieren, sondern bewußt gesetzt werden und sehr verschiedene Formen annehmen können, hat Carl Schmitt beschrieben:

»In der konkreten Wirklichkeit stellt sich die öffentliche Ordnung und Sicherheit sehr verschieden dar, je nachdem etwa eine militaristische Bureaukratie, eine von kaufmännischem Geist beherrschte Selbstverwaltung oder eine radikale Parteiorganisation darüber entscheidet, wann diese Ordnung und Sicherheit besteht und wann sie gefährdet oder gestört wird. Denn jede Ordnung beruht auf einer Entscheidung, und auch der Begriff der Rechtsordnung, der gedankenlos als etwas Selbstverständliches angewandt wird, enthält den Gegensatz der zwei verschiedenen Elemente des Juristischen in sich. Auch die Rechtsordnung, wie jede Ordnung, beruht auf einer Entscheidung und nicht auf einer Norm.«[33]

Verstöße gegen Normen müssen vom Staat kontrolliert und verfolgt werden. Doch seine Ressourcen sind nicht unendlich; selbst in totalitären Systemen können Polizei, Militär und Justiz bestimmte Größen nicht überschreiten, da sie letztlich für das Funktionieren der Gesellschaft zwar unerläßlich, aber unproduktiv sind. Dasselbe gilt für die (Schwer-)Kriminellen; Gefängnisinsassen benötigen Wachpersonal und Essen. Selbst wenn sie im Rahmen von Zwangsarbeit für dieses aufkommen, liegt die finanzielle Belastung beim Staat, denn Zwangsarbeit ist in der Regel nicht sehr effizient und inzwischen in vielen Staaten des westlichen Kulturkreises auch verboten. Die Ahndung von Normverletzungen stößt deshalb allein schon aus logistischen und finanziellen Gründen an enge Grenzen, die dem Staat gegeben sind.

Die vom Staat definierte Kriminalität muß also gerade in der Gesellschaft selbst als Kriminalität empfunden werden, sonst wird die strafrechtliche Verfolgung mangels Mithilfe schnell an ihre Grenzen stoßen, wenn es weder Täter noch Zeugen, im Zweifelsfall nicht einmal Opfer gibt.

---

33   Schmitt, Politische Theologie, S. 15-16

»Bekannterweise reflektieren Strafrechtsnormen nicht zu jedem Zeitpunkt die gesellschaftliche Realität. Strafrechtliche Bestimmungen, die gewisse Tatbestände kriminalisieren, werden zum Beispiel oft nicht mehr durchgesetzt, sobald sich die Einstellung einer breiten Öffentlichkeit bezüglich deren Strafwürdigkeit gewandelt hat.«[34]

Allein schon daraus wird deutlich, daß ein Staat bemüht sein muß, die so definierte *Kriminalität* nicht einem großen Teil der Bevölkerung zuzuschreiben, sondern im Zweifelsfall eher die Definition der Kriminalität zu ändern, um ein weiteres reibungsloses Funktionieren des Systems zu ermöglichen. Das ist die »normative Kraft des Faktischen«, wenn ein Großteil der Bevölkerung eine gegenteilige Auffassung von Normverstößen hat und diese nicht als kriminell betrachtet. Selbst in Diktaturen wird stets der »Volkswille« bemüht, um die Herrschaft zu rechtfertigen. Aber wenn ein signifikanter Teil der Bevölkerung zu Kriminellen erklärt würde, führte sich diese Legitimation selbst ad absurdum. Dieses Verhalten der großen Masse zwingt den Staat dazu, sich ihrer Rechtsauffassung anzupassen. Denn mit ihrer eigenen Rechtsauffassung, die dem formalen Recht zuwiderläuft, gebärdet sich die widerständige Masse als Souverän, als Autorität, die beweist, »daß sie, um Recht zu schaffen, nicht Recht zu haben braucht.«[35]

Je stärker der Staat dagegenhalten würde, desto deutlicher kristallisierte sich heraus, daß er nicht (mehr) über die Autorität verfügt, um die Volksmassen seiner Rechtsnorm zu unterwerfen. Deshalb ist es im Regelfall klüger und für den Fortbestand des Staates gesünder, wenn er die offiziell herrschenden Rechtsnormen der Auffassung der Bevölkerung angleicht.

Deshalb kommt es immer wieder vor, daß ein anfänglich als kriminell taxiertes Verhalten, indem es von einer großen Masse an Menschen getätigt wurde, allmählich in die Sphäre des Geduldeten, Erlaubten, der Legitimität gelangte – und dann in die Sphäre der Legalität, des gesetzlich Erlaubten.

---

33   Schmitt, Politische Theologie, S. 15-16
34   Wicker, Das Fremde in der Gesellschaft, S. 107
35   Schmitt, Politische Theologie, S. 20

DEFINITION DES BEGRIFFES »MIGRANTENGEWALT«

Der Verfasser definiert *Migrantengewalt* einerseits in Abgrenzung zur herkömmlichen Ausländerkriminalität, die noch keinen staatsgefährdenden Charakter hatte, andererseits in ihrem spezifischen Unterschied zur Gewaltkriminalität, die von Deutschen ausgeübt wird.

Die *Entstehung der Migrantengewalt* wird nachrangig eingeordnet, deshalb wird dieser Punkt auch erst nach der Definition behandelt. Wesentliche Kennzeichen der Migrantengewalt waren nämlich bereits seit der Frühzeit der Gastarbeiterbeschäftigung ausgeprägt. Doch war damals noch die gesamtgesellschaftliche Situation der Ausländer und der Zustand der deutschen Gesellschaft ein völlig anderer. Geändert haben sich in wenigen Jahrzehnten die Reaktionsweisen des deutschen Staates und der Zusammenhalt der Deutschen, weniger der Charakter der Migrantengewalt an sich.

Der Verfasser sieht als die wesentlichen Züge der Migrantengewalt folgende sieben Merkmale:

Erstens:
Migrantengewalt ist jeglicher kriminelle Akt von Angehörigen einer ethnisch nichtdeutschen Gruppe, die *staatsgefährdenden* Charakter hat. Dabei ist es unerheblich, ob diese Nichtdeutschen über die deutsche Staatsangehörigkeit verfügen. Diese ist nur dann von Belang, wenn sie für die Bestrafung relevant wird, falls die Täter nicht mehr ausgewiesen werden können. Der staatsgefährdende Charakter ergibt sich aus den speziellen Eigenschaften der Migrantengewalt, die folgend weiter definiert wird.

Zweitens:
Migrantengewalt ist meistens durch eine *Zusammenrottung von vielen Personen* gekennzeichnet, was sie polizeilich und gesellschaftlich fast unangreifbar macht – die große Zahl wirkt sich nicht nur in logistischen Problemen für die Polizeikräfte aus, sondern auch in einer Legitimierung der Migrantengewalt. Migrantengewalt bekommt dadurch die Qualität *legitimatorischer Massen-Kriminalität*: »Wrangelkiez geht

auf Distanz«[36] nämlich zur Darstellung der Polizei. Die »taz« legt also in dieser Titelzeile »Wrangelkiez geht auf Distanz« dar, daß es nicht nur achtzig bis hundert Türken und Araber waren, sondern der gesamte Kiez, der sich vom Bericht der Polizei distanziert.

Dem entspricht eine Unterstellung, die in einer Suggestivfrage derselben Zeitung an den Polizeipräsident verpackt wird, in der Migrantengewalt nur als gerechtfertigte Re-Aktion erscheint:

»Haben Sie eine Erklärung dafür, warum sich Einwanderer so oft von der Polizei diskriminiert fühlen?«[37]

Drittens:

Migrantengewalt *schüchtert die Polizeikräfte ein*. Im schlimmsten Fall werden diese direkt attackiert und gezwungen, *erhebliche Verstärkungen* anzufordern bzw. sich *zurückzuziehen*. Damit wird die Arbeit der Polizei für die gesamte Gesellschaft beeinträchtigt, denn die Polizeibeamten erfahren durch Migrantengewalt eine überdurchschnittlich hohe Beanspruchung, die nur bedingt mit der Belastung durch deutsche Gewaltkriminelle zu vergleichen ist.

Viertens:

Migrantengewalt *entsteht »aus dem Alltag heraus«*, quasi spontan.[38]

Das unterscheidet sie wesentlich von den Gewaltakten, die etwa von »Autonomen Gruppen« Deutscher begangen werden. Diese sind zeitlich und lokal einzugrenzen (1. Mai in Berlin, Proteste gegen Bauvorhaben in Wackersdorf, Gorleben, G8-Gipfel in Heiligendamm, angemeldete Demonstrationen zu bestimmten Anlässen) und können so von der Polizei besser einkalkuliert und eingehegt werden.

Durch ihre *Unberechenbarkeit* ist Migrantengewalt deshalb viel schwerer zu begegnen.

---

36 »taz« vom 20. November 2006,
37 »taz« vom 2. Januar 2007
38 »Frankfurter Allgemeine« vom 17. November 2006

Fünftens:

Migrantengewalt wird zwar nur von einem kleinen Teil der Migranten aktiv begangen, stößt aber in einem großen Teil der Migranten-Bevölkerung auf Sympathie und wohlwollende Zustimmung. Das wird vor allem dort deutlich, wo Wertmaßstäbe religiöser und kultureller Art über die (Rechts-)Normen der deutschen Gesellschaft gestellt werden. In Berlin wurde im Februar 2005 die Kurdin Hatun Sürücü von einem ihrer Brüder durch Kopfschüsse regelrecht hingerichtet, hatte sie doch »wie eine Deutsche gelebt« – nämlich sich von ihrem Mann getrennt, das Kopftuch abgelegt und eine Berufsausbildung begonnen. Der Täter ist »bei vielen jungen Türken und Kurden längst zum Idol geworden«.[39]

In einer Neuköllner Schule fand die Tat unter türkischen Schülern einen solchen Beifall, daß sich der Schulleiter in einem offenen Brief über die Haltung der Schüler beschwerte.[40]

Sechstens:

Anknüpfend an den Fall Sürücü – *Akte von Gewaltkriminalität innerhalb von Familien, Sippen und Clans, z.B. Blutrache oder sogenannte »Ehrenmorde« sind mit zur staatsgefährdenden Migrantengewalt zu zählen, obwohl sie sich nicht direkt gegen deutsche Hoheitskräfte oder gegen Deutsche richten.* Da sich aber mit Berufung auf archaische Ehrbegriffe hier ein Rechtsverständnis Bahn bricht, welches das Leben des Individuums als der Familie gehörig einordnet, wird damit auch der Staat angegriffen, dem der Schutz des Individuums obliegt und der 1949 die Todesstrafe abgeschafft hat. Somit wird nicht nur das Rechtsgut eines einzelnen angegriffen, sondern der deutsche Staat in seiner Rechts-Setzung. Solche Migrantengewalt geht über den Mord hinaus, der sich z.B. innerhalb einer deutschen Familie ereignet; denn dieser ist »nur« Gewaltkriminalität und nicht mit einer Legitimierung innerhalb einer Parallelgesellschaft verbunden.

---

39 »Berliner Morgenpost« vom 8. April 2006
40 »Spiegel« vom 12. August 2005

Siebtens:

Migrantengewalt kennzeichnet außerdem, daß sie den Staat bzw. die öffentlichen Institutionen des Staates, der Länder und der Kommunen in ihrer Gesamtheit angreift. Das heißt, nicht nur überwachende und strafende Institutionen wie die Polizei sind Ziel ihrer Angriffe, sondern zunehmend auch Rettungskräfte wie Feuerwehr, Krankenhäuser, etc.

In Iserlohn randalierten im Mai 2008 12 Mitglieder einer türkischen Familie, als eine Angehörige überraschend an Herzversagen gestorben war. Sie beschädigten zunächst die Einrichtung des Aufnahmezimmers. Das Eintreffen von 18 Polizeibeamten beeindruckte sie nicht, denn inzwischen hatten sie über Telefon weitere Angehörige herbeigerufen, so daß sich die Polizisten einer Menge von 40 Personen gegenübersahen. Nur durch Einsatz von Pfefferspray gelang es nach eineinhalb Stunden, den Tumult im und vor dem Krankenhaus zu beenden.[41]

In Offenbach »fährt die Angst mit«, wenn Rettungskräfte zu Hilfseinsätzen in arabische und türkische Familien gerufen werden. »Wenn wir ankommen, haben sich manchmal schon 20 Angehörige und Nachbarn des Patienten zusammengefunden, die uns bedrängen und beschimpfen (...) Mit dem vielstimmig vorgetragenen Vorwurf, es sei seit dem Notruf viel zu viel Zeit bis zur Ankunft des Rettungswagens vergangen, beginnt ein üblicher Einsatz«[42]

Wieso hat Migrantengewalt politischen Charakter?

Der explizit *staatsgefährdende* Charakter der Migrantengewalt wird im letzten Teil der Untersuchung dargelegt. Hier geht es darum, warum die Migrantengewalt politischen Charakter hat. Den besitzt sie nicht nur, weil sie in bestimmten Vierteln, die von Nichtdeutschen dominiert werden, den Rückhalt eines großen Teils der Bevölkerung genießt und somit der Widerstand gegen die Polizei jenen Zug der *Massen-Kriminalität* annimmt, der den Staat legitimatorisch in die Defensive drängt.

---

41 »Der Westen« vom 18. Mai 2008
42 »Offenbach-Post« vom 11. Februar 2008

Die Migrantengewalt gewinnt ihren politischen Charakter vor allem dadurch, daß diese Vorgänge, die man sonst schlicht als kriminelle Zusammenrottungen charakterisieren könnte, in den politischen Raum hinein Auswirkungen haben.

Dabei ist es völlig unerheblich, ob die handelnden Akteure einer solchen Zusammenrottung selbst keine politischen Motive haben, denn politische Kriminalität kann sich allein dadurch konstituieren, daß politische Folgen unabhängig von der Motivation des Täters ausgelöst werden.[43]

Dieses Phänomen wird vom Mafia-Experten Hofmann mit diesen Sätzen konkretisiert:

»Die herrschende Meinung kann verkürzt folgendermaßen in Worte gefaßt werden: *Politisch ist, was von politisch motivierten Akteuren ausgeht.* Dabei müßte es besser heißen: *Politisch ist, was in den politischen Raum wirkt.*

Betrachtet man die konkreten Gefährdungspotenziale, die von organisierter Kriminalität ausgehen, kommt in diesem Sinne ein ganzer Katalog von Gefahren in Betracht, die um vier Kernbegriffe gruppiert werden können. Naheliegenderweise sind *Korruption und Einschüchterung* von Politikern und leitenden Beamten zu nennen, aber auch die *Erringung wirtschaftlicher Macht*, die schließlich in politische Macht münden kann. Daneben die *Errichtung rechtsfreier Räume*, was ein dauerhaftes Aufbrechen des staatlichen Gewaltmonopols nach sich ziehen und schließlich zur Errichtung von »Schattenstaaten« oder »Staaten im Staate« führen kann, die einen jeweils eigenen Rechtskodex besitzen.«[44]

Genau diese politischen Folgen ereigneten sich nach dem Vorfall im Wrangel-Kiez: wie bereits dargelegt, hat sich die Diskussion über den Vorfall in einer angekündigten Verbesserung der Ausbildungs- und Arbeitsplatzsituation niedergeschlagen. Politische Akteure hatten den Vorgang aufgegriffen und versuchten ihn für sich auszuschlachten, indem sie den Widerstand gegen die Polizei mit einer schlechten sozialen Lage begründeten.

---

43   Neubacher: Fremdenfeindliche Brandanschläge, S. 13
44   Hofmann, Monopole der Gewalt, S. 75-76

Dabei gehen die von den politischen Akteuren erhobenen Forderungen weiter als nur eine bessere Sozialpolitik oder eine andere Personalpolitik der öffentlichen Hand zu verlangen, etwa die Einstellung von türkisch- und arabischstämmigen Polizisten. Sie haben Auswirkungen auf die Außenpolitik und zwischenstaatliche Beziehungen, denn nicht nur die »Hürriyet« berichtete, selbst der türkische Generalkonsul besuchte nach dem Vorfall im Wrangel-Kiez die Gegend und unterhielt sich mit den Personen dort. Die »taz« berichtete:

»Der türkische Generalkonsul Alpmann hat sich unterdessen mit den jungen Männern in das Café Maxi zurückgezogen. Zur Begrüßung hält er eine Rede. Danach stellen sich alle am Tisch vor. *Die Unterredung wird auf Türkisch geführt.* Ab und zu fallen Wörter wie »Mannschaftswagen«, »Quartiersmanagement«, »Kommission« und »Konzept«.«[45]

Der politische Charakter äußert sich weiterhin dadurch, daß der Staat zurückgedrängt werden soll in seiner Sichtbarkeit, quasi die »Sichtbarkeit der Macht« – der deutschen Staatsmacht – eingeschränkt wird. Nicht nur in der aktuellen Auseinandersetzung mit der Polizei wird gegenüber den Beamten dominant agiert, diese sollen auch danach im Alltag zurückhaltend auftreten – die selbsternannten Sprecher eines Viertels wollen der Staatsmacht also vorschreiben, wie sie zu agieren hat! So berichtet die »taz« geradezu weinerlich, wie die Polizei Stärke zeigte, und aus dem Zusammenhang wird deutlich, daß sie dieses Stärke-Zeigen als »Bruch« eines Pakts zwischen Migranten und Polizei interpretiert:

»Am 20. November hatten junge Migranten aus dem Wrangelkiez mit Polizei- und Bezirksamtsvertretern an einem runden Tisch vereinbart, künftig friedlicher und sensibler miteinander umzugehen (taz berichtete). Der Pakt sollte keine 48 Stunden halten. Dann fuhr eine mit Mehrzweckschlagstöcken bewaffnete geschlossene Einheit der Polizei stundenlang im Wrangelkiez hin und her, einzig und allein, um Präsenz und Stärke zu demonstrieren.«[46]

---

45 »taz« vom 1. Dezember 2006, Hervorhebung von S.H.
46 »taz« vom 12. Dezember 2006

Der Vorfall im Wrangelkiez trägt deshalb alle Züge *politischer Gewalt*, wie sie Dirk Schumann in seiner Arbeit über die politische Gewalt in der Weimarer Republik kennzeichnete. Von den in der Forschung anerkannten Formen politischer Gewalt wie des Aufstandes, des Attentats oder des Putsches möchte er jene Formen des gewalttätigen Protests abgetrennt wissen, die allein als »Subsistenzproteste« zu deuten sind, bei denen es nur um die Verbesserung der wirtschaftlichen Situation geht und nicht um die Veränderung des politischen Systems an sich:

»›Politische Gewalt‹ soll hier also verstanden werden als Ausübung physischen Zwangs, die prinzipiell kollektiv geschieht, sich sowohl auf Sachen wie auch auf einzelne Menschen oder auf Gruppen richten kann und deren Akteure in dem Objekt, auf das sie zielen, zugleich das politische System als ganzes oder ein als gegnerisch verstandenes politisches Konzept zu treffen versuchen.

Diese Definition deckt ein breites Spektrum von Motiven, Formen und Handlungsweisen ab. Die Gewaltakte, die sie einschließt, können genau geplant sein und kalkuliert durchgeführt werden, oder aber aus einer bestimmten Konfrontationssituation eher spontan entstehen und sich einer Steuerung entziehen. Sie können ein klares Ziel verfolgen, aber auch nur unspezifische Forderungen und Stimmungen ausdrücken wollen oder primär die Festigung der handelnden Gruppe anstreben. Sie können von einer sehr großen Zahl von Akteuren oder einer kleinen Gruppe vorbereitet und durchgeführt werden, massive Bewaffnung zum Einsatz kommen oder nur begrenzte körperliche Gewalt wirken lassen, von kurzer oder längerer Dauer sein.«[47]

Schumann weist zutreffend darauf hin, daß die oft als »bürgerkriegsähnlich« bezeichnete Phase vor der Machtergreifung Hitlers mit ihren Saalschlachten und Zusammenstößen zwischen politischen Gegnern und der Polizei in Anbetracht der Opfer und der Art der Schäden im Vergleich zu richtigen Bürgerkriegen eher an Gewalt begrenzt war, sich aber dennoch die Gewalt in der politischen Kultur der Weimarer Republik mehr und mehr einnistete, nämlich als Angst vor dem Bürgerkrieg.[48]

47　Schumann, Politische Gewalt in der Weimarer Republik 1918-1933, S. 16
48　Ebd., S. 17-18

Welche Motive liegen vor, wenn Vertreter von Bezirksamt und Polizei in Kreuzberg »künftig friedlicher und sensibler« mit den Migranten umgehen wollen?

Migrantengewalt hat ferner politischen Charakter, weil sie derartige Ausmaße angenommen hat, daß das Problem laut Dieter Kopetzki, Leiter der Dienststelle für organisierte Kriminalität in Bremen, weder mit polizeilichen Mitteln zu lösen ist,[49] noch, laut Kirstin Heisig, Jugendrichterin in Neukölln, mit justiziellen[50].

Ähnlich äußert sich der Berliner Oberstaatsanwalt Roman Reusch, der Veränderungen auf höchster Ebene anmahnt, etwa im Staatsangehörigkeitsgesetz oder in der Interpretation der Verfassung.[51]

Migrantengewalt hat politischen Charakter, weil jede gezielte und gewalttätige Verfolgung einer Ethnie automatisch politischen Charakter hat – egal, ob dieses Vorgehen staatlich gedeckt und forciert wird oder nicht. In Deutschland wird unter dem Paradigma, daß eine Mehrheit niemals Opfer der Minderheit sein könne, von Wissenschaft und Medien seit langem bewußt ausgeblendet, daß Deutsche gezielt Opfer von Übergriffen beispielsweise türkischer Straftäter werden. Falls Derartiges thematisiert wurde, stellte man es sofort in einen übergeordneten Zusammenhang, der suggerierte, daß Migrantengewalt nur die Antwort auf eine zuvor erlittene Erniedrigung der Migranten darstelle, quasi einen Reaktionszusammenhang.

Tertilt schildert, wie türkische Bandenmitglieder in Frankfurt/Main Deutsche ausraubten, ihnen Jacken und Walkmans abnahmen. »Kennzeichnend für diese Delikte war das Prinzip: ›Nur Deutsche!‹ Wir haben es immer von Deutschen abgerippt.«

Die materielle Bereicherung stand für die Türken dabei im Hintergrund, »Zentrales Moment bei einem solchen Überfall war die Demütigung des Opfers.«[52]

---

49   »Süddeutsche Zeitung« vom 20. Juli 2009
50   »Wiener Zeitung« vom 5. September 2009
51   www.hss.de/fileadmin/migration/downloads 071207_VortragReusch.pdf
52   Tertilt, Turkish Power Boys, S. 32-33

Diese Demütigung geschah stets in einer bestimmten ethnischen Konstellation:

»Die Rollen von Opfer und Täter waren aus der Sicht der ›Turkish Power Boys‹ klar nach dem Kriterium der nationalen Zugehörigkeit verteilt: Nur ›Deutsche‹ konnten Opfer sein, nur ›Ausländer‹ die Täter.«[53]

Wenn aber Angehörige einer ethnischen Gruppe – möge sie auch eine Minderheit sein – gezielt pauschal alle Angehörigen einer anderen Gruppe – möge sie auch die Mehrheit bilden – zu »Opfern« erklärt und drangsaliert, dann hat dies politischen Charakter. Dann wird aus Straßenkriminalität politische Kriminalität, und dies um so mehr, wenn nicht materielle Motive im Vordergrund stehen, sondern gezielt die Demütigung des Opfers.

Tertilt, offenbar selbst Opfer des »going native«, einer (Über-)Identifikation mit dem Forschungsobjekt, nimmt »seine« Türken in Schutz, indem er deren Gewalt mit vorhergehender Ausgrenzung durch Deutsche erklärt. Er ist aber auch so ehrlich zu sagen, daß die Gewalt der türkischen Bandenmitglieder unterschiedslos alle Deutschen traf. Der Aussage eines Türken, man habe bevorzugt Deutsche mit »rechten« Merkmalen (kürzere Haare, Springerstiefel) ausgeraubt, setzt er seinen Eindruck aus Gerichtsverhandlungen und Aktenstudium entgegen:

»Die meisten Opfer waren Jugendliche, denen keine besondere Gruppenzugehörigkeit anzusehen war« – außer eben dem der ethnischen Zugehörigkeit, »Die Opfer eines Jackenraubs waren fast immer deutsche Jungen«[54]

Migrantengewalt hat deshalb politischen Charakter, weil sie sowohl von den Migranten selbst als auch von den meisten Wissenschaftlern, die sich damit befassen, in einen Reaktionszusammenhang mit der »rechten Gewalt« bzw. der »Ausgrenzungspolitik« in Deutschland gestellt wird[55] – und weder Migranten noch Wissenschaftler dürften bestrei-

---

53 Tertilt, Turkish Power Boys, S. 223
54 Tertilt, Turkish Power Boys, S. 222
55 Tertilt, Turkish Power Boys, S, 20, 71, 86-88, 212, 231, 241-245

ten, daß »rechte Gewalt« und »Ausgrenzung« in ihren Augen eminent politischen Charakter hat. Ob dieser Reaktionszusammenhang aber überhaupt existiert, wird im Abschnitt über »Gewalt durch Deutsche wird politisierte ›rechte Gewalt‹« erörtert.

Migrantengewalt hat außerdem politischen Charakter, weil ihr ein politischer Charakter von den Herrschenden strikt abgesprochen wird! Die Verharmlosung, Vertuschung und Relativierung von Ausländerkriminalität hat inzwischen eine jahrzehntelange Tradition in Deutschland. »Migrantengewalt« soll laut Bekundungen von Regierungsstellen weder Mittelpunkt der öffentlichen Diskussion noch zu »Wahlkampfzwecken mißbraucht werden«. Die Gründe für das Totschweigen liegen auf der Hand. Das Problem existiert seit Jahrzehnten und spitzt sich immer mehr zu, statt gelöst zu werden – und zeigt damit die Unfähigkeit der Politik auf. Zweitens wird dadurch der Unwillen der Politik deutlich, Deutschland als deutsch zu definieren und klare Aussagen über die Zukunft des deutschen Volkes zu machen. Im Gegenteil ist die »multikulturelle Gesellschaft« längst ausgerufen und der propagierte positive Zustand der gegenwärtigen Bundesrepublik. Eine ausufernde, von oben nicht mehr steuerbare Diskussion über Migrantengewalt könnte dazu führen, daß von den Deutschen Fragen über Sinn, Zweck und Ausmaß der Einwanderung nach Deutschland und der Präsenz fremder Völker und Kulturen im eigenen Land gestellt werden – und genau das ist ausdrücklich nicht erwünscht!

Die Minderheit dominiert die Mehrheit

Stehen achtzig bis hundert Jugendliche gegen zwei Polizisten, dominieren sie diese aufgrund ihrer Masse, sofern die Polizisten nicht gewillt sind, ihre »waffentechnische Überlegenheit« drohend und gegebenenfalls tatsächlich einzusetzen – das ist nur in den USA der Fall, aber nicht bei uns, wo jeglicher Schußwaffengebrauch für einen Polizisten ein umständliches Verfahren nach sich zieht, in dem er sich rechtfertigen muß.

Zudem ist festzustellen, daß die Migranten als Minderheit in bestimmten Stadt- und Ortsteilen die Mehrheit dominieren. Dabei sind sie selbst in Vierteln, die als »Ghettos« gelten, selten zahlenmäßig wirklich in der Mehrheit, aber durch ihre Altersstruktur und die Vorliebe der südländischen Mentalität für das Leben auf Plätzen und Straßen dominieren sie die öffentliche Wahrnehmung und den öffentlichen Raum.

»In Berlin leben Ausländer in hohem Maße konzentriert in den Bezirken Kreuzberg, Neukölln, Wedding, Tiergarten und Schöneberg. Der Ausländeranteil in den Altbauquartieren und der Sozialwohnungsgebiete der Westberliner Innenstadt beträgt zumeist über 30 Prozent, wobei der Anteil der ausländischen Jugendlichen bei knapp 50 Prozent liegt.«[56]

»Die Jugendlichen nichtdeutscher Herkunft stellen häufig in der Altersgruppe der zehn- bis 21jährigen die Mehrheit in den entsprechenden Kiezen.«[57]

Hier ist zu beachten, daß die problematischste Gruppe der Migrantengewalt, also Türken und Araber bzw. Muslime, nur einen Teil aller Jugendlichen mit Migrationshintergrund stellt, selbst wenn die Gruppe der jungen Nichtdeutschen inzwischen tatsächlich in vielen Vierteln die der jungen Deutschen übersteigt.

Dennoch majorisieren Türken und Araber alle anderen, insbesondere die Deutschen.

Bereits zu Beginn der neunziger Jahre war dies ein verbreitetes Phänomen, das Tertilt bei der Beobachtung einer türkischen Jugendbande in Frankfurt/Main feststellte. Gezielt griff diese in der Überzahl nicht nur deutsche Jugendliche an, um ihnen Jacken abzunehmen, sondern bedrohte gleichfalls ohne Grund erwachsene Bürger:

»›Angemacht‹ wurden überwiegend Gleichaltrige und vor allem deutsche Jugendliche. Dennoch gab es auch eine ›grundlose Anmache‹ gegenüber völlig Fremden. Dies hatte nur die Funktion, die eigene Macht und Furchtlosigkeit im Beisein anderer Gruppenmitglieder zu demon-

---

56 Andreas Kapphahn, Jugendliche Zuwanderer in Berlin zwischen Ausgrenzung und Integration, S. 40, in: Landeskommission Berlin gegen Gewalt, Kriminalität, Gewalt und Gewalterfahrungen von Jugendlichen nichtdeutscher Herkunft in Berlin
57 Willy Eßmann, Wenigstens haben wir einen Raum, S. 110, in: Landeskommission Berlin gegen Gewalt, Kriminalität, Gewalt und Gewalterfahrungen von Jugendlichen nichtdeutscher Herkunft in Berlin

strieren. So habe ich einmal bei einer Faschingsveranstaltung im Bürgerhaus hautnah miterlebt, wie Yildirim ohne ersichtlichen Anlaß auf erwachsene deutsche Besucher losging, sie völlig unmotiviert beschimpfte und gezielt attackierte. Die Erwachsenen reagierten auf die bedrohlichen Anpöbeleien verängstigt und gingen ihm lieber aus dem Weg.«[58]

Die durch starke Individualisierung gekennzeichnete Gesellschaft der Deutschen ist den Migranten theoretisch rein zahlenmäßig weit überlegen, aber sie kann in entscheidenden Situationen diese Überlegenheit nicht ausspielen, weil sie nicht zusammenhält – es gibt weder die extreme Gruppensolidarität des orientalischen Clans noch dessen Skrupellosigkeit, z.B. Stichwaffen sofort und ohne Hemmungen anzuwenden. Im Gegenteil fällt auf, daß in kritischen Situationen die Migranten gegenüber den Deutschen meist in der Überzahl sind.

Das wird möglich insbesondere durch das »Mobilisierungspotential« dieser Klientel. Freunde und Verwandte werden sofort kontaktiert, wenn es zu Auseinandersetzungen kommt, durch die Einführung der Mobiltelefone wurde dies zusätzlich erleichtert (modernste Technik unterstützt archaische Verhaltensmuster!); außerdem ist gerade in Großstädten wie Berlin ein bedeutender Teil dieser Migrantenjugendlichen ständig erreichbar, weil sie weder zur Schule gehen, noch in Ausbildung oder Arbeitsprozesse eingebunden sind. Das Freizeitverhalten der jungen orientalischen Männer ist ebenfalls dadurch gekennzeichnet, daß sie grundsätzlich in größeren Gruppen unterwegs sind – Unternehmungen als einzelne Person oder zu zweit sind eher die Ausnahme.

Die bei Bedarf erfolgende Zusammenrottung entspricht dem Konfliktmuster in den Herkunftsländern, in denen es vor allem in ländlichen Regionen keinen funktionierenden Rechtsstaat gibt, und die Mehrzahl der türkischen Migranten in Deutschland stammt aus ländlichen Regionen. Der Ethnologe Werner Schiffauer beschreibt den Mechanismus am Beispiel der Bauern des Dorfes Subay in der Türkei. Er legt dar, daß die unter einem Dach lebenden Großfamilien dort die entscheiden-

---

58 Tertilt, Turkish Power Boys, S. 213

den wirtschaftlichen, sozialen und politischen Einheiten sind, »politische Einheiten, weil nur die Solidarität der Haushaltsangehörigen angesichts der relativ abgelegenen Lage des Dorfes die Rechtssicherheit und den politischen Status des einzelnen gewährleistet.«[59]

»Rechtssicherheit« wird von Schiffauer in diesem Zusammenhang mißverständlich benutzt, passender wäre »Rechtsdurchsetzung«, falls überhaupt von *Recht* die Rede sein kann – es handelt sich stets nur darum, was die jeweilige Familie für ihr gutes Recht hält, es ist »Faustrecht« in des Wortes klassischer Bedeutung. Je größer die Sippe, desto zahlreicher die dahinter stehenden Fäuste, desto höher also die Wahrscheinlichkeit, daß sie im Konflikt mit anderen Familien ihr »Recht« durchsetzt. Schiffauer erkennt sehr genau, daß dadurch kleine Familien und Alleinstehende, die es auch in türkischen Dörfern gibt, automatisch ins Hintertreffen geraten, »kleine Familien und Alleinstehende sind so gut wie schutzlos.«[60]

Es ist auffallend, daß diese Zusammenrottungstaktik auch von jüngeren und jüngsten Jahrgängen der orientalischen Migranten angewandt wird, die nach Aussagen linker Integrationsexperten in Deutschland »sozialisiert« sind und sich angeblich oft zwischen den Kulturen zerrissen fühlen. Was die »Konfliktbewältigung« angeht, greifen sie dann aber hundertprozentig auf Muster zurück, wie sie in der Türkei und arabischen Ländern gang und gäbe sind.

Dieser Stärke der Mobilisierung auf türkisch/arabischer Seite entspricht eine Mobilisierungsschwäche auf deutscher Seite. Es zeigt darüber hinaus, daß die bisher in Deutschland herrschende Rechtssicherheit den Zusammenhalt der Familienclans in keiner Weise beeinflußt oder geschwächt hat, ebensowenig wie das deutsche Sozialwesen, das eigentlich als Ersatz für die geschwundene Hilfe der Solidargemeinschaft Familie gedacht war. Der Deutsche ruft die Polizei, wenn er sich bedroht fühlt, der Türke oder Araber ruft Verwandte und Freunde. Die Polizei kommt verspätet oder gar nicht, der Familienclan dagegen steht sofort zur Unterstützung auf der Matte…

---

59 Schiffauer, Die Bauern von Subay, S. 13
60 Schiffauer, Die Bauern von Subay, S. 62

Erschwerend für die Deutschen kommt hinzu, daß in den Herkunftsländern dieser Migrantenjugendlichen das Tragen eines Messers praktisch für jeden Mann Usus ist, in Deutschland aber nicht. Die quantita-
tive Überlegenheit der Migranten wird zusätzlich dadurch verstärkt, daß
das Drohen mit dem Messer und der Einsatz des Messers für viele
türkische und arabische Jugendliche selbstverständlich sind. Das wird
von deutschen Polizisten und Juristen bestätigt:

»Meine These vor dem Hintergrund der Beobachtung der Kriminalität der letzten 30 Jahre ist, daß das Messer in der interpersonalen gewalttätigen Auseinandersetzung nicht von Deutschen ins Spiel gebracht
worden ist, sondern von Nichtdeutschen, hauptsächlich eben aus dem
südlichen und südosteuropäischen Raum.«[61]

»Was mir nun jetzt bei den Nichtdeutschen auffällt ist insbesondere,
daß sie furchtbar leicht mit dem Messer umgehen. Das sind Libanesen,
Araber, Jugoslawen, Türken, die verstehen es hervorragend mit dem
Messer umzugehen, und sie gebrauchen das Messer auch sehr ge-
konnt.«[62]

Einem Messer jedoch steht selbst ein durchtrainierter und in Kampf-
sportarten versierter deutscher Jugendlicher so gut wie hilflos gegenüber, sogar Pfefferspray oder Teleskopschlagstöcke können den Angriff eines entschlossenen Messerstechers nicht abwehren. Die Stich-
waffe verhilft den Migrantenjugendlichen praktisch zu einer »waffen-
technischen Überlegenheit«, wobei sie diese im Gegensatz zur deutschen Polizei, die die Pistole nur selten zückt, bedenkenlos ausspielen.
Es häufen sich die Fälle, in denen sich deutsche Polizeibeamte anschei-

---

61 Kriminaldirektor Winfried Roll, Entwicklung der Jugendkriminalität in
    Berlin, S. 54, in: Landeskommission Berlin gegen Gewalt, Kriminalität,
    Gewalt und Gewalterfahrungen von Jugendlichen nichtdeutscher
    Herkunft in Berlin
62 Oberstaatsanwalt Claus Czujewicz, Erfahrungen der Justiz mit nicht-
    deutschen Jugendlichen, S. 125, in:
    Landeskommission Berlin gegen Gewalt, Kriminalität, Gewalt und
    Gewalterfahrungen von Jugendlichen nichtdeutscher Herkunft in Berlin

nend lieber von Migranten krankenhausreif schlagen lassen, als zur Schußwaffe zu greifen[63] – die Staatsmacht als Schlappschwanz.

Der im Vergleich zu den Orientalen kleine und in der Regel kaum gewaltbereite und gewaltgeübte Familienverband einer deutschen Familie führt dazu, daß Deutsche als »einfache Opfer« fungieren, deren Rache man nicht zu fürchten braucht. So beschreibt es der Polizeihauptmeister Michael Ziermann für Kreuzberg und Neukölln:
»Während die Täter meist Jugendliche nichtdeutscher Herkunft sind, handelt es sich bei den Opfern vorwiegend um Jugendliche/Heranwachsende deutscher Herkunft. Dies liegt erfahrungsgemäß daran, daß die Täter »einfache« Opfer suchen, weil sich nach ihrer Auffassung das Opfer nicht zur Wehr setzt, weder körperlich, noch durch Freunde, Verwandte, Eltern, Lehrer oder die Polizei. Die Täter haben die Erfahrung gemacht, daß Opfer nichtdeutscher Herkunft keine leichten Opfer sind, da sich des öfteren Familienangehörige (z.B. »großer Bruder«) in die Angelegenheiten/Auseinandersetzungen einmischen. Hinsichtlich der deutschen Opfer hat man die Erfahrung gemacht, daß diese Drohungen ernst nehmen und sich niemandem anvertrauen. In aller Regel sind sie auch körperlich unterlegen. (...)
Problematisch ist auch das Verhalten der Eltern von jugendlichen Straftätern nichtdeutscher Herkunft, wenn es darum geht, daß sich ihr Kind unsozial verhalten hat. So fragen Eltern, deren Kind z.B. eine andere Person mit einem Messer schwer verletzt hat, nicht, wie es dieser Person geht, oder ähnliches, sondern ob es sich bei dem Opfer um einen Deutschen oder Ausländer handelt. Hintergrund ist die soge-

---

63 In Hamburg wurden am 26. Juni 2010 mehrere Polizisten gezielt von einer Migranten-Menge attackiert. Bis zum Eintreffen der Verstärkung verteidigten sie sich nur mit Pfefferspray und Schlagstöcken; ein Beamter wurde lebensbedrohlich verletzt, auch die vier anderen erlitten Verletzungen, die im Krankenhaus behandelt werden mußten. http://www.presseportal.de/polizeipresse/pm/6337/1638088/polizei_hamburg

nannte ›Blutrache‹, die (wie bereits beschrieben) von Angehörigen verübt werden könnte.«[64]

»Die Minderheit dominiert die Mehrheit« – die reale Lage in vielen Großstadtvierteln Deutschlands spiegelt einerseits wider, was die historische Erfahrung von Türken und Arabern geprägt hat, andererseits in der deutschen Vorstellungswelt faktisch nicht existiert.

Deutschland in seinem historischen Werdegang war stets ein (kultur-) hegemonialer Raum, in dem Minderheiten strukturell von der deutschen Mehrheit dominiert wurden. Das Siedlungsgebiet der Tschechen war seit der Ostsiedlung fast vollständig von dem der Deutschen umschlossen, die Elbslawen wurden vollkommen assimiliert, die Slawen in der Lausitz sind ebenfalls weitgehend im deutschen Volk aufgegangen. Selbst die forcierte Stützung der sorbischen Minderheit seit 1945 wird wahrscheinlich langfristig ein Aussterben der sorbischen Sprache nicht verhindern. Dänen, Polen und Franzosen waren randständige Minderheiten im Zweiten Deutschen Kaiserreich, und die Angst vor einer Polonisierung preußischer Ostprovinzen oder einzelner Orte des Ruhrgebiets durch polnische Zuwanderer war niemals eine existentielle, auf das ganze Reich bezogene Furcht. Allein schon die numerische Überlegenheit des deutschen Volkes gegenüber seinen Nachbarvölkern sicherte das Gefühl, die ausschlaggebende Mehrheit zu sein. Nach 1945 kam das Schuldbewußtsein angesichts der Judenvernichtung hinzu; die Benennung einer religiösen Minderheit – wie sie auch die Muslime darstellen – als gegenüber der Mehrheit feindlich eingestellt wird kategorisch zurückgewiesen, weil sie potentiell den Verschwörungstheorien der Nationalsozialisten gleicht. Frank Schirrmacher, Mitherausgeber der »Frankfurter Allgemeinen«, bringt in einer der seltenen Thematisierungen

---

64 Michael Ziermann, Jugendgruppengewalt aus Sicht der Operativen Gruppe Jugendgewalt der Direktion 5, S. 64, in: Landeskommission Berlin gegen Gewalt, Berliner Forum Gewaltprävention, Kriminalität, Gewalt und Gewalterfahrungen von Jugendlichen nichtdeutscher Herkunft in Berlin.

von Migrantengewalt in sogenannten »Qualitätsmedien« auf den Punkt, was das deutsche Bewußtsein auszeichnet:

»Uns war historisch unbekannt, daß eine Mehrheit zum rassistischen Haßobjekt einer Minderheit werden kann. Aber es gibt starke Signale dafür.«[65]

Das mangelnde Problembewußtsein hinsichtlich einer aggressiven Minderheit auf deutscher Seite kontrastiert bei türkischen und arabischen Muslimen mit dem genauen Gegenteil, womit hier auf das nächste Kapitel vorgegriffen wird. Eine der speziellen Züge der muslimischen Bevölkerungsgruppe in Deutschland ist es, daß sie aus ihren Mutterländern die historische Erfahrung mitbringt, als Minderheit die Mehrheit zu dominieren, weshalb viele unter ihnen, anders als andere Migrantengruppen, gegenüber der zahlenmäßig dominierenden deutschen Mehrheit nicht die geringste »Beißhemmung« besitzen.

Auf der iberischen Halbinsel waren Muslime in den ersten Jahrhunderten nach der Eroberung in der Minderheit, sie herrschten über Christen und Juden. Auf dem Balkan, jahrhundertelang osmanisches Herrschaftsgebiet, herrschte eine dünne Herrenschicht von eingewanderten Türken bzw. islamisierten Einheimischen über eine quantitativ überwältigend starke christliche Mehrheit. In Kleinasien stellten Armenier und Griechen bis in den Ersten Weltkrieg hinein in vielen Städten die Mehrheit. An einer Massenkonversion war der Sultan überhaupt nicht interessiert, da die sogenannten »Dhimmis« (Juden und Christen unter muslimischer Hoheit) eine Sondersteuer zahlen mußten. Sie waren einträglicher für die Staatskasse als eine rein muslimische Bevölkerung – dies war der einzige Grund für die oft gerühmte »religiöse Toleranz« der osmanischen Staatsführung.

Nur vor diesem Hintergrund ist die Chuzpe erklärbar, mit der türkische Interessenverbände und Publizisten mit türkischem »Migrationshintergrund« in Deutschland nach der Wahl Obamas in den USA erklärten, erst mit einem türkischstämmigen Bundeskanzler oder Ministerpräsidenten sei die Emanzipation der »Migranten« in Deutschland

---

65   »Frankfurter Allgemeine« vom 15. Januar 2008

wirklich vollzogen. So konstatiert Mely Kiyak in der »Frankfurter Rundschau«, daß die Deutschen zwar Obama wählen würden, wenn sie könnten, aber türkischen Mitbürgern politisch keine Chance geben. Und sie fragt: »Wofür könnte ein Ministerpräsident mit Vornamen Ali, Mustafa oder Hatice stehen? Wohl dafür, daß in Deutschland etwas geht.«[66]

Wir fragen zurück: warum muß es unbedingt Ali, Mustafa oder Hatice sein, warum nicht Georgios, Alessandro oder Natalja? Warum sollte ein Türkischstämmiger ausgerechnet Bundeskanzler oder Ministerpräsident werden und nicht Bundespräsident oder Staatsminister für kulturelle Angelegenheiten? Die Antwort, von den türkischen Interessenverbänden nicht ausgesprochen, lautet: weil solche Posten nicht die Essenz der Macht verkörpern. Den türkischen Interessenverbänden geht es anscheinend nicht um die Repräsentation ihrer Gruppe in der Öffentlichkeit – dann könnten sie ja schlicht einen türkischstämmigen Bundespräsidenten oder Minister fordern – sondern schlicht und einfach um Macht, und zwar die *höchste* Machtposition im Staat. In diesem Denken ist der Bundeskanzler nichts anderes als der neuzeitliche Sultan – auf Landesebene gilt das für den Ministerpräsidenten – und dieser kann nur ein Muslim, ein Türke sein. So ist es auch kein Widerspruch, daß sich in Kiyaks Vorstellung 82 Millionen Einwohner Deutschlands in ca. 1 Million eingebürgerter Türken wiedererkennen sollen, also weniger als 2% der Gesamtbevölkerung und weniger als 2% der deutschen Staatsbürger. Anders dürfte das Verhältnis auch nicht gewesen sein, als die Turkvölker im 11. Jahrhundert in Anatolien einfielen, dem von Armeniern, Griechen und Kurden besiedelten Raum. Inzwischen ist dieser in der Bevölkerung zu fast 100% türkisch oder kurdisch...

Die Nichtweißen in den USA stellen immerhin inzwischen 30% der Bevölkerung, und Obama hat allen Vereinnahmungen der Schwarzen zum Trotz eine weiße Mutter!

Daß die deutsche Mehrheit und das Staatsvolk Deutschlands die primäre Zielscheibe der Migrantengewalt sind, wird relativ offen zugege-

---

66 »Frankfurter Rundschau« vom 12.September. 2008

ben, selbst von extrem migrantenfreundlichen Akteuren in der Sozialarbeit oder solchen, die sogar selbst Migranten sind; natürlich schwingt dabei stets ein entschuldigender und verharmlosender Unterton mit, der die Gewalt als Re-Aktion auf Ausgrenzung und Diskriminierung seitens der Deutschen interpretiert:

»die Einstellung zur Mehrheitsgesellschaft ist von Ängsten, Stereotyp-Vorstellungen, Misstrauen, Ausgrenzungsgefühl und teilweise von Deutschfeindlichkeit geprägt«[67]

»Die nichtdeutschen Jugendlichen entwickeln aber – nach unseren Auffassungen gesteigert – Konsum- und Teilhabebedürfnisse (Kleidung, BMW, Handy, Statussymbole), die zum Teil dann nur noch durch illegale Beschaffungsmöglichkeiten erfüllt werden können. Die Statussymbole erfüllen zugleich kompensatorische Funktionen angesichts erlebter Wertlosigkeit im Vergleich zu Teilen deutscher Bevölkerung (...) die Bereitschaft, deutsche Gleichaltrige als ›Opfer‹ zu sehen und dies auch zu demonstrieren, hat ebenfalls kompensatorische Bedeutung.«[68]

Diese Dominanz der türkisch-muslimischen Minderheit über die deutsch-christliche Mehrheit findet inzwischen nicht nur in gewalttätigen Auseinandersetzungen ihren Ausdruck, sondern reicht weit in Bereiche hinein, die mit Bildung und Erziehung zu tun haben. So ist es in vielen Kindergärten selbst christlich-konfessioneller Träger inzwischen eine Selbstverständlichkeit, daß bei einem starken Anteil muslimischer Kinder für *alle* Kinder schweinefleischfrei gekocht wird.[69]

Begründet wird dies oft mit der Logistik in der Küche; es sei zu umständlich, für zwei Gruppen separat zu kochen. Erkennbar ist aber eindeutig, daß in solchen Fällen die Mehrheit das religiös begründete Speisetabu einer Minderheit befolgt! Man fühlt sich hier an die inferioren Christen in islamischen Ländern erinnert, die während des Fastenmonats

---

67   Ali Ucar, Identitäts- und Orientierungsschwierigkeiten nichtdeutscher Kinder und Jugendlicher, S. 73, in : Landeskommission Berlin gegen Gewalt

68   Peter Zernicke (Sozialpädagoge), Zahlen und Wahrnehmungen über nichtdeutsche Straftäter in Kreuzberg von 1990 bis 1998, S. 69, in: Landeskommission Berlin gegen Gewalt

69   »Der Westen« vom 28. Mai 2009

Ramadan ebenfalls nichts zu sich nehmen, zumindest nicht in Gesellschaft von Muslimen, um diese nicht zu »provozieren«.

Die Marginalisierung des Deutschen setzt sich in der Schule fort. Dabei wird Drohung, Zwang und Gewalt ein Mittel, um die kulturelle Präsenz des Deutschen sogar in Schulen zu eliminieren! So wird beispielsweise Weihnachten an einer Berliner Schule aus dem Unterricht verdrängt:

»im Deutschunterricht in der Adventszeit die Weihnachtsgeschichte aus der Bibel lesen zu lassen, sei ein Ding der Unmöglichkeit geworden, denn die türkischen Schüler ließen das nicht zu. Diese Entwicklung bedeute den ›Niedergang der deutschen Kultur‹, sagte mir ein Lehrer für Deutsch und Geschichte.«[70]

Was die Migrantengewalt von der Organisierten Kriminalität unterscheidet

Die Organisierte Kriminalität in Deutschland ist spätestens seit den achtziger Jahren weitgehend in der Hand nichtdeutscher Ethnien. Neben Gruppen aus Türken, Albanern und Russen fallen dabei vor allem die sonst gutintegrierten Italiener ins Auge. Man könnte so versucht sein, die Migrantengewalt als eine simple Abart der Organisierten Kriminalität zu betrachten, da sie erstens mit der Organisierten Kriminalität das Merkmal aufweist, sich eigentlich nur aus Nichtdeutschen zu rekrutieren und zweitens die Familienverbände in der Organisierten Kriminalität ebenfalls eine wichtige Rolle spielen.

Doch es gibt gewichtige Unterschiede zwischen der Migrantengewalt und der Organisierten Kriminalität, auch wenn letztere in Italien ebenfalls den Charakter politischer Gewalt annimmt und weit in den politischen Raum hineinreicht.

Die Organisierte Kriminalität agiert versteckt bzw. möglichst unter dem Deckmantel der Legalität, illegal erworbene Gelder werden »ge-

---

70   Schiffauer et.al., Staat-Schule-Ethnizität, S. 111

waschen«. Im Gegensatz dazu handelt die Migrantengewalt offen, deklariert lauthals ihr Territorium und verhehlt mit Landfriedensbruch und versuchter Gefangenenbefreiung erst gar nicht, daß sie Gesetze bricht, ganz im Gegensatz zur Mafia:

»Existieren kriminelle Organisationen, so ist ihnen alles daran gelegen, die Spuren ihrer Existenz zu verwischen und die Operationen so geheim wie möglich zu planen. Der manchmal romantisch aufgeladene Begriff der ›Omertà‹ der italienischen Cosa Nostra packt dieses Bestreben in eine konsistente Form: das Gesetz des Schweigens. Wer dagegen verstößt, verliert sein Leben. Außenstehende Personen, die Verdachtsmomente und Vermutungen äußern, werden gezielt als Verschwörungstheoretiker diskreditiert und der Lächerlichkeit preisgegeben.«[71]

Wir nehmen mafiöse Gewalt – deren Bild vor allem durch reißerische Medienberichte und Fiktion geprägt ist – als exzessiv, äußerst brutal und für die Öffentlichkeit demonstrativ wahr. Doch diese Merkmale beziehen sich nur auf Taten, die selbst für die Mafia Ausnahmesituationen darstellen, etwa bei Machtkämpfen verfeindeter Mafiaclans. In aller Regel wird die mafiöse Gewalt verdeckt und klein dosiert angewandt und soll möglichst alleine durch ihr Drohpotential wirken.[72]

Organisierte Kriminalität basiert auf kleinen, fest verschworenen Gruppierungen, deren Mitglieder oft miteinander verwandt sind und in einem archaischen Initiationsritus in die kriminelle Gemeinschaft aufgenommen werden.[73]

Dagegen kann die Migrantengewalt zwar ebenfalls diesen »familiären« Charakter besitzen, aber auch blitzschnell größere Massenansammlungen mobilisieren, deren einziger gemeinsamer Nenner neben dem Wohngebiet die ethnische Herkunft (z.B. Türken) und/oder der Glaube (z.B. Islam) ist.

---

71 Hofmann, Monopole der Gewalt, S. 80
72 Hofmann, Monopole der Gewalt, S. 138; Lampe, Organized crime, S. 204-205, 240-241, 251
73 Hofmann, Monopole der Gewalt, S. 106, 109

Das Primärziel der Organisierten Kriminalität ist Gelderwerb und Gewinnmaximierung, die Einflußnahme auf den Staat wird nur als ein Mittel gesehen, diese Ziele zu optimieren.

»Denn die Intention der Mafia zielt nicht primär auf eine Schwächung und schon gar nicht auf eine Vernichtung des herrschenden Staates und des von ihm repräsentierten Ordnungsmodells, sondern in erster Linie auf ökonomische Profitmaximierung.«[74]

Klaus von Lampe weist darauf hin, daß die Forschung zu organisierter Kriminalität in den USA ergeben hat, daß die Kriminellen davon ausgehen, langfristig nicht mit dem staatlichen Gewaltmonopol konkurrieren zu können, und deshalb im Regelfall auf die direkte Auseinandersetzung mit der Staatsgewalt verzichten. »So werden (...) Polizeibeamte, Medienvertreter und Amtsträger nur in seltenen Fällen und im Zweifel auch nur dann Ziel von Gewalttaten, wenn sie sich außerhalb ihres beruflichen Rahmens bewegen, sich also mit ›organisierten Kriminellen‹ auf eine Stufe gestellt haben.«[75]

Die Migrantengewalt dagegen sieht als Gegner, den sie eindeutig definiert, den (deutschen) Staat bzw. seine Vertreter. Primärziel ist die Einschüchterung der Exekutive und das ungestörte Leben nach eigenen Regeln in der Parallelgesellschaft, die treffender als »Gegen-Gesellschaft« zu bezeichnen ist oder als »Staat im Staate«. Wenn politische Akteure aus Migrantengewalt ein »Integrationsproblem« konstruieren und Ausbildungsplätze und Arbeitsstellen daraus entstehen sollen, wie in Kreuzberg geschehen, dann ist das zwar auch ein Gewinn an materiellen Ressourcen, stand aber bei der spontanen Ausübung der Migrantengewalt nicht im Vordergrund. Problematisch wird es dann, wenn die materielle Belohnung für die »Mikro-Rebellionen« institutionalisiert wird. Dann könnte bei den politischen Akteuren einer bestimmten Couleur die Versuchung eintreten, Migrantengewalt nicht nur zu verharmlosen, sondern gezielt zu stimulieren, um Ressourcengewinne zu erreichen.

---

74 Hofmann, Monopole der Gewalt, S. 96
75 Lampe, Organized crime, S. 247

Der Staat bzw. die Exekutive in Form der Polizei ist für die Organisierte Kriminalität hauptsächlich ein Störfaktor, der möglichst gemieden, bestochen und nur im äußersten Extremfall offen bekämpft wird. Im Gegensatz dazu geht die Migrantengewalt ihren Lieblingsgegner, die Polizei, direkt und konfrontativ an.

Die Migrantengewalt hat manchmal den Charakter einer Disziplinierung gegenüber den eigenen Leuten, »Abweichler« wie etwa Frauen mit einem selbstbestimmten Lebensstil werden exemplarisch abgestraft. Damit wird eine in ihren kulturellen und religiösen Vorstellungen homogene Gruppe erzeugt, während die Gewalt innerhalb der Organisierten Kriminalität meist nur Ausdruck von Revierkämpfen ist.

Die Migrantengewalt richtet sich damit zwar auch gegen Mitglieder der eigenen Gruppe, in der weit überwiegenden Anzahl aber werden die Gewaltakte bewußt und gewollt gegen die deutsche Mehrheitsgesellschaft oder gegen die Vertreter des deutschen Staates verübt.

Das verdeckte Agieren der Organisierten Kriminalität und der Charakter ihrer Straftaten (z.B. Zigarettenschmuggel, Glücksspiel) ist nicht dazu geeignet, das Sicherheitsgefühl in der Bevölkerung zu beeinträchtigen, zumindest nicht in Deutschland – in Süditalien mag die Lage eine andere sein. Es wird von verschiedenen Journalisten und Juristen zwar immer wieder behauptet, daß die Bevölkerung die Organisierte Kriminalität fürchtet, aber das wird von vielen Juristen negiert:

»Allerdings erscheint es zweifelhaft, ob organisierte Kriminalität tatsächlich im Zentrum der Gefahrenwahrnehmung der bundesrepublikanischen Gesellschaft steht. Dagegen spricht zum einen, daß es sich bei den meisten der mit organisierter Kriminalität verbundenen Straftaten um so genannte opferlose Delikte handelt. Dazu gehören vor allem die Straftaten, bei denen Teilen der Bevölkerung illegale Güter und Dienstleistungen, oder, wie etwa bei der Hehlerei oder dem Zigarettenschmuggel, grundsätzlich legale Güter zu deutlich günstigeren Preisen bereitgestellt werden. So scheint die Furcht eher auf Seiten der staatlichen Organe als in der Bevölkerung selbst angesiedelt zu sein. Diese Zweifel werden dadurch verstärkt, wenn Teilen der Gesellschaft vorgehalten wird, sie sei ›insgesamt noch nicht auf die Ächtung der organisierten Kriminalität eingestimmt‹ bzw. nehme sie noch nicht mit der angemessenen Aufmerksamkeit wahr.«[76]

In punkto Angst besetzt die Migrantengewalt eine ganz andere Position im Bewußtsein der Bürger als die Organisierte Kriminalität. Der Deutsche, der eben gut in einer Pizzeria gegessen hat, wird höchstwahrscheinlich gar nicht wissen, daß sie als »Geldwaschanlage« einer Mafiafamilie dient. Wenn ihn dann nachts auf dem Nachhauseweg eine Gruppe jugendlicher Orientalen anpöbelt, wird er vor vielem Angst haben – aber ganz sicher nicht vor »Organisierter Kriminalität«.

---

76 Kinzig, Die rechtliche Bewältigung von Erscheinungsformen organisierter Kriminalität, S. 82

GEWALT DURCH MUSLIME – DIE GEFÄHRLICHSTE FORM DER MIGRANTENGEWALT

Jede Gesellschaft, die nicht über einen Rechtsstaat geformt wird, der das Gewaltmonopol innehat, wirft die in ihr lebende Bevölkerung darauf zurück, in exzessivem Maße selbst Gewalt zur Konfliktaustragung anzuwenden. In Deutschland sind ausgeprägte Bürgerkriege, die wesentliche Teile der Bevölkerung direkt tangieren, schon seit langem Vergangenheit. Allerdings war die Geschichte des Gewaltmonopols im 20. Jahrhundert eine wechselhafte; bis in die dreißiger Jahre hinein gab es legale und illegale Sonderformen des Rechts, die das Gewaltmonopol antasteten und Reservate innerhalb des Staates bildeten – etwa die Karzer der Universitäten, letztes Überbleibsel einer disziplinarischen Zuständigkeit der Universität für ihre Studenten, oder den Zweikampf mit tödlichen Waffen in der »satisfaktionsfähigen Gesellschaft«, der überhaupt nicht oder nur gering geahndet und eben von dieser satisfaktionsfähigen Gesellschaft, die zugleich Träger des Staates war, geduldet wurde.

Zum Beginn und zum Ende der Weimarer Republik war der Staat so schwach, daß seine Exekutive das Gewaltmonopol nicht durchsetzen konnte bzw. Teile der Exekutive sich sogar weigerten, Feinde der Republik zu bekämpfen. Hier ist der Generalstabschef von Seeckt zu nennen, der sich 1920 dagegen ausspricht, die Reichswehr gegen die Kapp-Putschisten einzusetzen. Es sind die unzähligen Freikorps und Studentenbataillone zu erwähnen, quasi »private Gewalt«, die angesichts eines drohenden bolschewistischen Umsturzes im Reich die staatlichen Kräfte verstärkten. Gegen Ende der Weimarer Republik war die Polizei im Vergleich mit den paramilitärischen Verbänden der einzelnen Parteien so schwach, daß sie ins Hintertreffen geriet. Auch das zeitweise Uniformverbot für die SA konnte daran nichts ändern. Nachdem die Nationalsozialisten den deutschen Staat 1933 okkupiert hatten, war es nur konsequent, daß ihr paramilitärischer Verband, die SA, fortan als Hilfspolizei fungierte.

Wenn große Teile der Bevölkerung das Gewaltmonopol ablehnen, selbst bewaffnet sind und den Vertretern des Staates feindlich gegenüberstehen, dann ist dieses Gewaltmonopol faktisch gar nicht mehr existent. Zur Zeit der Weimarer Republik war genau das der Fall durch die radikalen politischen Lager – die jedoch alle ethnisch deutsch waren. Eine Gefährdung des Gewaltmonopols bestand eigentlich nie durch die Terroristen der RAF, die in den siebziger Jahren und später Vertreter des Staates attackierten, denn dazu waren bei allen mörderischen Erfolgen ihre Gewaltmittel zu schwach und die direkte organisatorische Basis zu schmal. Was den »deutschen Herbst« wirklich so gefährlich machte, war die klammheimliche oder sogar offene Sympathie weiter Teile der intellektuellen Szene, die es goutierten, daß endlich mit den »Nazi-Vätern« aufgeräumt wurde. Große Teile dieser Szene sind heute selbst in Amt und Würden, in staatstragenden Positionen und sollen darüber entscheiden, ob die Bundesrepublik aktuell durch etwas anders geartete Umtriebe gewalttätiger Natur gefährdet ist. Wie wird das Urteil der früheren Terror-Sympathisanten wohl ausfallen? Haben wir inzwischen nicht längst eine politische Führung aus dieser Generation, »die den Begriff Deeskalation wunderbar, den Begriff Landfriedensbruch lächerlich und den Begriff staatliches Gewaltmonopol verdächtig findet«[77]?

Die stärkste Gefährdung des Gewaltmonopols heutzutage, nach fast einem halben Jahrhundert Masseneinwanderung in die Bundesrepublik, besteht darin, daß durch importierte Ethnien, in deren Heimatländern das Gewaltmonopol nicht oder nur unzureichend besteht, der deutsche Staat ignoriert wird. Dabei ist es einerlei, ob es sich um Ethnien handelt, die teilweise schon in der dritten Generation in Deutschland leben – ganz offensichtlich sind sie so selbstbezüglich und so von ihren ursprünglichen Strukturen und Rechtsvorstellungen geprägt, daß der deutsche Rechtsstaat diese Muster bisher nicht auflösen konnte. Und nichts spricht dafür, daß er sie in Zukunft auflösen kann.

Es fällt auf, daß ein übergreifender Nenner dieser Ethnien der Islam ist. Dabei zählt natürlich die Masse eine große Rolle. Im südlichen Nie-

---

77 M. Kluth, »Allein gelassen. Die Polizei und die ›Chaos-Tage‹«. In: Polizeispiegel, 10/1995, S. 242

dersachsen beispielsweise gibt es eine nichtmuslimische religiöse Minderheit, die sich aus ethnischen Kurden rekrutiert, die Jeziden. Diese zeichnen sich ebenfalls oft durch eine Mißachtung des deutschen Rechtstaats aus, sie heiraten nur untereinander, und wer einen Andersgläubigen heiraten möchte, spielt mit seinem Leben. Nur: Die Jeziden stellen 30 000 Personen in der Bundesrepublik[78] , die Muslime inzwischen ca. 4,3 Millionen, also ca. 5,2% der Gesamtbevölkerung des deutschen Staates[79], mit zunehmender Tendenz, bereits 2005 ist fast jedes zehnte Neugeborene dem Islam zugehörig.[80]

Innerhalb der Gruppe der Muslime stellen türkische Staatsbürger bzw. deutsche Staatsbürger mit türkischem Migrationshintergrund ca. 2 561 000 Personen, also fast 60%.[81]

Sowohl türkische Interessenverbände als auch Islamverbände sind bemüht, die gewalttätigen Vorkommnisse innerhalb der von ihnen vertretenen Gemeinschaften – Zwangsehen, Blutrache und Ehrenmorde – herunterzuspielen und zu relativieren. Sie verweisen darauf, daß es sich vielmehr um Stammessitten bzw. archaische Bräuche handle. Nun ist dieses Argument nicht prinzipiell abzulehnen. Selbst wenn hundert deutsche Islam-Konvertiten in einer Straße zusammenleben würden, wiesen sie nicht diese Gewalttätigkeit und diesen Zusammenhalt auf, wie einschlägig bekannte Clans aus dem Orient. Dennoch geht die Argumentation mit den archaischen Sitten an der Problematik vorbei. Denn Ursachenforschung kann letztlich nur dazu dienen, die Mißstände zu beheben. Tatsache ist, daß die Mißstände aber weiter bestehen und daß die genannten Interessenverbände in Worten, aber nicht in Taten die Mißstände in den eigenen Reihen bekämpfen. Denn mit der Religion wird in allen möglichen Punkten der Erhalt der archaischen Sitten doch erst begründet!

---

78 www.yeziden.de, Stand 14. August 2009
79 »Welt« vom 23. Juni 2009,
80 »Focus« vom 31. März 2007
81 »Welt« vom 23. Juni 2009

»Der Koran bildet die religiöse Legitimation für die Einhaltung der in den Solidargruppen tradierten Normen.«[82]

Der Koran, das heilige Buch des Islam, wird als Vorwand genommen, um Unterschiede zur deutschen Mehrheitsgesellschaft zu rechtfertigen und zu zementieren. Das geht bis zur Legitimierung von Gewalt. So berichtet der Pädagoge Ahmet Toprak, der eine Studie über gewalttätige türkische Ehemänner verfaßte, über deren Religionsauffassung; sie ziehen konsequent ihre Gewaltanwendung gegenüber Frau und Kindern durch, von der sie behaupten, daß sie durch den Koran gerechtfertigt sei:

»Viele der befragten Männer haben ihre Gewaltanwendung, vor allem gegenüber der Ehefrau, mit dem Islam begründet, weil der Koran aussagt, so die Annahme der Männer, daß der Mann der Frau überlegen ist. (...) Der Bezug auf den Islam wird bei den interviewten Männern oft als Vorwand beziehungsweise Legitimation für die Gewaltanwendung verwendet.«[83]

Es drängt sich zwangsläufig der Eindruck auf, daß viele Türken- und Islamverbände vor allem das Image der von ihnen vertretenen Klientel verändern wollen, nicht aber Phänomene wie Zwangsehen, Ehrenmorde, Blutrache etc. Diesen Eindruck bestätigen solche Sätze:

»Der Öffentlichkeit muß klar gesagt werden, daß der Islam die Menschen aufgrund ihres Geschlechtes nicht ungleich behandelt.«[84]

Es fällt weiterhin auf, daß die Verbände mit allen möglichen Mitteln versuchen, die problematischen Themen möglichst zu verharmlosen und nicht breit zu diskutieren. So postuliert die »Türkische Gemeinde in Deutschland« zum Thema Zwangsehen:

»Die türkische und/oder islamische Community ist eine überaus heterogene Gruppe. Aus diesem Grund ist es unmöglich eine allgemeingültige Einschätzung zum Thema Zwangsverheiratung abzugeben.« Und

---

82 Straube, Türkisches Leben in der Bundesrepublik, S. 303
83 Toprak, Das schwache Geschlecht, S. 167
84 »Medienpolitische Thesen« der Türkischen Gemeinde in Deutschland vom 9. November 2006

sie zitiert eine Studie mit 150 Frauen türkischer Herkunft, von denen nur 9% angaben, zum Zeitpunkt ihrer Heirat »das Gefühl hatten zur Ehe gezwungen zu werden.«[85]

Mit diesem Zahlenwert aus einer kleinen Gruppe bewegen sie sich am untersten Rande dessen, was in der Forschung diskutiert wird.

So bleibt es bei halbherziger Verurteilung nach außen und Duldung nach innen.

Wie wahrscheinlich ist es überhaupt, daß die Interessenverbände der Türken, die alle durchweg zwischen den Polen Nationalismus und Islamisierung pendeln[86], traditionell verwurzelte Sitten tatsächlich radikal bekämpfen? Stellen diese doch oft den Bindekitt dieser Gemeinschaften dar, wobei Religion und Nation/Ethnie untrennbar miteinander verzahnt werden. Auch nach der Machtergreifung Atatürks schied der »moderne« türkische Staat wie sein Vorgänger, das Osmanische Reich, seine Untertanen nach ihrer religiösen Zugehörigkeit, wobei der Islam der Schlüsselfaktor war, um türkischer Staatsbürger zu werden.[87]

Diese Mentalität wurde von den türkischen Gastarbeitern in der Bundesrepublik nicht aufgegeben, sondern im Gegenteil noch verstärkt.

»Religion und Nation werden bei vielen Türken als Einheit gesehen, die gerade in der Fremde an Gewicht gewinnt. (...) Der Islam als Identifikationsfaktor bleibt für die meisten Türken erhalten. Auch nichtaktive religiöse Türken fühlen sich weiterhin als Muslime und unterstützen islamische Einrichtungen.«[88]

Was ist dabei religiöses Gesetz, was Sittengesetz? Auch diese Unterscheidung ist nicht eindeutig zu machen, vor allem nicht im Bewußtsein der aus einfachsten Verhältnissen stammenden türkischen Muslime. Für sie bildeten und bilden religiöse und sittliche Vorschriften eine Einheit, die selbst für muslimische Schriftgelehrte nicht ohne Weiteres zu entwirren ist.

---

85 »Frauenpolitische Thesen« der Türkischen Gemeinde in Deutschland vom 9. März 2007
86 »Welt« vom 11. Juli 2007
87 Cagaptay, Who is a Turk?, S. 80-82, 123
88 Straube, Türkisches Leben in der Bundesrepublik, S. 207, 210

Der Hauptgrund für die Duldung von gewalttätigen »Ehrenreinigungen« mag darin liegen, daß die von den Funktionären nach außen verurteilten Taten letztlich doch die Homogenität der Gruppe fördern. In islamischen Ländern vom Glauben abzufallen bzw. zum Christentum zu konvertieren, bedeutet oft den Tod, mindestens aber harte Verfolgung, sei es durch den Staat, sei es durch die Bevölkerung selbst, oft fällt beides zusammen. Es ist ebenso archaisch und gebräuchlich, daß Selbstkritik in orientalisch-islamischen Gesellschaften nicht zugelassen bzw. generell als Nestbeschmutzung aufgefaßt wird. Sie wird selbst unter dem Druck westlicher Medien nur oberflächlich geübt.

So wurde der Ende 2007 von einem Griechen und Türken ins Koma geprügelte Rentner in München zwar von einem Geistlichen der griechisch-orthodoxen Gemeinde am Krankenbett besucht – aber von dem Besuch eines muslimischen Geistlichen ist nichts bekannt![89]

Verschärfend kommt hinzu, wie bereits erwähnt wurde, daß vor allem bei Türken und Arabern es ein gewichtiger Teil der historischen Erfahrung ist, als (muslimische) Minderheit über eine (nichtmuslimische) Mehrheit zu herrschen. Das fehlt bei anderen Einwanderergruppen, die ebenso aus gewaltgeprägten Gesellschaften kommen mögen, aber schon zahlenmäßig nicht den Rang der Muslime erreichen.

Hypothetisch gefragt: gäbe es, hätten wir ca. drei Millionen Chinesen statt Türken in Deutschland, die gleichen Probleme wie mit den Türken? Sicher, es gäbe ebenfalls massive Integrationsprobleme, die Tendenz zu »China-Towns« in deutschen Städten. Ganz sicher aber wäre die Gewaltbilanz der Chinesen eine andere. Gewalt würde sich vornehmlich in innerchinesischen Auseinandersetzungen entladen, der Organisierten Kriminalität der Chinesen. Ansonsten wäre es bei dem hohen Wert, den die chinesische Kultur auf (Selbst-)Disziplin und Bildung legt, eher zu vermuten, daß die jungen Chinesen verstärkt den Deutschen in der Wirtschaft und der Wissenschaft Konkurrenz ma-

---

89 »Süddeutsche Zeitung« vom 26. Juni 2008

chen würden, wie denn auch die Asiaten in diesen Disziplinen in den USA als besonders erfolgreich und als »model minority« gelten.

Nicht unbedingt der Islam als Religion an sich, sondern die ein eigenes Gesellschafts- und Rechtssystem begründenden Ansprüche vieler Muslime daraus, bereiten den Boden für ein besonderes Problem. Dabei kann nicht eindeutig von der millionenfachen Präsenz von Muslimen auf deutschem Boden und ihrer fremdethnischen Herkunft abstrahiert werden – deutsche Konvertiten sind zahlenmäßig marginal. Denn ethnisch-kulturelles Bewußtsein und Ausübung der Religion sind im Bewußtsein vieler Türken und Araber so stark miteinander verzahnt, daß sie nicht getrennt werden können[90], und die Etablierung als religiöse Minderheit bedeutet automatisch auch die Etablierung als ethnische Minderheit. Moscheebau und die Forderung nach Türkisch als Amts- oder Schulsprache bilden somit eine Symbiose.

Die Gefährlichkeit vieler Muslime für das Gewaltmonopol in Deutschland leitet sich aber nicht nur aus ihrem Anspruch ab, daß ihre Religion mehr gilt als weltliche Gesetze. Mindestens ebenso stark wirkt die Schwäche des deutschen Staates, die ihnen beträchtlich entgegenkommt. Die wichtigsten Ansatzpunkte für die Etablierung eines türkisch bzw. muslimisch geprägten Staats im Staate, spezifisch deutsche »Sollbruchstellen« des Gewaltmonopols werden deshalb folgend dargelegt. Dabei handelt es sich bei der Migrantengewalt selbst nicht um eine deutsche Besonderheit, sondern ein Phänomen vor allem der europäischen Moderne, das in Deutschland eine spezielle Ausprägung erfährt, die mit der Geschichtspolitik des Landes zu tun hat.

Besonders gefährlich jedoch ist der säkulare Schein, den sich viele Organisationen geben. So spricht sich zwar die »Türkische Gemeinde in Deutschland« gegen die Befreiung vom Schulunterricht aus religiösen Gründen aus und setzt sich so in (scheinbaren) Widerspruch zu vielen islamischen Organisationen in Deutschland, die Prozesse für solche Suspendierungen anstrengen.

---

90   Schiffauer, Die Bauern von Subay, S. 102

Aber in ihren vielen Forderungen macht sie doch indirekt deutlich, daß sie sich auch als Organisation für Muslime begreift. Oder wie ist es sonst zu verstehen, daß sie fordert, auf die »Eßgeflogenheiten« (sic!) von nichtdeutschen Inhaftierten Rücksicht zu nehmen und für eine ausreichende religiöse Betreuung zu sorgen?

»Im Strafvollzug werden die Bedürfnisse von Strafgefangenen nicht-deutscher Herkunft nicht ausreichend berücksichtigt. Daher fordert die Türkische Gemeinde in Deutschland, daß Strafgefangene nicht-deutscher Herkunft stärker als bisher an allgemeinen Hafterleichterungen (z.B. Verlegung in den offenen Vollzug) beteiligt werden, auf ihre Eßgeflogenheiten geachtet, ihnen der Zugang zu muttersprachlichen Medien uneingeschränkt ermöglicht und für eine ausreichende religiöse Betreuung gesorgt wird.«[91]

Des weiteren macht sich die Türkische Gemeinde für ein muslimisches »Wort zum Freitag« im ARD stark und diffamiert die Widerstände der deutschen Bevölkerung gegen Moscheebauten als geboren aus einer »zumeist unbegründeten, irrationalen Angst vor Überfremdung«.[92]

So entpuppen sich vorgeblich säkulare Organisationen als Schrittmacher einer Islamisierung in vielen Bereichen der Gesellschaft.

Ein weiterer Grund für die starke Anbindung der Türken und Araber an den Islam ist, daß sie erkannt haben, daß sie über Religionsfragen in Europa und besonders in Deutschland gesellschaftliche Anerkennung erreichen können. Das wird dann besonders wichtig, wenn andere Ressourcen nicht vorhanden sind, mit denen man eingebildete oder tatsächliche Mißachtung und Benachteiligung kompensieren kann. Weder die Türkei noch die arabischen Staaten glänzen mit besonderen wissenschaftlichen, wirtschaftlichen oder sportlichen Spitzenleistungen, fast ihre gesamte technische Infrastruktur ist vom Westen kopiert oder sogar direkt importiert. Der Ölreichtum der arabischen Staaten ist eine Laune der Natur, ein Zufall, und für die Förderung sind bis heute aus-

---

91 Türkische Gemeinde in Deutschland, Vorlage beim Integrationsgipfel der Bundesregierung am 14. Juli 2006
92 Türkische Gemeinde in Deutschland, Religionspolitische Thesen, 26. September 2006

ländische Experten unerläßlich. Daß die Islamverbände ständig auf die Bedeutung der Wissenschaft des mittelalterlichen arabischen Andalusien für das Abendland hinweisen, bestätigt dieses Manko nur: Seit dem Mittelalter hat der islamische Kulturraum keine wissenschaftlichen Spitzenleistungen mehr hervorgebracht.

Der Kriminologe Christian Pfeiffer gab im Juni 2010 die Ergebnisse einer Studie bekannt, die unter Schülern verschiedener Glaubensrichtung in Deutschland erstellt wurde. In aller Kürze:

»Junge, männliche Muslime sind – im Gegensatz zu christlichen Jugendlichen – umso weniger integriert und umso gewalttätiger, je gläubiger sie sind.« Natürlich war man bemüht, diese Erkenntnis sofort durch wohlmeinende Erklärungen zu relativieren: Pfeiffer schob die Schuld primär auf die Vermittlung des Islam durch im Ausland geprägte konservative Imame und auf das wachsende Mißtrauen von Deutschen gegenüber dem Islam nach dem 11. September 2001 und eine entsprechende Reaktion der muslimischen Schüler auf dieses Mißtrauen.[93]

Die geballte Masse macht's

Die Muslime stellen durch die Türken innerhalb Deutschlands die größte Zahl unter den Personen mit ausländischer Staatsangehörigkeit und ebenfalls mit den Türken jene Gruppe, die zahlenmäßig bei den Einbürgerungen an erster Stelle steht. Sowohl unter den formal als Ausländer geltenden als auch unter den deutschen Staatsbürgern mit »Migrationshintergrund« stellen Türken also die stärkste Gemeinschaft dar. Es gibt Schätzungen, nach denen die Gruppe der aus der Sowjetunion stammenden Menschen noch größer ist; aber dabei handelt es sich um eine ethnisch und religös heterogene Gruppierung von zumeist protestantischen Rußlanddeutschen, russisch-orthodoxen, jüdischen oder atheistischen Russen und Ukrainern. Sie fallen hierzulande unter anderem deswegen nicht ins Gewicht, weil sie viel stärker zerstreut leben. In dem Maße, wie »Kreuzberg« zum Synonym für ein Türken-Ghetto geworden ist, gibt es kein entsprechendes Russen-Ghetto in deutschen Städ-

---

93 »Welt« vom 6. Juni 2010

ten. Es gibt Läden mit kyrillischer Beschriftung, die für eine russischsprachige Klientel ausgerichtet sind; aber es gibt nicht diese spezifisch türkische Infrastruktur, wie sie in Kreuzberg und vielen anderen deutschen Stadtvierteln seit vielen Jahren ganze Straßenzüge dominiert.

Das Phänomen, daß in Deutschland nicht nur eine große Masse von Türken lebt, sondern sich zugleich flächendeckend in bestimmten Siedlungsgebieten zusammenballt und dort quasi »Turkey-Towns« bildet, hebt sie also unter allen anderen Gruppen heraus, wo solche Zusammenballungen in dieser Qualität nicht vorhanden sind. Daß sich *in einer Straße* ein italienischer Verein, eine katholische Kirche mit vorwiegend italienischen Messebesuchern, von Italienern betriebene Gemüseläden und zig Pizzerien zusammenfinden, wäre in Deutschland ein absoluter Ausnahmefall. Dagegen sind türkischer Kulturverein, Hinterhofmoschee und Kebabstände oft in einer Straßenzeile zu finden.

Diese Tendenz zur ethnisch-kulturellen Homogenität wird stärker und macht in naher Zukunft das Zustandekommen ethnisch geprägter Siedlungsgebiete möglich, in denen Türken bzw. Muslime zumindest numerisch die Hälfte der Bevölkerung oder mehr stellen.

Zwar gab die Statistik für Berlin im Jahre 1997, vor dem Beginn der Masseneinbürgerung durch Rot-Grün, die Zahl der Türken in Kreuzberg mit 28 358 Personen an; damit stellten sie nur knapp 19% der Gesamtbevölkerung des Bezirks von 151 062 Personen und knapp 55% aller Ausländer im Bezirk.[94]

Gerade weil der Anteil der Türken in Kreuzberg statistisch »nur« ein Fünftel beträgt, ist ihre Dominanz im öffentlichen Leben und die »gefühlte« Präsenz um so eindeutiger. Es ist kein Widerspruch, daß dieses Fünftel Kreuzberg tatsächlich dominiert. Die deutsche Bevölkerung ist oft überaltert und sitzt vorwiegend in den Häusern, während Straßen und Plätze der türkischen Jugend gehören. Wenn auch die anderen Nationalitäten 45% aller Ausländer ausmachen, sind sie doch viel zu heterogen, um eine geballte Macht neben den Türken zu konstituieren.

---

94 Statistisches Landesamt Berlin: Statistisches Jahrbuch 1998

Serben, Griechen, Italiener, Polen und Vietnamesen sind in diesem Sinne der deutschen Bevölkerung zuzuschlagen, die jedoch zu keiner einheitlichen Willensbildung mehr fähig ist. Sogenannte »Autonome« und Schwule, abgewrackte Altachtundsechziger und Alternative leben in ihren Subkulturen dahin, aber sie bilden kein übergreifendes *deutsches* Bewußtsein mehr aus.

Die Dominanz im öffentlichen Raum belegt Tertilt, der Anfang der neunziger Jahre in Frankfurt eine türkische Jugendbande beobachtete: »Für Jugendbanden wie die »Power Boys« gab es zentrale Treff- und Sammelpunkte im öffentlichen Raum, die symbolisch eingenommen wurden wie etwa die Eissporthalle, die Dippemess', die Konstabler Wache und Hauptwache. Es ging darum, in den Zentren der Stadt Präsenz zu zeigen.«[95]

Doch die Tendenz zur Verdichtung der türkischen Bevölkerungsgruppe geht voran und aus dem Fünftel werden bald zwei Fünftel; Werner Mendling, Chefarzt für Gynäkologie im Kreuzberger Urban-Krankenhaus, dem größten Krankenhaus des Bezirks, gibt im Jahr 2008 den Anteil der Ethnien unter den werdenden Müttern mit 35 Prozent bei den Türken und 15 Prozent bei arabisch sprechenden Menschen an.[96]

Das bezieht sich nur auf die Reproduktionsrate der Muslime bzw. Türken und Araber in Kreuzberg, die weitere Zuwanderung etwa durch einen EU-Beitritt der Türkei ist dabei noch nicht einmal mitberücksichtigt. Zumindest eine knappe muslimische Mehrheit ist in naher Zukunft in Kreuzberg wahrscheinlich – und in vielen anderen Großstadtvierteln Deutschlands auch.

Zur Ghettobildung sei noch angemerkt, daß sie in diffamierender Weise den Deutschen zur Last gelegt wird, die den Türken angeblich nur den Wohnraum in den schlechtesten Vierteln überlassen wollten.[97]

---

95 Tertilt, Turkish Power Boys, S. 85
96 »taz« vom 29. Dezember 2008
97 Straube, Der kandierte Apfel, S 87, 131, 263

Dabei ist durch Wissenschaftler belegt, daß die Völker des Mittelmeers und die Türken im Besonderen ein Interesse daran haben, eng zusammenzuwohnen.

Die Türken haben ganz bewußt Ghettos gebildet, weil sie das so wollten![98]

Das wird unter anderem dadurch deutlich, daß die sogenannte »Kettenmigration«, der Nachzug von Familienangehörigen und Nachbarn und Personen aus dem gleichen Ort, bei allen Gastarbeitern aus dem Mittelmeerraum sehr ausgeprägt war – doch nur Türken haben richtiggehende »Ghettos« ausgebildet!

Das »Ghetto« verbürgt unter anderem eine funktionierende soziale Kontrolle und Nachbarschaftshilfe – die sich, wie im Wrangelkiez deutlich geworden, inzwischen direkt gegen den deutschen Staat richten kann.

Diese Ghetto-Situation hat zwei Wirkungen: Sie verstärkt das eigene, türkische Milieu und schwächt das externe, deutsche Milieu in seiner Prägekraft.

Es wird durch das Ghetto ein eigener *Raum* geschaffen, auch und gerade im Verständnis der darin lebenden ethnischen Minderheit.

Immer wieder wird in den Berichten über die Migrantengewalt der Muslime deutlich, daß diese Straßenzüge, Viertel, teilweise schon ganze Städte für sich beanspruchen – Deutsche und deutsche Staatsgewalt sollen hier nichts mehr zu sagen haben, sind höchstens noch gut genug, die Energieversorgung, die Müllabfuhr und die soziale Unterstützung zu garantieren. Sonst aber heißt es ganz schnell:

»Bullen verpißt euch, ihr habt hier nichts mehr zu melden. Das ist unsere Stadt!« Das waren die Rufe, mit denen 20 junge Ausländer in Duisburg einen Türken aus dem Gewahrsam der Polizei befreien wollten.[99]

Sie sind keine Einzelfälle...

---

98 Baumeister, Ehrenmorde, S. 53-54; Straube, Türkisches Leben in der Bundesrepublik, S. 76, 82, 83, 189
99 »Rheinische Post« vom 15. Mai 2008

Mit dem Raum wird ein eigenes Herrschaftsgebiet geschaffen, Kontrolle über den Raum ist der höchste Ausdruck von Macht. Das wird sichtbar, wenn in Berlin-Schöneberg Türken und Araber ein Schwulencafé durch stetige Übergriffe auf die Besucher zum Umzug nötigen[100], wenn in Berlin-Wedding eine Kunstgalerie mit religionskritischer Ausstellung, die auch den Islam behandelt, kurzzeitig schließen muß und danach nur mit Wachschutz weiter geöffnet bleiben kann.[101]

Mit Moscheen, Koranschulen und Islamzentren wird dieser Machtanspruch im Raum noch unterstrichen und im wahrsten Sinne des Wortes zementiert. Hier wird zudem deutlich, was die Migrantengewalt von früheren auf deutschem Boden als Gefährdung des Gewaltmonopols apostrophierten Gefahren unterscheidet: RAF-Terroristen konnten sich keinen eigenen Raum schaffen, sie lebten versteckt unter falschem Namen im Untergrund, die Hüttendörfer bei Wackersdorf und Gorleben konnten letztlich kein Refugium für gewaltbereite Demonstranten bieten, höchstens besetzte Häuser stellten einen eigenen Raum dar. Dieser wurde entweder gewaltsam geräumt wie in Berlin oder pazifiziert wie in der Hamburger Hafenstraße, wo aus den früheren Besetzern heutige Eigentümer und friedliche Spießer geworden sind.

Diese Siedlungsinseln sind letztlich die größte Gefahr für die territoriale Integrität und staatliche Einheit Deutschlands, weil sie Keimzellen für erst autonome, dann unabhängige Gebiete innerhalb der Bundesrepublik bilden könnten. Wer das für übertrieben hält, sollte sich daran erinnern, daß nach dem Brand eines von Türken bewohnten Hauses in Ludwigshafen 2008 bereits türkische Polizisten auf deutschem Boden ermitteln konnten. Das ist nur eines der Indizien, daß der deutsche Staat seine Souveränität verliert bzw. freiwillig abgibt. Andere Faktoren wirken in die gleiche Richtung: etwa die Einführung von Türkisch als de-facto-Amtssprache neben Deutsch in vielen Behörden, die Einforderung von Repräsentanten mit »Migrationshintergrund« in der Politik.

---

100 »Spiegel« vom 10. Mai 2006, »Jungle World« vom 26. Juni 2008
101 »Focus« vom 5. März 2008

Dabei ist eine wichtige Unterscheidung in Bezug auf die Regionen Deutschlands zu machen. Obwohl der Ausländeranteil an der Bevölkerung in den südlichen Bundesländern Deutschlands und in Großstädten wie Stuttgart und München höher ist als z.B. in Berlin oder manchen Städten des Ruhrgebiets, ist die Migrantengewalt in ihrer typischen Ausprägung dort nicht so stark vorhanden. Das liegt daran, daß die muslimischen Bevölkerungsgruppen im Süden relativ schwächer sind als in Berlin, Hamburg, und den Städten Nordrhein-Westfalens, wenn man ihren Anteil an allen Ausländern bzw. Migranten betrachtet. Da Italiener, Serben, Kroaten und Griechen in Stuttgart und München anteilig stärker vertreten sind als in den nördlicheren Großstädten, können die Türken deshalb nicht dieselbe »Verdichtung« und Dominanz erreichen, und zusätzlich werden durch die besseren Wirtschaftsverhältnisse die Ausländer in den Arbeitsprozeß eingegliedert und sind nicht jederzeit zur Zusammenrottung fähig und willig, indem sie auf der Straße herumlungern. Außerdem ist die Polizei in Bayern und Baden-Württemberg (noch) strenger und durchsetzungsfähiger als in Berlin.

Dennoch ist im Süden manchmal ebenfalls die typische Migrantengewalt zu beobachten; in dem kleinen baden-württembergischen Örtchen Schömberg, das weniger als 5 000 Einwohner zählt, jagten an einem Samstagabend im Mai 2008 Dutzende Türken ca. 20 Rußlanddeutsche durch den Ort.[102]

Bei einer Verschlechterung der Wirtschaftslage und/oder weiterer Zuwanderung von Türken/Muslimen in die südlichen Bundesländer könnten dort ebenfalls die strukturellen Gegebenheiten geschaffen werden, wie sie in Berlin und vielen Städten Nordrhein-Westfalens schon lange vorherrschen.

Die immer öfter gewagten Gefangenenbefreiungen und Widerstandshandlungen gegen Polizisten, selbst wenn sie nur teilweise und kurzfristig erfolgreich sind, haben einen verheerenden Multiplikatoreffekt, weil sie bei den Tätern das Gefühl verankern, die eigentliche Macht innezuhaben und bei Bedarf alle anderen Gesetze übertreten zu können.

---

102 »Schwarzwälder Bote« vom 26., 28. und 29. Mai 2008 und vom 7. Mai 2009

So drückt es Hobbes aus:

»Eine gesetzwidrige Tat, bei der man sich auf seine eigenen Kräfte (...) oder auf seine Freunde verläßt und deshalb sogar Gewalt gegen öffentliche Diener wagt, ist ein weit größeres Verbrechen, als wenn dieselbe Tat nur in der Hoffnung unternommen wird, daß man entweder unentdeckt bleiben oder sich durch die Flucht retten könnte. Denn dadurch, daß man sich durch seine Macht von jeder Strafe zu befreien hofft, sind die Gesetze der Gefahr ausgesetzt, zu allen Zeiten und bei jeder Gelegenheit verachtet zu werden.«[103]

Religion als Gesslerhut

Die beiden großen Kirchen sind in Deutschland eine bedeutende nicht-staatliche Macht, die jedoch zuweilen mit quasi-staatlichem Charakter aufwarten kann. Sowohl im sozialen Bereich als auch im Bildungswesen haben die evangelische und katholische Kirche Deutschlands, im internationalen Vergleich gesehen, sehr starkes Gewicht. Sie entsenden ihre Vertreter zusätzlich in Gremien, die nicht spezifisch mit der Kirche zu tun haben, etwa in die Rundfunkräte des öffentlich-rechtlichen Fernsehens. Der Staat macht sich zum Sachwalter der Kirchen, wenn er für sie den Einzug der Kirchensteuer übernimmt. Es gibt in Deutschland eine starke Verzahnung der Kirchen mit dem Staat und die Tendenz, religiöse Gemeinschaften praktisch unter »Artenschutz« zu stellen und ihre Besonderheiten in einem übertriebenen Maße zu respektieren, so daß allgemein gesetztes Recht des Staates von den Kirchen durchbrochen werden kann, die somit faktisch autonome Gemeinschaften innerhalb des Staates bilden (können); selbst die DDR mit ihrer ausgesprochen religionsfeindlichen Politik hat beispielsweise nie den Immobilienbesitz der Kirchen angetastet und sie als einzige »nichtsozialistische« Korporation nicht aufgelöst. Ein weiterer Beleg für diese Sonderstellung ist das Arbeitsrecht, das den Kirchen in besonderen Fällen eine Kündigung erlaubt, die bei nichtkirchlichen Arbeitgebern nie zugelassen würde, etwa bei einer Ehescheidung eines Beschäftigten.

---

103 Hobbes, Leviathan, S. 252

Die Praxis des »Kirchenasyls«, die sich seit Beginn der achtziger Jahre etablierte, bedeutet einen weiteren Anspruch der Kirche, partiell außerhalb staatlichen Rechts zu stehen, kirchlichen Boden als »exterritorial« zu erklären – was leider vom Staat weitgehend hingenommen wurde. Übrigens waren die Lieblingsklientel Berliner Geistlicher damals die Bürgerkriegsflüchtlinge aus dem Libanon, die inzwischen im Vergleich zu ihrem Anteil an der Berliner Bevölkerung die kriminellste Nationalität in der deutschen Hauptstadt darstellen.[104]

Wie sehr der Gedanke, daß die Kirche einen eigenen Rechtsraum bilde, verbreitet ist, belegt folgender Text des Grünen-Politikers (!) Helmut Lippelt. Er geißelt den »Bruch des Kirchenasyls«, als sei der Innenminister der Rechtsbrecher und nicht die Kirche, und spricht vom »kirchlichen Gelände« als handle es sich um das Gebiet der Botschaft eines ausländischen Staates:
»Unter dem Slogan ›Es geht auch menschlich‹ plakatierte die SPD landauf, landab ihre Kandidaten zur Niedersachsenwahl. Wie der Kandidat Glogowski diesen Slogan verstand, demonstrierte er als Innenminister, als er im Januar 1998 das Kirchenasyl brechen ließ, das einer kurdischen Familie erst am Vorabend gewährt worden war. (...) Obwohl der niedersächsische Innenminister im einzelnen über die Situation unterrichtet war, wurden Polizisten zu Häschern auf kirchlichem Gelände gemacht, zerrten die Eltern und fünf Kinder aus dem Schutz der Kirche«[105]
Solche konsequenten Aktionen der Exekutive sind aber leider die Ausnahme! In der Regel wird das »Kirchenasyl« respektiert.

Die Kirchen bilden also unter Berufung auf die Religion einen starken, quasi-staatlichen, unantastbaren Raum und können mit einem solchen »Gesslerhut«-Status für die wachsende, sich auch räumlich mit zig Moscheebauten ausdifferenzierende Gemeinschaft der Muslime ein Vorbild sein, eine ebensolche Machtposition innerhalb der deutschen Gesellschaft zu erreichen. Schon gibt es Bestrebungen, die Moschee-

---

104 www.ghadban.de/de/wp-content/data/die-libanon-fluchtlinge2.pdf
105 Helmut Lippelt, Der Mensch »als Fall«, S. 158, in: Sind die Deutschen ausländerfeindlich?

gemeinden zu Körperschaften öffentlichen Rechts zu erheben, womit sie den beiden christlichen Großkirchen gleichgestellt wären und dieselben Privilegien genießen könnten. Und die Moschee-Vorstände sprechen, wie in einem Brief einer Duisburger Moschee 2010 an die örtliche Polizei, von »Hoheitsbereichen der Religionsgemeinschaften«, in die sich die Polizei nicht einzumischen habe.[106]

Seitens der Großkirchen sieht man also die Etablierung des Islam sehr gelassen; eine Ausnahme bilden nur die konservativen Ränder, die sich mit dem Glaubensrelativismus, wie er von den Kirchenführungen gepredigt wird, nicht abfinden wollen. Ja, in diesen Kirchenführungen befördert man die Islamisierung Deutschlands sogar noch mit öffentlicher Parteinahme! In Dortmund sprach sich ein evangelischer Geistlicher lobend über den Bau einer Moschee aus und hält den Muslimen zugute, daß sie den Gebetsruf erst in ein paar Jahren tätigen werden – »Sie verzichten damit auf ein Grundrecht«.[107]

Man sieht in breiten Kreisen der Kirchen den Islam mehr als willkommene Konkurrenz, die das eigene Geschäft belebt; das wahre Schreckbild ist für die Kirchenführungen eher ein konsequenter Laizismus und eine weitere Verbreitung des Atheismus.

Ein anderes »Macht-Vorbild« religiöser Art für die Islamverbände zeigt sich anhand des »Zentralrats der Juden«, der, gemessen an der geringen Zahl der von ihm vertretenen Religionsgemeinschaft, eine besondere Vorzugsstellung im bundesrepublikanischen Politikbetrieb genießt, die sich beispielsweise in starker finanzieller Bezuschussung und dem Abschließen eines »Staatsvertrags« zwischen der jüdischen Religionsgemeinschaft und der Bundesrepublik Deutschland äußert. In Anlehnung daran wird in Hamburg, dem Bundesland mit prozentual dem höchsten Anteil an Muslimen, mit dem Abschluß eines Staatsvertrags zwischen der Hansestadt und den Muslimen geliebäugelt.[108]

---

106 »Der Westen« vom 27. Mai 2010
107 »Der Westen« vom 7. August 2009
108 »Hamburger Abendblatt« vom 14. August 2007

Offene Kritik am Staat Israel, an den Juden und am Zentralrat ist in der Bundesrepublik zutiefst verpönt und hat in aller Regel den sofortigen sozialen Tod des Kritikers zur Folge. Beispielsweise wurde der CDU-Bundestagsabgeordnete Martin Hohmann im Jahr 2003 zügig aus seiner Partei ausgeschlossen, weil er in einer Rede auf den hohen Anteil von Juden in den Reihen der bolschewistischen Revolutionäre hingewiesen hatte. Seine Schlußfolgerung, daß man dennoch die Juden nicht als »Tätervolk« bezeichnen könne, wurde von den Medien in ihr Gegenteil verkehrt: Hohmann habe von den Juden als »Tätervolk« gesprochen...

Ein solch eingeschliffener Mechanismus bedeutet für die Vertreter der Muslime in Deutschland einen zusätzlichen Anreiz, einen verfaßten Status zu bekommen, um Kritik in ähnlicher Weise immunisieren zu können.

So bemühte man sich nach dem Mord eines Rußlanddeutschen an einer kopftuchtragenden Ägypterin in Sachsen, die Tat zu einem Ausfluß verbreiteter Fremdenfeindlichkeit zu stilisieren, genauso wie in den neunziger Jahren die Brandanschläge einiger Verwirrter auf von Türken bewohnte Häuser. Die Tendenz ist eindeutig und wird auch ganz klar ausgesprochen: »Islamophobie« soll nach dem Willen vieler Muslime mit »Antisemitismus« gleichgesetzt,[109] der Islam soll unantastbar werden, er soll nicht mehr Gegenstand öffentlicher Kritik in Deutschland sein, in die er durch die Anschläge des 11.9. 2001 und die zunehmende Berichterstattung über »Ehrenmorde«, Zwangsehen und Blutrache gerückt ist.

Am liebsten würden die Muslime allein über das Bild ihrer Religion in Deutschland bestimmen; so fordert der Zentralrat der Muslime in seiner »Islamischen Charta« vom 20. Februar 2002 u.a. die »Beteiligung von Muslimen an den Aufsichtsgremien der Medien«.[110]

Dort, wo sich der Widerstand der einheimischen Bevölkerung in Protesten gegen den Moscheebau zeigt, wird geradezu reflexhaft auf die »Religionsfreiheit« verwiesen, die im Grundgesetz garantiert sei. Das Grundgesetz gilt seit 1949, aber 1950, 1960, 1970, 1980 und wahrscheinlich noch 1990 wäre kein Mensch in Deutschland auf die Idee gekommen, der Bau einer Moschee und die Ausübung des Gebetsrufs seien

---

109 »taz« vom 31.Juli 2009
110 www.zentralrat.de, Stand 14. August 2009

von der »Religionsfreiheit« in Deutschland gedeckt – es ist schlicht die Masseneinwanderung, die Tatsachen geschaffen hat, welche nun als gesetzlich fundiert interpretiert werden. Darüber wird gerne vergessen, daß bereits im wilhelminischen Kaiserreich und vor den Gastarbeiterverträgen Moscheen in Deutschland existierten – sehr vereinzelt und ohne den Ruf des Muezzin, wie er mehr und mehr gefordert und praktiziert wird. Das zeigt, daß sich der Unwille der Deutschen nicht gegen die Moscheen an sich richtet, sondern gegen ihre rapide zunehmende Zahl und ihre enorme Präsenz in den Stadtbildern, welche das Gesicht Deutschlands bis zur Unkenntlichkeit verändert. Die Moscheebauten werden von sehr vielen Deutschen als Landnahme einer fremden Ethnie gedeutet – ist das eine unbegründete Phobie?

Während in Deutschland der institutionalisierte Islam sichtlich Fuß faßt und mit den Moscheebauten bekundet, »Teil dieses Landes« zu sein, wird die Islamisierung von den Heimatländern noch verstärkt, die durch die Entwicklung der Telekommunikation viel besser mit ihren Auslandsgemeinden in Kontakt stehen als noch in den siebziger und achtziger Jahren. Unzählige Satellitenschüsseln sind zum Orient ausgerichtet, speziell die Türken konsumieren primär türkisches Fernsehen und damit auch den geistigen Trend, der die Türkei seit Jahrzehnten durchzieht: die Re-Islamisierung, deutlich geworden im Siegeszug der Islam-Partei AKP ab Mitte der neunziger Jahre.

Bereits vor diesem politischen Triumph der Korangläubigen erreichten religiöse Bindung und die Befürwortung islamischer Gesellschafts- und Rechtsmodelle bei Jugendlichen, die doch, wie so oft betont wird, in »Deutschland aufgewachsen und sozialisiert sind«, sehr problematische Dimensionen. Mitte der neunziger Jahre führte Manoochehr Heshmati eine Studie in sechs Schulen in Berlin-Wedding durch, wobei 950 türkische Jugendliche zwischen zwölf und zwanzig Jahren befragt wurden. 42 Prozent von ihnen befürworteten die Einführung der Scharia in der türkischen Gesellschaft![111]

---

111 Frank Gesemann, Migration, ethnische Minderheiten und Gewalt: Ein Forschungsüberblick, S. 27, in: Landeskommission Berlin gegen Gewalt, Kriminalität, Gewalt und Gewalterfahrungen von Jugendlichen nichtdeutscher Herkunft in Berlin

Untätigkeit der Polizei

Daß sich die deutsche Polizei gegenüber muslimischer Migrantengewalt vielfach in der Defensive befindet, wurde in der Einführung ausführlich dargelegt. Daß die Polizeiführung grundsätzliche Schwierigkeiten in dieser Hinsicht meist nicht eingestehen will, ebenfalls.

Die Polizeiführung ist nämlich zugleich politische Führung, von der Politik eingesetzt (wir beobachten gleiches bei der – angeblich »unabhängigen« – Judikative). Von diesen Funktionsträgern ist keine ehrliche Bestandsaufnahme der Migrantengewalt zu erwarten, da alles negiert wird, was »Multikulti« in ein negatives Licht setzen könnte. Innenminister Schäuble bekannte 2009 offen, daß die Verhinderung von Ausländerfeindlichkeit *Staatsräson* der Bundesrepublik und seine Aufgabe als Innenminister sei.[112]

Und was könnte aus einer solchen Sicht die »Ausländerfeindlichkeit« mehr befördern als das Aussprechen von Tatsachen – daß nämlich Migranten im Vergleich öfter und brutalere Straftaten begehen als Deutsche?

Auf der unteren Polizeiebene dagegen haben wir unzählige Hinweise, daß einfache Polizisten den Aufgabendruck durch Täter mit türkischem/arabischem/muslimischem Migrationshintergrund als äußerst belastend empfinden, allerdings zeigt sich diese Belastung nicht in einer kollektiven und harschen Gegenreaktion der Polizei aus. Im Gegenteil: Ein weiteres Einknicken gegenüber den Tätern ist oft die Folge, denn konsequente Gegenreaktion könnte als »Ausländerfeindlichkeit« gedeutet werden, für Berichte darüber ist die »Vierte Gewalt«, die Presse, ganz besonders empfänglich. Ein Polizist muß ganz besonders darauf achten, tunlichst nicht als »ausländerfeindlich« oder möglicherweise sogar »rechts« zu gelten.

Diese Zwangslage wird durch die spezielle berufliche Situation der Polizei-*Beamten* verstärkt. Jede sich daraus entwickelnde Konfliktsi-

---

112 »Welt« vom 27. September 2009

tuation kann mit dazu beitragen, die Personalakte des Polizisten anschwellen zu lassen, was dieser in Hinsicht auf seine weitere Laufbahn unbedingt vermeiden will.

Ein Polizist wird darauf konditioniert, eigene Ansichten und Erfahrungen auszublenden, welche den Vorgaben des Staates und der Polizeibehörde widersprechen. Er wird ja von oben als Normdurchsetzer instrumentalisiert und kann sich Abweichungen von der Norm gerade im polizeilichen Handeln nicht leisten; der Volkskundler Girtler beschreibt es in Bezug auf die Polizisten in Österreich, deren Status sich nicht wesentlich von denen der Bundesrepublik unterscheidet:

»Es entspricht den Ergebnissen der Bürokratieforschung, daß die Bürokratie ein Höchstmaß an beruflicher Sicherheit garantiert (...) Die berufliche Sicherheit mit Pensionsberechtigung, regelmäßig steigenden Gehältern und geregelter Beförderung verlangt vom Beamten, also auch vom Polizisten, eine mehr oder weniger unbedingte Identifikation mit der Normenordnung bzw. mit den Vorstellungen seiner Vorgesetzten (...) Dies impliziert ein »kluges und diszipliniertes« Handeln, was sich schließlich in einer Art Überkonformität mit der bürokratischen Organisation ausdrücken kann.«

Ergo: der Polizist hat »als ausführendes Organ die vorgegebene Normenordnung nicht (zu) bezweifeln (...) und solche Zweifel auch nicht (zu)zulassen (...), will er nicht seine Identität problematisieren und den Polizeiapparat funktionsuntüchtig machen.«[113]

Zuspitzend zitiert Girtler einen anderen Forscher, der es so formulierte:

Der Normdurchsetzer, also der Polizist, ist »möglicherweise nicht mehr am Inhalt der Norm als solcher interessiert, sondern lediglich an der Tatsache, daß die Existenz der Norm ihn mit einem Job, einem Beruf und einer raison d'être versorgt und ausstattet.«[114]

Andere Reaktionsweisen sind ebenfalls möglich und wahrscheinlich. Wenn die Benennung der Migrantengewalt als solcher sowie ihre expli-

---

113 Girtler, Polizei-Alltag, S. 43
114 Girtler, Polizei-Alltag, S. 43

zite Bekämpfung von der Spitze der Exekutive gar nicht erwünscht ist, dann bleibt immer noch die Möglichkeit des »Dienstes nach Vorschrift«. Wir können davon ausgehen, daß der Charakter der Migrantengewalt langfristig dazu führt, daß die Polizisten sich der Überforderung durch deren schlimmste Exzesse nicht mehr stellen wollen – weder physisch in der Realität noch geistig in der Vorstellung. Schon der Schreiber des »Brandbriefes« in der Düsseldorfer Polizei deutete das gegen Ende seines offenen Briefes an: er schrieb von seiner Befürchtung, daß die Polizisten ihre Motivation gegen eine »Vermeidungstaktik« eintauschen werden, falls die Dauerbelastung anhalte.[115]

Eine solche »Vermeidungstaktik« und Untätigkeit der Polizei tritt dabei nicht generell zutage, sondern vornehmlich bezüglich der Migrantengewalt; dieselbe Streife, die sich nicht mehr in das »Türken-Ghetto« hineintraut, wird ohne Zögern in einer vorwiegend von Deutschen bewohnten Gegend Radfahrer ohne Licht abkassieren oder »Blitzer« installieren.

In Offenbach wurde 2009 bei einer Verkehrskontrolle ein Mann von einem Polizisten wegen des Tragens von Zeichen verfassungswidriger Organisationen angezeigt. Die Person trug auf seinem T-Shirt eine Wolfsangel, das Wappen des Frankfurter Stadtteils Bornheim, worauf er während der Verkehrskontrolle ohne Erfolg hinwies. Der Polizist zwang den Mann sogar, das T-Shirt auszuziehen, so daß dieser mit nacktem Oberkörper weiterfahren mußte. Später stellte sich heraus, daß die Wolfsangel nicht zu den verbotenen Symbolen gehört.[116]

Besonders pikant wird diese Episode polizeilichen Übereifers, wenn man weiß, daß gerade Offenbach zu den Brennpunkten der Migrantengewalt in Deutschland gehört. Inzwischen werden Rettungskräfte wie Sanitäter und Feuerwehr in diesem Ort regelmäßig von Polizisten begleitet, um sie vor Übergriffen von Migranten türkischer oder arabischer Herkunft zu schützen:

»daß bei Notrufen aus bestimmten Quartieren die Kollegen in der Einsatzzentrale routinemäßig gleich auch die Polizei verständigen. Mit

---

115 »Westdeutsche Zeitung« vom 28. November 2008
116 »Frankfurter Rundschau« vom 7. Mai 2009

den Rettungswagen zusammen rücken dann die Uniformierten an, um die Sanitäter zu schützen.«[117]

Selbst wenn der übereifrige Polizeibeamte letztlich erfolglos blieb, zeigt sein Einsatz doch eins: er hat hervorragend verinnerlicht, worauf es der politischen Führung in Deutschland – und damit auch der Polizeiführung – ankommt: den »Kampf gegen Rechts« in allen Facetten, während in Migrantenvierteln inzwischen sogar die helfende Hand beleidigt und bedroht wird. Man wird davon ausgehen können, daß sein Engagement dem Polizisten in diesen Verhältnissen eher eine Belobigung als einen Rüffel einträgt, schließlich hat er ja das Richtige zumindest gewollt. Die Justiz hat nachgezogen: inzwischen gelten nicht nur bestimmte im Nationalsozialismus verwendete Symbole als strafbar, sondern in gleicher Weise Symbole, die diesen nur ähneln. Das Keltenkreuz, ein selbstverständlicher Bestandteil der irischen Kultur, fällt inzwischen darunter. Die Definition für Rechtsradikalismus wird beständig ausgeweitet, während man sich scheut, die Definition »Sektierer« für Anhänger des Islam anzuwenden. Was aber ist eine Sekte anderes als eine Glaubensgemeinschaft, die erklärt, daß die Regeln ihres Glaubens verbindlicher sind als die der weltlichen Obrigkeit – und ist gerade das nicht die Essenz der Bekundungen frommer Muslime?

Wenn aber die weitere Definition einer Sekte ist, daß sie die komplette Lebenswelt ihrer Mitglieder gestaltet, dann muß die Frage gestattet sein, was denn den Anspruch konservativer islamischer Gruppen – die Lebenswelt der Muslime ganzheitlich zu gestalten, inklusive des Rechts und der Gesellschaft – vom Anspruch einer Sekte unterscheidet.

Kann die Vehemenz, mit der die Bundesrepublik gegen die Glaubensgemeinschaft »Scientology« vorgeht, nicht nur darin begründet liegen, daß diese keine 1400 Jahre alte Weltreligion ist, sondern in Deutschland eben nur 12 000 Anhänger hat[118] gegenüber 4,3 Millionen Muslimen?

---

117 »Offenbach-Post« vom 11. Februar 2008
118 »Kölnische Rundschau« vom 11. November 2004

Welche gravierenden zusätzlichen Folgen der Rückzug der Polizei aus den Migrantenvierteln hat, darüber kann nur spekuliert werden, da die Politik in Deutschland und die »Leitmedien« nicht daran interessiert sind, die Erosion der Staatsmacht offensichtlich werden zu lassen.

Dem Verfasser wurde vor einigen Jahren von einem in Neukölln lebenden Deutschen glaubhaft versichert, daß viele der von Arabern betriebenen Kioske auffällig oft Nahrungsmittel verkaufen, deren Mindesthaltbarkeitsdatum bereits deutlich überschritten wurde. Der Neuköllner konnte sich diesen Sachverhalt allein dadurch erklären, daß die Lebensmittelkontrolleure sich entweder nicht mehr in diese Läden hineintrauten oder die Mißstände bewußt übersahen.

In vielen islamkritischen Foren im Internet wird von Kommentatoren Ähnliches berichtet; Fahrkartenkontrolleure verzichten bei aggressiv erscheinenden Migrantengruppen auf Kontrollen, Politessen sparen sich das »Knöllchen« beim Falschparker mit der Türkeifahne in der Heckablage, Sozialfahnder klingeln bei »Müller« und nicht bei »Öztürk«. Der Rückzug des Ordnungsfaktors Polizei hat zur Folge, daß alle anderen mit öffentlicher Ordnung befaßten Behörden sich ebenfalls zurückziehen.

Türkische Staatsgewalt auf deutschem Boden

Die zahlenmäßige Dominanz der Türken unter den Muslimen und den verschiedenen ausländischen Nationalitäten generell wird in den letzten Jahrzehnten zunehmend bekräftigt durch die Tatsache, daß ihnen ein starker und offensiv auftretender Staat an die Seite tritt – nämlich die Türkei.

Die Türken in Deutschland werden durch einen Staat vertreten, der über die NATO bereits seit Jahrzehnten mit der Bundesrepublik in einem von der politischen Führung als überaus wichtig betrachteten Pakt verbunden ist. Außerdem ist die Türkei seit Jahrzehnten auch Anwärter zum Beitritt in die Europäische Union. Das unterscheidet die Türken wesentlich von den Arabern, die aus vielen verschiedenen Staaten kommen, deren politische Verbundenheit mit Deutschland weniger intensiv ist.

Die Türkei hat eine stark wachsende Bevölkerung, die an Zahl jene der deutschen in den nächsten Jahren übertreffen wird – es wird mehr Türken als Bundesdeutsche geben, wobei sich bereits jetzt in der bundesdeutschen Bevölkerung ca. drei Millionen Türken befinden! Darunter zählen hunderttausende türkische Staatsbürger kurdischer Ethnie; doch die kurdischen Verbände in der Bundesrepublik werden nicht von einem kurdischen Staat protegiert und haben deswegen ein viel geringeres politisches Gewicht.

Durch einen EU-Beitritt der Türkei würden langfristig Millionen Türken zusätzlich nach Deutschland kommen. Sie träfen auf eine türkische Infrastruktur, die es jetzt schon ermöglicht, sich innerhalb Deutschlands in einer rein türkischen Welt zu bewegen. Nichts würde sie dazu animieren, Deutsch zu lernen und sich den Sitten und Gebräuchen unseres Landes anzupassen.

Während die geostrategische Bedeutung Deutschlands mit der Wiedervereinigung gesunken ist und die Bundesrepublik zum sicheren Hinterland wurde, ist jene der Türkei mindestens gleich stark geblieben bzw. sogar noch gewachsen. Das Ende des Ost-West-Konflikts hat die Bedeutung des Bosporus verringert, da nun nicht mehr die Gefahr besteht, daß sowjetrussische Marineverbände in das östliche Mittelmeer durchbrechen und den Suezkanal bedrohen könnten. Andererseits grenzt die Türkei an viele Staaten, die in den strategischen Planungen der USA eine bedeutende Rolle spielen, weshalb sie auf Drängen Washingtons auch am Golfkrieg 1990/91 teilnahm. Die Waffenbrüderschaft beim Golfkrieg 2003 verweigerte die inzwischen islamistische Führung der Türkei trotz heftigen Werbens der USA mit Hinweis auf die muslimische Bevölkerung des Irak.

Dennoch besitzt die Türkei immense strategische Bedeutung und beherbergt auf ihrem Boden große Militärbasen der USA, auf die das Pentagon nicht verzichten will. Syrien und der Iran stehen im Fadenkreuz Washingtons, und beide Staaten haben gemeinsame Grenzen mit der Türkei. Unter US-amerikanischer Ägide arbeiten sogar israelisches und türkisches Militär zusammen!

Diese Schlüsselstellung wird zusätzlich durch die wachsende Bedeutung der Türkei im Energiesektor unterstrichen. Zwar verfügt sie über keine eigenen Energiequellen, fungiert aber in den strategischen Planungen der US-Amerikaner als »Energiekorridor« für Erdöl und Erdgas aus Zentralasien. Damit sollen Rußland, China und der Iran umgangen werden. Eine Öl-Pipeline vom aserbaidschanischen Baku in die türkische Hafenstadt Ceyhan wurde bereits 2006 fertiggestellt. Die »Nabucco«-Pipeline soll Erdgas bis nach Österreich bringen. Das würde den potentiellen politischen Einfluß Ankaras verstärken; die türkische Führung hat bereits bekundet, daß mit dieser Stellung im Energiesektor die Europäische Union nicht mehr länger die Tür für eine Mitgliedschaft der Türkei verschlossen halten könne und im Gegenteil der Beitrittsprozeß beschleunigt werden muß – die Pipeline wird von Ankara für eine politische Erpressung benutzt, noch bevor sie gebaut ist![119]

Diesen globalen strategischen Entwicklungen läuft eine wachsende Einflußnahme der Türkei in Deutschland selbst parallel. Der türkische Regierungschef Erdogan ruft unbekümmert in einer Massenversammlung in Köln die Türken in Deutschland dazu auf, sich nicht zu assimilieren. In einem Interview bekundet er gegenüber der »FAZ«, daß sogar die Türken mit deutscher Staatsbürgerschaft beiden Staaten gegenüber loyal sein sollen![120]

Das direkte staatliche Handeln der Türkei wird ergänzt durch die DITIB. Die meisten in Deutschland errichteten Moscheen entstehen in Trägerschaft der »Diyanet Isleri Türk Islam Birligi«. Diese ist letztlich nichts anderes als ein Anhängsel des türkischen Staates, weil sie dem »Präsidium für Religionsangelegenheiten« untersteht, einer staatlichen Behörde der Türkei! Bezeichnenderweise sind viele Moscheen der DITIB mit der türkischen Fahne geschmückt – falls die deutsche Flagge überhaupt verwendet wird, ist sie oft kleiner als die türkische oder hängt niedriger als diese.[121]

Der türkische Staat besoldet zudem die Imame, die nach Deutschland geschickt und regelmäßig nach wenigen Jahren ausgetauscht werden, damit sie nicht »verdeutschen«.

---

119 »Der Standard« vom 20. Januar 2009
120 »Frankfurter Allgemeine« vom 12. März 2008
121 vgl. den Bericht über die Ingolstädter Moschee auf der Netzseite von »Politically Incorrect« vom 18. Mai 2008

Schon in den neunziger Jahren wurde eine starke Beeinflussung der deutschen Innenpolitik durch die sich zuspitzende Kurdenproblematik offenkundig. Die Auseinandersetzungen zwischen Kurden und Türken führten dazu, daß die kurdische Separatistenorganisation PKK ihren Krieg gegen die Türkei nicht nur in Ostanatolien führte, sondern auf deutschen Boden verlagerte, etwa mit Anschlägen gegen türkische Konsulate. Zugleich wurden Abweichler in den eigenen Reihen ermordet oder mit dubiosen Methoden Geld unter den kurdischen Landsleuten eingetrieben. Das trug dazu bei, daß die PKK in der Bundesrepublik als terroristische Organisation eingestuft und 1993 verboten wurde. 1999 mußte der PKK-Führer Öcalan Syrien verlassen, da die Türkei damit gedroht hatte, den Zufluß des lebenswichtigen Euphratwassers zu drosseln.

Im März 1994 demonstrierten wiederum Kurden für ihre Sache, wobei Autobahnen blockiert und deutsche Polizisten tätlich angegriffen wurden. Bereits damals zeichnete sich ab, was inzwischen in Deutschland zur Regel geworden ist, allerdings ohne die Multikulti-Träumer vom einmal eingeschlagenen Weg, der Masseneinbürgerung solcher Bevölkerungsteile, abhalten zu können. Gegen den Führer der PKK wurde in der Bundesrepublik ein Haftbefehl erlassen. Er wurde akut, als Öcalan nach seinem Weggang aus Syrien weltweit Zuflucht suchte. Anfang 1999 wurde er in Rom von der Polizei festgenommen. Mit Italien besteht ein Auslieferungsabkommen, so daß er an die Bundesrepublik hätte überstellt werden müssen. Doch der Generalbundesanwalt verzichtete; die Italiener ließen ihn daraufhin wieder frei, wenig später wurde er in Kenia von türkischen Geheimdienstlern angeblich mit Hilfe des israelischen Geheimdienstes gekidnappt und in die Türkei gebracht. Daraufhin kam es abermals zu bürgerkriegsähnlichen Szenen in Deutschland. In Berlin wollten Kurden das israelische Generalkonsulat stürmen. Doch die israelischen Sicherheitskräfte eröffneten im Gegensatz zu den deutschen Bewachern, welche den Angriff nicht abhielten, ohne Zögern das Feuer und töteten vier der Kurden.[122]

---

122 »Spiegel« vom 1. Juni 1999

Dr. Hans Plattner, in den neunziger Jahren Botschafter der Republik Österreich in der Türkei, kommentierte von außen das Geschehen trocken mit den Worten:

»Die Türken in Deutschland beeinflussen schon jetzt die deutsche Innenpolitik.«[123]

Daß Deutschland Öcalan nicht haben wollte, ist verständlich: Zu heftig wären die Auseinandersetzungen gewesen, die sich Türken und Kurden während eines Prozesses um ihn geliefert hätten. Wahrscheinlich hätte auch der türkische Staat mit allen ihm zur Verfügung stehenden Mitteln versucht, ein Urteil in Ankaras Sinne oder sogar die Auslieferung in die Türkei zu erzwingen. All diesen unbequemen Szenarien ging die politische Führung der Bundesrepublik aus dem Weg. Um so unverständlicher, daß sie die unveränderte Problemlage zwischen Türken und Kurden kurz darauf sogar »eindeutschte«, als sie Hunderttausenden türkischen Staatsbürgern (und damit auch Kurden) die deutschen Pässe förmlich hinterherwarf.

Innenminister Schäuble hatte 1990 mit der Neuordnung des Staatsangehörigkeitsrechtes dafür gesorgt, daß dessen strenge Kriterien gelockert wurden. So konnten von 1990 bis 1997, vor der rot-grünen Regierungsübernahme, bereits fast 166 000 Türken die deutsche Staatsbürgerschaft erlangen, durchschnittlich über 20 000 pro Jahr, wogegen über die achtziger Jahre hinweg die jährliche Einbürgerungsrate der Türken noch im dreistelligen und niedrigen vierstelligen Bereich gelegen hatte. Doch diese Steigerung war der Türken-Lobby zu wenig, sie stieß sich vor allem am Widerstand der CDU gegen die doppelte Staatsbürgerschaft.

Fünf Wochen vor der Bundestagswahl 1998 rief der liberalkonservative Ministerpräsident der Türkei, Mesut Yilmaz, dazu auf, *nicht* die CDU zu wählen, weil die Partei gegen die doppelte Staatsbürgerschaft und den EU-Beitritt der Türkei sei. Sogar die Opposition Yilmaz' in der Türkei unterstützte seine Forderung. Die CHP, das türkische Pendant zur SPD, verschickte an jeden einzelnen wahlberechtigten Türken in

---

123 Plattner, Die Türkei, Eine Herausforderung für Europa, S. 76

Deutschland einen Brief mit der Aufforderung, die SPD zu wählen, insgesamt 160 000 Schreiben. Bei der Bundestagswahl votierten dann die Türken mit deutschem Paß zu 70% für die SPD und verhalfen Rot-Grün mit zum knappen Sieg. Seitdem werden die »Deutsch-Türken« von allen großen Parteien, zunehmend auch der CDU/CSU, als Wähler umworben. Der Sieg von SPD und Grünen verhinderte ebenfalls, daß die unglaubliche Einmischung Yilmaz' von der deutschen Diplomatie entsprechend beantwortet wurde. Und die Masseneinbürgerung wurde daraufhin erst so richtig ausgeweitet: In den Jahren von 1998 bis einschließlich 2004, vor dem Beginn der zweiten Großen Koalition, wurden fast eine halbe Million Türken eingebürgert. Die generelle Akzeptanz der doppelten Staatsangehörigkeit konnte allerdings nicht durchgesetzt werden, da Roland Kochs Wahlsieg in Hessen 1999 die Mehrheit im Bundesrat zugunsten der Konservativen veränderte.

So gestalteten sich die deutlich sichtbaren, aber kaum skandalisierten Zugriffe türkischer Staatsgewalt auf deutschen Boden. Anfang 2008 fanden sie einen bisher unerreichten Höhepunkt. Am 3. Februar 2008 forderte ein Brand in einem von Türken bewohnten Haus in Ludwigshafen neun Tote. Sofort wurde der Verdacht laut, daß Deutsche bzw. »Rechte« den Brand gelegt hatten – dieser Verdacht wurde nach den Anschlägen in Mölln und Solingen in den neunziger Jahren praktisch institutionalisiert. Doch die Ermittlungen ergaben keine eindeutig bestimmbare Brandursache, Brandstiftung wurde schließlich mit an Sicherheit grenzender Wahrscheinlichkeit ausgeschlossen, wohl aber hatte einer der türkischen Mieter im Keller, wo der Brand ausbrach, illegal Strom abgezapft!
Die Türkei schickte kurz nach dem Brand eigene Ermittler nach Ludwigshafen. Der deutsche Innenminister und damit oberste Chef der Bundespolizei, Wolfgang Schäuble, ließ dazu nichts anderes verlauten als »Das würden wir selbstverständlich begrüßen. Die türkische Regierung kann das tun, auch wenn wir wissen, daß das Misstrauen gegenüber unseren Polizeibehörden unbegründet ist.«[124]

---

124   »Frankfurter Allgemeine« vom 5. Februar 2008

Damit hat der deutsche Staat seine volle Souveränität auf dem eigenen Territorium freiwillig in Frage gestellt und vor allem einen verhängnisvollen Präzedenzfall geschaffen – in Zukunft wird jeder Brand mit Toten in einem von Türken bewohnten Haus auf deutschem Boden dazu führen, daß der türkische Staat mit Hinweis auf Ludwigshafen eigene Ermittler senden will und kann!

In einer anderen Hinsicht aber konstituiert Ludwigshafen ebenfalls einen – positiven – Präzedenzfall. Erstmals ließ die deutsche Bevölkerung sich nicht mehr dazu hinreissen, ohne begründeten Verdacht in großen Massen gegen »Rechts« zu protestieren und in Lichterketten gegen einen imaginierten Feind zu demonstrieren. Die offene Berichterstattung verschwieg nicht, daß Türken deutsche Feuerwehrleute beleidigt und sogar tätlich angegriffen hatten, weil diese angeblich zu spät am brennenden Haus erschienen waren.[125]

Offensichtlich hat sich die Wahrnehmung und das Problembewußtsein der deutschen Bevölkerung seit Beginn der neunziger Jahre stark verändert. Die unzähligen Fälle von Migrantengewalt, die ungeahndet blieben bzw. nicht politisiert oder skandalisiert wurden, haben ihre Wirkung genausowenig verfehlt wie die sich häufenden Falschmeldungen über ausländerfeindliche Taten, z.B. im sächsischen Sebnitz.

Deutsche Judikative: Sonderrechte für Muslime

Daß die Judikative »unabhängig« ist, stellt mehr einen frommen Wunsch als die Realität dar. Selbstverständlich werden Richter und die von ihnen gefällten Urteile beeinflußt – etwa von Medien oder der Exekutive. Gerade bei der Besetzung der höchsten deutschen Gerichte wird offen ausgekungelt, wie sich der Proporz nach Parteibuch zu gestalten hat.

Bezüglich der fremdenfeindlichen Brandanschläge zu Beginn der neunziger Jahre äußerte sich der Generalstaatsanwalt von Schleswig-Holstein folgendermaßen:

»Natürlich steht das Agieren bzw. Nichtagieren der Strafjustiz, gerade auch von Polizei und Staatsanwaltschaft in Abhängigkeit von der

---

125 »Spiegel« vom 6. Februar 2008

öffentlichen, veröffentlichten Meinung. Wir können uns nicht freimachen von solchen Beeinflussungen. (...) Und machen wir uns nichts vor: Die öffentliche Meinung verlangt von uns, mit diesen rechtsradikalen Brand- und Unruhestiftern ›kurzen Prozeß‹ zu machen – aus unterschiedlichsten Motiven.«[126]

Seit den neunziger Jahren Jahren läßt die deutsche Judikative die Tendenz erkennen, Deutsche härter als Ausländer zu bestrafen, Angriffe von Deutschen gegen Ausländer generell zu politisieren, dagegen Angriffe von Ausländern gegen Deutsche pauschal zu entpolitisieren und als »private Gewalt« zu betrachten. Dazu kommt ein Bestreben, den Muslimen als religiöser Gruppe Sonderrechte zuzugestehen, u.a. im Bildungsbereich, wo Schülern muslimischen Glaubens großzügig Befreiungen gewährt werden.

Die Befreiungen selbst stellen nur die Spitze des Eisberges dar. Beobachtungen in Berliner Schulen haben ergeben, daß viele Sportlehrer während des Ramadan die verminderte Leistungsfähigkeit der muslimischen Schüler und Schülerinnen berücksichtigen und deren Nichtteilnahme akzeptieren. Das Schwänzen wird allgemein bei deutschen Schülern rigider geahndet als bei ausländischen Schülern.[127]

In der Justiz läßt sich die besonders harte Rechtssprechung gegen Deutsche aus vielen Faktoren erklären. Man will dem vom linken Rand bis zur Mitte verbreiteten Vorwurf zuvorkommen, die Justiz sei »auf dem rechten Auge blind« – das erreicht man vorgeblich mit besonderer Härte gegen Rechtsextremisten und allen, die dazu erklärt werden.

Dabei ist der Vorwurf inzwischen lange obsolet – wie Neubacher in seinem 1998 veröffentlichten Buch erläutert, waren bereits zu diesem Zeitpunkt mehr als fünfundzwanzig Jahre seit der Öffnung der Hochschulen durch die erste sozialliberale Koalition vergangen und somit auch die Durchmischung der traditionell als erzkonservativ geltenden Justiz.[128]

---

126 Neubacher, Fremdenfeindliche Brandanschläge, S. 2
127 Schiffauer et.al., Staat-Schule-Ethnizität, S. 117, 203
128 Neubacher, Fremdenfeindliche Brandanschläge, S. 60-61

In einer Befragung von knapp 200 Jugendrichtern aus Sachsen und Nordrhein-Westfalen stuften sich fast 40% als »eher links« ein, dagegen nur etwas über 10% als »eher rechts«.[129]

Der Aussage »Die Justiz ist auf dem rechten Auge blind« stimmten 1,5% der befragten Richter voll und ganz zu, 43,2% lehnten die Aussage dagegen klar ab.[130]

Eher ist also das Gegenteil zu konstatieren: Juristen sind eifrig darauf bedacht, nicht als rechts zu gelten, um nicht das in der Gesellschaft verbreitete (Vor-)Urteil der auf dem rechten Auge blinden Justiz zu bedienen.

Unterstützt und »angeleitet« werden sie dabei von der Regierung: Nach dem Brandanschlag in Mölln 1992 übernahm erstmals der Generalbundesanwalt die Ermittlungen. Wurde bei Brandanschlägen bis zu diesem Zeitpunkt prinzipiell nicht von einem Tötungsvorsatz ausgegangen, erfuhren die Haltungen der Staatsanwaltschaft und die Entscheidungen der Richter danach eine bedeutende Wende: Sie verurteilten ab jetzt viel häufiger wegen Mordes.[131]

Neubacher stellt einen klaren Zusammenhang her mit einer Konferenz Ende November 1992, auf der sich die Generalstaatsanwälte der Bundesländer und der Generalbundesanwalt darauf geeinigt haben sollen, künftig härtere Strafen für Rechtsextremisten zu beantragen.[132]

Allerdings wertet Neubacher diese Beeinflussung der Justiz lobend als »Selbstkorrektur« und schreibt von dem »Nutzen«, der darin liege, »daß die Justiz sich dadurch nicht mehr dem Vorwurf aussetzt, fremdenfeindliche Brandanschläge zu verharmlosen«.[133]

Sogleich möchte man die Frage stellen, warum sich dann eine vergleichbare Reaktion der Justiz nicht auch im Fall der seit vielen Jahren verübten exzessiven Migrantengewalt einstellt. Zwar wurden die Täter

---

129 Neubacher, ebd., S. 308
130 Neubacher, ebd., S. 322
131 Neubacher, ebd., S. 82-83, 108, 112, 274, 276
132 Neubacher, ebd., S. 4-5, S. 275-276
133 Neubacher, ebd., S. 276

im Fall des Münchner Rentners verhältnismäßig hart bestraft, aber eine Trendwende mag ein solches Urteil noch nicht bedeuten. Es ist vorläufig ein Einzelfall, unzählige juristische Entscheidungen werden weiterhin zugunsten von Tätern mit Migrationshintergrund gefällt.

Richterschelte wegen Milde gegenüber Rechtsextremen ist dagegen opportun.

So wurde die Bewährungsstrafe des Landgerichts Mannheim für den Rechtsextremisten Günter Deckert im Jahre 1994 annulliert und die Richter, die in der Urteilsbegründung Positives über seine Person verlauten ließen – was bei der Urteilsbegründung nichts Besonderes ist, weil die Richter verpflichtet sind, alles aufzuführen, was für den Angeklagten spricht – versetzt. Einer der Richter, Dr. Rainer Orlet, konnte sich sogar nur mit dem Gang in den vorzeitigen Ruhestand vor einer Richteranklage retten, über die im Landtag Baden-Württembergs bereits diskutiert wurde. Das wäre die erste Richteranklage im fast vierzigjährigen Bestehen der Bundesrepublik gewesen. Damit gab die Spitze der Exekutive ein klares Signal an die Judikative nach dem Motto »Ihr vermasselt eure Karriere, wenn ihr nicht hart gegen Rechtsextremisten vorgeht«.

Die einflußreiche Wochenzeitung »Die Zeit« hatte zuvor in eindeutiger Sprache seine Absetzung gefordert, Orlet als »Gesinnungsjurist« diffamiert und vom »Reinigungsbedarf« unter den Richtern gesprochen.[134]

Vor allem mit der letzten Vokabel dürfte sich die Hamburger Wochenzeitung mehr der Sprache des Dritten Reiches genähert haben als Orlet, dem sie eine solche Nähe unterstellen wollte...

Die Jugendrichterin Kirsten Heisig stellt zur Haltung der Justiz zu rechtsextremen Tätern und deren Bedeutung in der Gesellschaft fest:

»Es wird hingeschaut. Es wird gehandelt und hart gestraft. Die ›Rechten‹ spielen deshalb in diesem Land bei Weitem nicht die Rolle, die ihnen beigemessen wird. Sie haben bislang politisch noch keine Chance, sich durchzusetzen.«[135]

---

134 »Zeit« vom 23. Dezember 1994
135 Heisig, Das Ende der Geduld, S. 70

Dieser Politik der harten Hand gegenüber Deutschen bzw. »Rechten« standen exemplarische Urteile gegenüber, in denen selbst gezielte Tötungen von »Rechten« mit hinterhältigen Methoden geradezu entschuldigt und milde bestraft wurden – so wurde im April 1992 der Ingenieur Gerhard Kaindl in einem China-Restaurant in Neukölln getötet. Dort hatte sich der Funktionär der konservativen Gruppierung »Deutsche Liga für Volk und Heimat« zusammen mit anderen Personen nach einem Vortrag getroffen. Einer der Anwesenden wurde von einem Gast als führender Funktionär der »Republikaner« in Berlin erkannt und benachrichtigte »Antifaschisten« zumeist türkischer und kurdischer Herkunft im Kiez. Diese stürmten vermummt und bewaffnet das Lokal, Kaindl wurde durch mehrere Messerstiche in den Rücken getötet, eine andere Person schwer verletzt. Lange Zeit blieben die Täter unentdeckt. Im 1994 folgenden Prozeß wurden als höchste Strafen drei Jahre Haft wegen »Körperverletzung mit Todesfolge« verhängt. Selbst die Richterin gab zu:

»Eine Welle der Entrüstung würde über uns hereinbrechen, wenn wir im umgekehrten Fall dieses Urteil gegen Rechte gefällt hätten!«

Ihrer Urteilsbegründung hatte die Richterin eine ausführliche politische Stellungnahme vorangestellt. »Der Angriff der Angeklagten habe vor dem Hintergrund ausländerfeindlicher Gewalt stattgefunden, allein die Anwesenheit Rechter im Kiez sei als Provokation empfunden worden. Folglich könne man von einem minderschweren Fall der Körperverletzung mit Todesfolge ausgehen.«[136]

Es ist diese milde Bestrafung, die den Angehörigen der Opfer wie eine Verhöhnung erscheinen muß:

»Gesetzt, es spräche jemand den Mörder meines Vaters oder Sohnes von der Strafe los, müßte man diesen nicht auch gewissermaßen als deren Mörder ansehen?«[137]

»Ja, wo es einem offensteht, die Gesetze und die ernannten Richter anzurufen, dieses Heilmittel jedoch durch offenkundige Verkehrung der Gerechtigkeit und unverhüllte Rechtsverdrehung verweigert wird, um

---

136 »Junge Freiheit« vom 13. April 2007
137 Hobbes, Leviathan, S. 286

die Gewalttätigkeit und das Unrecht irgendwelcher Menschen oder einer Partei zu protegieren oder straflos zu halten, da ist es schwer, an etwas anderes zu denken als an den Kriegszustand. Wo immer nämlich Gewalt geübt wird und Unrecht geschieht – mag es auch das Werk jener sein, die man ernannt hatte, Gerechtigkeit zu üben –, es bleibt Gewalt und Unrecht, sosehr man es auch mit dem Namen, unter dem Vorwand oder der Form des Gesetzes beschönigt.«[138]

Im gleichen Zeitraum – seit Beginn der neunziger Jahre – häuften sich die Urteile, mit denen muslimische Einzelpersonen oder für sie klageführende islamische Verbände eine rechtliche Etablierung des Islam, seiner Moralvorstellungen und seiner Symbole erreichten.

Viele Urteile erlaubten den Muslimen, sich Sport- oder Sexualkundeunterricht ganz oder teilweise zu entziehen.[139]

Sie erzwangen die Anerkennung des Kopftuches im Arbeitsleben[140] oder gaben den Muslimen unter bestimmten Bedingungen die Erlaubnis zum Schächten, welches bisher nur den Juden freigestanden hatte.[141]

Im März 2008 und September 2009 entschied das Verwaltungsgericht Berlin auf die Klage eines muslimischen Schülers hin, daß die Schule dem Schüler während der Unterrichtspausen gestatten müsse, sein Gebet zu sprechen. Das Urteil wurde faktisch als Aufforderung zur Einrichtung von Gebetsräumen verstanden, da der Schüler bisher mit anderen Muslimen sein Gebet auf dem Flur der Schule verrichtet hatte und andere Schüler sich darüber mokierten. Offenbar war es aber

---

138 Locke, Über die Regierung, S. 17
139 Das Bundesverwaltungsgericht gestattete am 25. August 1993 einer Schülerin Befreiung vom Sportunterricht, solange dieser nicht nach Geschlechtern getrennt durchgeführt wird; das Verwaltungsgericht Berlin gestattete einer muslimischen Schülerin am 29. April 1997 eine teilweise Befreiung vom Sexualkundeunterricht.
140 Das Bundesarbeitsgericht gab am 10. Oktober 2002 einer Türkin Recht, die gegen ihre Kündigung geklagt hatte. Sie hatte als Verkäuferin in einem Kaufhaus gearbeitet. Ihre Arbeitgeberin hatte der Muslima gekündigt, nachdem sie sich entschieden hatte, ihr Kopftuch auch während der Arbeit zu tragen.
141 Bundesverfassungsgericht vom 15. Januar 2002

bereits in einigen Schulen Praxis, muslimischen Schülern einen Raum zum Beten zu überlassen, »ohne dies an die große Glocke zu hängen.«[142] Dieses Zugeständnis dürfte langfristig mehr wirken als die Revision des Urteils durch das Oberverwaltungsgericht im Mai 2010 – und höhere Instanzen könnten auch diese Entscheidung wieder kippen.[143]

Selbst die Polygamie der Muslime, unter Deutschen als Bigamie strafbar, hat indirekt Einzug in das Recht der Bundesrepublik Deutschland gehalten. Das Oberverwaltungsgericht Rheinland-Pfalz urteilte am 12. März 2004, daß der Zweitfrau eines in Deutschland lebenden Irakers eine Aufenthaltsbefugnis zu erteilen sei.

Seit Jahren fällt der Sargzwang in vielen Bundesländern und Kommunen muslimischen Sonderwünschen zum Opfer; in islamischen Ländern wird der Tote traditionell nur in ein Leinentuch gehüllt in das Grab gebettet. Dabei hat der stabile Sarg im feuchten Klima Mitteleuropas durchaus seine Berechtigung: er sorgt dafür, daß die toxischen Stoffe aus der sich zersetzenden Leiche nur langsam und schrittweise in das Erdreich abgegeben werden.

So muß wohl unter einigen Juristen der Eindruck entstanden sein, Muslime seien unter eine (positive) Sondergesetzgebung zu stellen, da für sie der Koran ausschlaggebender sei als das deutsche Recht! Im Jahr 2007 entschied eine Familienrichterin in Frankfurt/Main negativ gegen den Antrag einer Marokkanerin, sich vorzeitig von ihrem Mann scheiden zu lassen, weil dieser sie verprügelt und mehrfach mit dem Tod bedroht hatte. Die Richterin (!) entschied gegen die vorzeitige Scheidung mit Verweis auf das Züchtigungsrecht des Mannes gegenüber der Frau im Koran! Erst nach heftigen Protesten in der Öffentlichkeit wurde sie als befangen erklärt und von dem Verfahren abgezogen. Dennoch stellte sich der Vorsitzende des Deutschen Richterbundes schützend vor sie: es sei »völlig selbstverständlich«, sich als Richter mit muslimischen Gebräuchen auseinanderzusetzen und er »widersprach

---

142 »Tagesspiegel«, 16. März 2008
143 »Süddeutsche« vom 27. Mai 2010

auch der von mehreren Seiten geäußerten Kritik, es gebe in der Rechtssprechung eine Tendenz zugunsten des Islam.«[144]

Deutlicher wurde da schon die Präsidentin des Deutschen Juristinnen-
bundes:

»Das ist grauenhaft. Ich hätte nicht gedacht, daß das in Deutschland
möglich ist.«[145]

Die Judikative schwebt nicht im luftleeren Raum, sondern ist wie alle
Menschen und Institutionen den Einflüssen der Medien ausgesetzt und
erhält Informationen aus anderen Berufen und Gesellschaftsbereichen.
Kann es ohne Auswirkung auf die Juristen bleiben, wenn ihnen andauernd vorgeführt wird, daß Muslime wie rohe Eier anzufassen sind, möglichst nur mit Samthandschuhen, daß sie als religiöse Gruppe einer Sonderbehandlung bedürfen? In Berlin wurde in vielen Jahren eine sehr
umfangreiche »Handreichung« für Lehrer bezüglich des Umgangs mit
muslimischen Schülern erarbeitet.[146]

Wo bleiben die Handreichungen für buddhistische, hinduistische, rus-
sisch-orthodoxe Schüler? Wenn solche nicht für nötig erachtet werden,
was sagt das über muslimische Schüler aus?

In speziellen Kursen werden Polizisten für den Umgang mit Muslimen
trainiert, das nennt sich »interkulturelle Kompetenz«, obwohl es immer
nur um eine Kultur geht, die islamische. Sie lernen zum Beispiel, in der
Moschee die Schuhe auszuziehen. Erhält der kirchenferne junge Polizist in Mitteldeutschland auch den Rat, beim Betreten einer Kirche die
Mütze abzunehmen? Oder gibt es solche Kurse für Umgang mit Christen nicht, weil sie nicht für nötig erachtet werden? Was sagt das über
Christen im Gegensatz zu Muslimen aus, was über Kirchen im Gegensatz zu Moscheen? Was sagt es aus über das besondere Verhältnis zu
einer ganz bestimmten Religion, welches die Staatsmacht sich aufzu-
bauen bemüht?

---

144 »Focus« vom 22. und 30. März 2007
145 »Focus« vom 22. März 2007
146 »Tagesspiegel« vom 17. August 2009

Der Leiter eines solchen Kurses für »interkulturelle Kompetenz«, ein Wirtschafts- und Sozialwissenschaftler, beklagt sich über die Standardfrage der kritischen Beamten »Warum müssen wir uns beugen, warum nicht die?« Und seine schwammige Antwort liefert er gleich mit: »Weil das sonst nicht funktioniert.«[147]

Wofür steht in diesem Satz der Begriff »das«? Für die Unterwerfung des deutschen Staates unter die Muslime?

Der informellen Sondergesetzgebung für Muslime entspricht eine formaljuristisch anerkannte Sondergesetzgebung gegen Deutsche. So informierte die »Frankfurter Allgemeine« vom 7. Mai 2008 darüber, daß der Spruch »Wir werden euch alle vergasen« nicht unter das Verdikt der Volksverhetzung fällt – wenn er denn von türkischen Straftätern gegen Deutsche geäußert wird, denn das ist dann nur eine Beleidigung. Der gleiche Spruch, von Deutschen gegen Türken geäußert, wird als »Volksverhetzung« wesentlich härter geahndet...

Die wohlwollende Ahnungslosigkeit selbst hochrangiger deutscher Juristen wurde deutlich, als der ehemalige Richter am Bundesverfassungsgericht, Winfried Hassemer, im Zusammenhang mit den sogenannten »Ehrenmorden« in muslimischen Kreisen den »Verbotsirrtum« ins Spiel brachte. Dieser besagt, daß ein Täter milder bestraft wird, wenn er nicht wußte, daß er etwas Verbotenes tut.[148]

Hätte Hassemer sich nur ein bißchen informiert, wüßte er, daß diese »Ehrenmorde« in der Türkei und in vielen arabischen Staaten nach dem dort geltenden Recht unter Strafe stehen. Der Bevölkerung in diesen Ländern ist sehr wohl bewußt, daß diese grauenhaften Taten strafbewehrt sind – deshalb wird nicht nur in Deutschland, sondern auch in der Türkei entgegen der Tradition zunehmend der jüngste männliche Familienangehörige zur Ausführung auserkoren, weil man weiß, daß Minderjährige wesentlich milder bestraft werden.[149]

---

147 »Frankfurter Allgemeine« vom 23. August 2008
148 »Spiegel« vom 13. Mai 2009
149 Baumeister, Ehrenmorde, S. 34

Dem Verfasser selbst wurde von einem Rechtsreferendar über die Bemerkung eines Richters Auskunft gegeben. Bei Beginn der Verhandlung wurde die Abwesenheit des Angeklagten, eines Türken, festgestellt. Der Richter bemerkte dazu lapidar »Ach ja, es ist doch gerade die Zeit, wo die alle in ihr Heimatland zum Urlaub fahren.« und ließ die Abwesenheit des Angeklagten ungeahndet! Ob ein nicht anwesender Deutscher auch so viel Verständnis gefunden hätte?

In der Bevölkerung wuchs in den letzten Jahren der Eindruck, daß sich die Judikative vornehmlich als »Kuscheljustiz« betätigt. Exemplarisch steht der Fall des Türken Serkan A., der Ende 2007 einen Rentner in München ins Koma prügelte. Vor dieser Tat war der Zwanzigjährige bereits mit 40 Vorstrafen in Erscheinung getreten![150]

Schlimmer als diese Kuscheljustiz ist aber der sich verfestigende Eindruck, daß Muslime unter einer Sondergesetzgebung stehen, die ihnen Vorteile verschafft. Das entspricht übrigens einer unter vielen Muslimen verbreiteten Selbstwahrnehmung, wobei die »Ungläubigen«, also Nichtmuslime, Menschen zweiter Klasse sind. In der islamischen Rechtsordnung, der Scharia, gilt die Vorschrift, daß das Zeugnis eines Ungläubigen weniger zählt als das eines Muslims.

Beeinflußt eine fremdethnische Gruppe das Rechtssystem des Landes, in das sie eingewandert ist, kann man bereits von einem erheblichen Einfluß dieser Gruppe ausgehen und/oder einer latenten Furcht der Regierenden – die stets die Judikative stärker beeinflußt als im Gegenzug die Judikative die Exekutive. Denn nationale Souveränität manifestiert sich gerade in nationalen Rechtssystemen.

Werden diese auch nur in Teilen außer Kraft gesetzt oder bilden sich, sei es auch nur informell, Sonderrechte für bestimmte ethnische Gruppen heraus, so wird das Rechtssystem als Ganzes in Mitleidenschaft gezogen. Denn ein Nichtfunktionieren in einem Teilbereich wird immer den berechtigten Argwohn erwecken, daß etwas im Ganzen nicht stimmt und das Nichtfunktionieren früher oder später alles erfassen

---

150 »Zeit« vom 9. Juli 2008

wird. Eine Demokratie definiert sich prinzipiell über Rechtsgleichheit für alle, »Niemand kann in einer bürgerlichen Gesellschaft von deren Gesetzen befreit werden.«[151]

Hobbes konstatiert ebenfalls, daß die Einführung von Sonderrechten ungültig ist[152].

»Eine der Pflichten des Oberherrn ist es ferner, dafür zu sorgen, daß die Strafen, welche in den Gesetzen für ihre Übertretung bestimmt sind, an allen Übertretern ohne Unterschied vollzogen werden.«[153]

Es gibt also keinen funktionierenden »Rechtspluralismus«, wie ihn der Schweizer Sozialanthropologe Christian Giordano für unser südliches Nachbarland fordert und auch das Oberhaupt der anglikanischen Kirche, das für britische Muslime die Einrichtung von Scharia-Gerichten verlangte. Tatsächlich kann im Familienrecht Großbritanniens bereits die Scharia angewandt werden. »Rechtspluralismus« gab es im Abendland bereits – im Mittelalter und in der frühen Neuzeit, vor der Durchsetzung des Gewaltmonopols. Was dabei herauskam: Mord und Totschlag und der Versuch des Stärkeren, sein »Recht« allein aufgrund seiner Macht durchzusetzen. Wer heutzutage auch nur den kleinsten Ansatz eines »Rechtspluralismus« verfolgt, propagiert faktisch den Gang zurück ins Mittelalter! Dazu gehört auch der schwammige Mittelweg, den Muslimen jene Teile der Scharia zugestehen zu wollen, die mit dem Grundgesetz vereinbar sind – so wie es ein FDP-Abgeordneter des bayerischen Landtags formulierte.[154]

Selbst das wäre, wenn es überhaupt solche Kompatibilitäten gibt, nur ein einladendes Signal für die Muslime, und über kurz oder lang würden sie mehr verlangen.

Abschließend muß noch über einen Aspekt berichtet werden, der äußerst selten in den Medien und von der Justiz selbst behandelt wird: die ungeahndete angedrohte oder vollendete Gewalt beispielsweise ge-

---

151 Locke, Über die Regierung, S. 72
152 Hobbes, Leviathan, S. 197
153 Hobbes, ebd., S. 285-286
154 »Süddeutsche Zeitung« vom 5. November 2008

gen Zeugen, um Verfahren zu beeinflussen. So berichtete die »Berliner Morgenpost«, daß die Mitarbeiter der Verkehrsgesellschaft BVG sich zunehmend weigern, als Zeuge vor einem Gericht gegen die Täter auszusagen. Durch die Akteneinsicht des Anwalts der Täterseite ist es möglich, die Adressen der Zeugen festzustellen. Oft werden sie dann bedroht, geschlagen und aufgefordert, ihre Aussage zurückzuziehen. Bezeichnenderweise wird die ethnische Zugehörigkeit der Täter im Bericht über die Zeugenbedrohung nicht genannt, es ist lapidar von »Jugendlichen« die Rede.[155]

Doch man kann sich eins und eins zusammenzählen, wenn man die Medienberichte über Übergriffe auf Fahrer und Fahrgäste durch »Jugendliche« studiert: fast immer sind die Täter jugendliche Türken oder Araber...

Der Bedrohung von Zeugen der Gegenseite gesellt sich noch eine andere Praxis hinzu, welche die Wahrscheinlichkeit erhöht, daß die Partei eines kriminellen muslimischen Migranten vor Gericht obsiegt. Zeugenaussagen können in deren Heimatländern gekauft werden oder die gesamte Sippe sagt falsch aus, um einen Familienangehörigen zu entlasten. Schiffauer beschreibt, wie in der ländlichen Türkei das offizielle Rechtswesen nur dann anerkannt wird, wenn es funktionalisiert werden kann, um islamisches Recht oder dörfliche Rechtsvorstellungen durchzusetzen, und wie dementsprechend Zeugenaussagen gezielt eingesetzt und manipuliert werden:

»Angesichts der Funktionalisierung der Gerichte ist es wenig überraschend, daß sich auch die Zeugenaussagen oft nach den bilateralen Verpflichtungen bzw. Feindschaften richten.«[156]

Ebenso ist es eine Unsitte, daß ganze Familienclans im Gerichtssaal Platz nehmen, wenn einer der ihren angeklagt ist, und dort eine lautstarke Akklamations- bzw. Drohkulisse bilden und in vielen Fällen nur mit Mühe von den Justizbediensteten gebändigt werden können, etwa wenn verfeindete Clans aufeinander losgehen. Schon Hobbes hielt einen sol-

---

155 »Berliner Morgenpost« vom 17. Februar 2008
156 Schiffauer, Die Bauern von Subay, S. 89

chen Auflauf den Mitgliedern der Judikative gegenüber für unangebracht und sah dies als Aufruhr an, »obgleich ihn die bürgerlichen Gesetze nicht geradezu verbieten.«[157]

Man kann den Faden weiterspinnen: Hat wirklich jeder Staatsanwalt die Stärke, immer wieder eindeutigen Todesdrohungen von der Anklagebank mit Verachtung oder der konsequenten Forderung nach noch härteren Strafen zu begegnen? Wird ein Richter stoisch harte Urteile fällen, wenn ihm solches widerfährt? Wird ein Anwalt ohne weiteres ein Mandat wegen Zeugenbedrohung gegen das Mitglied eines stadtbekannten, hochkriminellen und äußerst gewalttätigen Libanesenclans annehmen? Hier gibt es ein Dunkelfeld, das zu erforschen sich noch kein Kriminologe getraut hat. Einen gewichtigen Hinweis eröffnet allerdings eine Untersuchung über türkische Haftinsassen in Nordrhein-Westfalen. Sie führen ihren Drogenkonsum in der Haft weiter, wobei neben anderen Insassen und Besuchern die Vollzugsbeamten eine bedeutende Rolle als Drogenkuriere spielen. Einerseits werden Vollzugsbeamte dafür bestochen, andererseits gibt es aber auch den Weg der Erpressung:
»Wenn man mal auf Urlaub draußen ist, erfährt man schnell, wo einer wohnt. Und wenn man dann wieder drin ist, sagt man halt ›Ich habe deine Tochter gesehen. Wenn du mir nicht was mitbringst, wird deine Tochter morgen vergewaltigt.‹«[158]

Die Jugendrichterin Kirsten Heisig, die im Rahmen ihrer Tätigkeit mit orientalischen Großfamilien konfrontiert wurde, vermutet, daß die Zurückhaltung deutscher Behörden inzwischen durch Angst und Furcht begründet ist: »hinter vorgehaltener Hand heißt es: ›Man kann kein Kind zwangsweise aus einem arabischen Clan nehmen. Die Familien erschießen jeden, der das versuchen sollte.‹«[159] Sie weist auch darauf hin, daß trotz der erwiesenen verbreiteten Gewaltanwendung gegen-

---

157 Hobbes, Leviathan. S. 210
158 Klose, Deskriptive Darstellung der subjektiv empfundenen Haftsituation männlicher türkischer Inhaftierter im geschlossenen Jugendstrafvollzug in Nordrhein-Westfalen, S. 254
159 Heisig, Das Ende der Geduld, S. 94

über Kindern in türkischen und arabischen Familien die Anzeigen von Erziehern in Kindertagesstätten, Mitarbeitern an Schulen und Jugendämtern und Kinderärzten gegen die Eltern praktisch gegen null tendieren.[160]

Mit Hinweis auf die Schamgrenze wird den Muslimen selbst die Manipulation der Urinprobe auf Drogen in den Gefängnissen erleichtert:

»Um zu vermeiden, daß der Drogenkonsum durch die (...) Urinkontrolle nachgewiesen werden kann, haben die Insassen bestimmte Techniken entwickelt, beispielsweise in dem insbesondere türkische oder andere muslimische Insassen unter dem Vorwand, aus Scham die Urinprobe nicht vor den Augen Dritter abgeben zu können, diese auf der Toilette mit Wasser verdünnen. Auf Nachfrage erklären sie den hohen Wassergehalt in der abgegebenen Probe damit, zuvor viel Tee getrunken zu haben.«[161]

Die Bevorzugung innerhalb der deutschen Gefängnisse findet eine Fortsetzung in der Ausschmückung der Zellen, so daß sogar Gefängnisbedienstete bessere Haftbedingungen für türkische Insassen konstatieren: »beispielsweise sei einem türkischen Inhaftierten erlaubt worden, einen Gebetsteppich an der Zellenwand aufzuhängen, während deutschen Insassen verboten ist, einen Wandbehang in der entsprechenden Größe anzubringen.«[162]

Diese Entartungen der Justiz wirken letztlich nicht nur im kleinen Kreise, indem sie das Rechtsvertrauen des Einzelnen zerstören – sie wirken weiter im großen Maßstab, indem sie das Rechtsvertrauen großer Bevölkerungsschichten unterminieren, die zwar nicht direkt betroffen sind, denen diese Entwicklungen jedoch nicht verborgen bleiben.

---

160 Heisig, Das Ende der Geduld, S. 142-143
161 Klose, Deskriptive Darstellung der subjektiv empfundenen Haftsituation männlicher türkischer Inhaftierter im geschlossenen Jugendstrafvollzug in Nordrhein-Westfalen, S. 255
162 Ebd., S. 257

Verhöhnt wird damit nicht nur die Gleichbehandlung vor dem Gesetz, die Hobbes als eine der wichtigsten Pflichten des »Oberherrn« ansieht:

»Eine der Pflichten des Oberherrn ist es ferner, dafür zu sorgen, daß die Strafen, welche in den Gesetzen für ihre Übertretung bestimmt sind, an allen Übertretern ohne Unterschied vollzogen werden.«[163]

Die Befreiung von bestimmten Unterrichtsinhalten, von Klassenfahrten und Schulausflügen wirken destabilisierend nicht nur auf die Bildungsinstitutionen, sondern auch auf das Justizsystem und die ganze Gesellschaft, weil sie einen Sonderstatus für eine bestimmte religiöse Gruppe signalisieren. Locke schreibt diesbezüglich:

»Niemand kann in einer bürgerlichen Gesellschaft von deren Gesetzen befreit werden.«[164]

»Bürgerlich« steht in der Diktion seiner Zeit für »demokratisch« – und wenn spezielle Gruppierungen, vor allem religiös definierte, von bestimmten Gesetzen befreit werden, dann ist das im Kern undemokratisch!

Harte Strafen stehen dem Prinzip der Resozialisierung nicht im geringsten entgegen. Obwohl Hobbes diesen Begriff der »Resozialisierung« nicht verwendet, spricht er bereits im 17. Jahrhundert das zugrundeliegende Prinzip der »Besserung« des Täters an, legt aber zugleich jene Taten fest, die unter allen Umständen hart bestraft werden müssen, weil sie staatszerstörend wirken:

»Da aber der Zweck der Strafen keineswegs Befriedigung der Rache oder des Zornes ist, sondern dadurch entweder der Verbrecher selbst oder andere durch sein Beispiel gebessert werden sollen, müssen notwendig die Verbrechen am härtesten bestraft werden, welche für den Staat am schädlichsten sind, wie z.B. die, welche aus Haß gegen die Regierung oder aus Verachtung der Gerechtigkeit begangen werden; ferner alle die, durch welche das Volk zum Aufruhr gereizt wird, und die, wenn sie nicht bestraft würden, den Anschein erwecken würden, daß sie der Oberherr gutheiße.«[165]

---

163 Hobbes, Leviathan, S. 285-286
164 Locke, Über die Regierung, S. 72
165 Hobbes, Leviathan, S. 290

Kann der deutsche Bürger aus der Milde gegenüber Muslimen den Schluß ziehen, daß die deutsche Regierung die aus ihren Reihen verübten Gewalttaten und Ansprüche auf Sonderrechte gutheiße? Wohl nicht; er kann aber aus ihr – und der Tatsache, daß jede Gewalttat eines Deutschen gegen einen Ausländer sofort politisiert und strafrechtlich härter geahndet wird als die Gewalttat einer anderen Konstellation[166] – eine höchst gefährliche Tendenz erkennen: Der Staat ist zunehmend nicht nur unfähig, seine Bürger vor massiv grassierender Migrantengewalt zu schützen, er begünstigt Migranten zudem noch justiziell! Damit wird der »Kriegszustand« innerhalb der Bevölkerung eröffnet:

»Ja, wo es einem offensteht, die Gesetze und die ernannten Richter anzurufen, dieses Heilmittel jedoch durch offenkundige Verkehrung der Gerechtigkeit und unverhüllte Rechtsverdrehung verweigert wird, um die Gewalttätigkeit und das Unrecht irgendwelcher Menschen oder einer Partei zu protegieren oder straflos zu halten, da ist es schwer, an etwas anderes zu denken als an den Kriegszustand. Wo immer nämlich Gewalt geübt wird und Unrecht geschieht – mag es auch das Werk jener sein, die man ernannt hatte, Gerechtigkeit zu üben – es bleibt Gewalt und Unrecht, sosehr man es auch mit dem Namen, unter dem Vorwand oder der Form des Gesetzes beschönigt. Denn der Sinn der Gesetze ist es, durch unvoreingenommene Anwendung auf alle, die unter ihnen stehen, den Unschuldigen zu schützen und ihm zu seinem Recht zu verhelfen. Wo dies nicht bona fide geschieht, ist gegen die Leidtragenden der Krieg erklärt«[167]

Die Schaffung von Sonderrechten für bestimmte Bevölkerungsgruppen, und sei es aus dem angeblich hehren Motiv der Wahrung der »Religionsfreiheit«, zerstört letztlich auch ohne solche Exzesse wie die Zeugenbedrohung den Rechtsstaat. Religiöse Zugehörigkeit wird in diesem Kontext nämlich zu einer Klientelismus-Funktion verändert und vernichtet in der Folge essentielle Strukturen des abendländischen Staates, die Jahrhunderte benötigten, um sich herauszubilden.

---

166 Darüber mehr im Abschnitt: »Gewalt durch Deutsche wird politisierte ›rechte Gewalt‹«

167 Locke, Über die Regierung, S. 17-18

»Der Rechtsstaat setzt die Anerkennung aller Menschen in einem Staat als gleichberechtigte Personen voraus, eine Bedingung, die in einem homogenen Nationalstaat leichter zu erfüllen ist, wohingegen die Bewertung des Einzelnen nach seiner Clan- oder Religionszugehörigkeit die Rechtsstaatsidee konterkariert. Dies gilt besonders dann, wenn von den politischen Führern (selbstverständlich) erwartet wird, daß sie ihre Clanangehörigen bevorzugt auf lukrative Staatsposten bringen. Erst auf der gewachsenen Basis einer Nation kann ein echter Verfassungsgebungsprozeß stattfinden, können sich unabhängige Gerichte und eine korruptionsresistente Polizei bilden.«[168]

Aufbau einer Parallel-Judikative

Es ist nicht nur äußerst bedenklich, daß sich immer mehr der Eindruck aufdrängt, daß die deutsche Judikative Muslimen Sonderrechte zugesteht. Offensichtlich ist auch, daß sich Ansätze zur Bildung eines separaten Rechtssystems innerhalb des bestehenden Rechtssystems zeigen. Hierunter zählt die vielen, auch nichtmuslimischen Ausländergruppen eigene Gewohnheit, Streitigkeiten intern zu regeln, wie es der Oberstaatsanwalt Claus Czujewicz beschreibt:

»Zum Beispiel passiert es, daß man sich in bestimmten türkischen Kreisen untereinander über das Verfahren außergerichtlich einigt. Dann machen die alles dicht, dann erfährt man nichts mehr, dann ist Schweigen nach allen Seiten, dann wird blockiert, und die deutsche Justiz ist außen vor. Ich habe also in diesen Kreisen den Eindruck, daß die nicht in dieser Gesellschaft leben, sondern in einer Sondergesellschaft, die ihre Belange privat regelt und dann völlig dicht macht.«[169]

Die Jugendrichterin Kirsten Heisig berichtet ebenfalls aus eigenem Erleben:

---

168 Voigt, Den Staat denken, S. 315
169 Claus Czujewicz, Erfahrungen der Justiz mit nichtdeutschen Jugendlichen, S. 125, in: Landeskommission Berlin gegen Gewalt, Kriminalität, Gewalt und Gewalterfahrungen von Jugendlichen nichtdeutscher Herkunft in Berlin

»So bekundete ein junger libanesischer Angeklagter, dem vorgeworfen wurde, einen anderen jungen Libanesen wegen einer vorangegangenen Auseinandersetzung um das angemessene öffentliche Auftreten einer weiblichen jungen Verwandten mit einem Messer schwer verletzt zu haben, ›Araber‹ klärten das untereinander und es sei bereits ein Geldbetrag zwischen den Familien als Ausgleich vereinbart worden. Im Übrigen sei ein Imam in die Angelegenheit eingeschaltet worden.«[170]

Auffällig ist, wie von weltfremden Gutmenschen der offene Aufbau einer solchen Judikative begrüßt und beklatscht wird; so äußert sich beispielsweise der Diplom-Pädagoge Willy Eßmann positiv über Friedensrichter, die »es in verschiedenen ethnischen Communities in Berlin gibt« und möchte sie gerne in die Jugendarbeit einbinden![171]

Selbst in den höchsten akademischen Kreisen findet sich immer öfter die Forderung nach Installierung einer *offiziell anerkannten* Parallel-Judikative.

Der Schweizer Sozialanthropologe Christian Giordano führt die faktische Existenz islamischer Gerichte an, um ihre Anerkennung zu fordern, nach dem Motto: wir können es nicht verhindern, aber legalisieren.

»Giordano sagt, daß es bereits heute eine eigene Gerichtsbarkeit von Immigranten gebe – allerdings im Verborgenen. (...) Dieses Schattendasein müsse beendet werden, fordert er: Der Staat müsse Scharia- und andere religiöse Gerichte für Immigranten in der Schweiz anerkennen.«[172]

Eine Einschränkung macht Giordano allerdings: die Körperstrafen der Scharia will er nicht akzeptieren. Hier zeigt er sich als typischer Gutmensch-Europäer, der aus dem fremden Rechtssystem das heraus-

---

170 Heisig, Das Ende der Geduld, S. 141
171 Willy Eßmann, Wenigstens haben wir einen Raum, S. 111, in:
     Landeskommission Berlin gegen Gewalt, Kriminalität, Gewalt und
     Gewalterfahrungen von Jugendlichen nichtdeutscher Herkunft in Berlin
172 »Neue Zürcher Zeitung« vom 28. Dezember 2008

nehmen will, was ihn am meisten befremdet und unangenehm ist. Doch davon werden die Muslime sich nicht beeindrucken lassen, sollten sie in der Schweiz – oder anderen Ländern Mitteleuropas – einmal über 50% der Bevölkerung stellen. Auch hier gilt das Sprichwort: wem man den kleinen Finger reicht, der reißt den ganzen Arm aus. Die Vorstellung, Muslime würden sich langfristig mit einer »Teil-Scharia« begnügen, ist geradezu grotesk. Und es ist bezeichnend, daß Giordano Beifall von Vertretern islamischer Verbände der Schweiz bekommen hat. Diesbezüglich wirft der Iraner Farhad Afshar Nebelkerzen, wenn er behauptet, daß im islamischen Raum seit Jahrhunderten Muslime, Christen und Juden unterschiedlichem Recht unterstünden und somit verschiedene Rechtssysteme parallel bestehen, ohne daß die staatliche Ordnung zusammenbricht.[173]

Richtig ist vielmehr, daß nur *ein* Rechtssystem herrscht – das islamische – in dem aber Juden und Christen einen inferioren Rechtsstatus einnehmen. Und genau diesen Platz würden nichtmuslimische Schweizer in der Zukunft haben, wenn sie gegenwärtig auch nur kleinste Bestandteile des Scharia-Rechts zulassen.

Selbst im Gefängnis noch dominant

Wie sich über viele Jahre die Dominanz der muslimischen Migrantengewalt entwickelt hat, zeigt sich exemplarisch an den Gefängnisinsassen. Und selbst in diesem Bereich wird deutlich, wie der deutsche Staat, der als strafender Staat in seiner härtesten Form in Erscheinung treten sollte, allmählich von den Muslimen, ihren Ansprüchen auf Sonderbehandlung und ihrem engen Zusammenhalt in seinen Strukturen aufgeweicht wird.

Ein 1979 in München erschienener Band informierte »über die Kriminalisierung junger Ausländer«. Die darin enthaltenen Zahlenangaben verrieten, daß in den siebziger Jahren der Anteil von Ausländern an den Inhaftierten in vier verschiedenen Bundesländern (darunter Berlin) noch zwischen 1,5% und höchstens 12,5% schwankte.[174]

---

173 »Neue Zürcher Zeitung« vom 28. Dezember 2008
174 Albrecht, Die Kriminalisierung junger Ausländer, S. 86

Der Autor konstatierte damals »Verschärfte Haftdeprivationen infolge des marginalen Status« und eine »von Vorurteilen getragene Diskriminierung seitens der deutschen Mitgefangenen.«[175]

In den Hamburger Gefängnissen wurde von den Bediensteten über die Häftlinge festgestellt: »Die Ausländer werden von den Deutschen bei uns sehr schikaniert, und es ist manchmal geradezu erschreckend, wieviel Verständnis sie für das aggressive Verhalten der Deutschen gegenüber ihnen haben.«[176]

In Hamburg gilt nach mehrfach bestätigten Beobachtungen, daß es unter den Ausländern selbst Hierarchien gibt und daß »die Türken am weitesten unten stehen«[177]

Gleichzeitig wird den ausländischen Insassen eine geradezu devote Haltung gegenüber dem Gefängnispersonal attestiert: Die Ausländer sind »sehr genügsam«, »dankbarer für die Zuwendung« als Deutsche, sie sind bei Arbeiten besonders lernwillig und fleißig, in Berlin werden Türken als »extrem angepaßt« geschildert.[178]

Es wird offengelegt, daß der Föderalismus seltsame Blüten trieb. Je nach Bundesland wurde bei den Ausländern in Strafhaft unterschiedlich mit der Ausweisung nach der Haftzeit verfahren. In Hamburg konnte nach der Haft »so gut wie keiner« in der Bundesrepublik verbleiben, in Ländern wie Hessen oder dem Saarland wurden nur 30% bzw. 20% der ehemaligen Häftlinge ausgewiesen.[179]

Gerade die Ausweisung fürchteten die Ausländer aber mehr als alles andere.[180]

Vollzugslockerungen wie Freigänge wurden Deutschen mehr als Ausländern gewährt, da man bei letzteren befürchtete, sie könnten nicht in das Gefängnis zurückkehren und sich absetzen.[181]

---

175 Albrecht, Die Kriminalisierung junger Ausländer, S. 86
176 Ebd., S. 88
177 Ebd., S. 88
178 Ebd., S. 90
179 Ebd., S. 94
180 Ebd., S. 98
181 Ebd., S. 100

Ein anderes, 1981 erschienenes Buch, bestätigte dieses Bild anhand der Haftanstalten Tegel, Plötzensee und Moabit in Berlin weitgehend. Allerdings wurde aufgezeigt, daß man auf das Speisetabu der Muslime bereits Rücksicht nahm:

»Übers Essen schimpfen sie hier am meisten, insbesondere über die Unmengen an Eiern und an Corned beef, die sogenannte Austauschkost, die es immer dann gibt, wenn die Deutschen Schweinefleisch bekommen.«[182]

Türkische Medien waren im Knast kaum verfügbar:

»Nihad würde gerne lesen, aber türkische Bücher sind Mangelware hier.«[183]

Türken und arabisch sprechende Personen stellten bereits 65% aller inhaftierten Ausländer, über den prozentualen Anteil der Ausländer an allen Haftinsassen wird leider keine Angabe gemacht.[184]

Türken sahen sich dabei »kollektiv am unteren Ende der Häftlingshierarchie«, während Araber aufgrund ihres Verhandlungsgeschicks und »ihrer eindrucksvolleren Drohgebärden« eine bessere Behandlung erkämpfen konnten.[185]

Insbesondere den Türken wurde ein *underdog*-Status attestiert.[186]

Ausländer saßen erheblich länger als Deutsche in Untersuchungshaft und der eigentlichen Haft.[187]

Vollzugslockerungen gab es für 44,4% der deutschen Insassen, aber nur für 5,3% der ausländischen.[188]

Fast 70% der Deutschen arbeiteten in der Haft, aber nur 44,1% der Ausländer.[189]

In der Arbeit darf man keine zusätzliche Bestrafung erblicken, denn mit der Abschaffung des Zuchthauses wurde lediglich der *Arbeitszwang*

---

182 Autorengruppe Ausländerforschung, Zwischen Getto und Knast, S. 199
183 Ebd., S. 199
184 Ebd., S. 214
185 Ebd., S. 236
186 Ebd., S. 241
187 Ebd., S. 220-221, 223
188 Ebd., S. 256
189 Ebd., S. 263

aufgehoben, den viele als unerträglich empfanden. Generell aber ist Arbeit in der Haft begehrt, weil sie einen Verdienst ermöglicht und die Langeweile vertreibt.

Auch in dieser Untersuchung kreiste die größte Angst der Ausländer beständig um Ausweisung und Abschiebung. Die Bediensteten gaben an, daß sich die ausländischen Häftlinge am häufigsten wegen dieses Problems an sie wandten, danach folgten »Konflikte mit anderen Häftlingen« und »Lektüre in der Muttersprache«[190].
Diese Beobachtungen korrespondierten mit einer Befragung der ausländischen Häftlinge, von denen 74,3% es bevorzugt hätten, in der Bundesrepublik zu bleiben, anstatt in ihr Heimatland abgeschoben zu werden; plastisch wurde es in der Aussage eines türkischen Jugendlichen:
»Wenn du in die Türkei zurückkommst als Verbrecher, wirst du behandelt wie ein Hund auf der Straße.«[191]

Als beliebteste Betreuungspersonen galten unter allen Häftlingen – auch den nichtchristlichen – die Pfarrer. Von Imamen, muslimischen Geistlichen ist überhaupt nicht die Rede.[192]

Andererseits gab es schon Ansätze zur Verhätschelung durch die Behörden und zur Dominanz der eigenen Gruppe. Die JVA Tegel verfügte bereits über einen speziellen »Ausländerberater«, und »einige Ausländergruppen stellen ein derartiges Machtpotential dar, daß die Bediensteten ihre Aggressivität fürchten und sie eher mit »Samthandschuhen« anfassen.[193]
Diese Dominanz gegenüber den Schließern strahlt sogar auf die deutschen Mithäftlinge aus:
»Offenbar genießen zumindest einige Ausländer bzw. Ausländergruppen im Knast wegen ihres Machtpotentials und ihrer Erfolge in der

---

190 Autorengruppe Ausländerforschung, Zwischen Getto und Knast, S. 266-267
191 Ebd., S. 278
192 Ebd., S. 232
193 Ebd., S. 234

Auseinandersetzung mit dem Betreuungspersonal bei den deutschen Häftlingen ein beträchtliches Prestige.«[194]

Befragt, was sie vom Einsatz von Landsleuten unter dem Betreuungspersonal (Stationsbeamte und Gruppenbetreuer) halten würden, sprachen sich 69,5% der ausländischen Insassen dafür, nur 5,9% dagegen aus; 14,9% meinten, es würde keinen Unterschied geben, 7,8% konnten sich keine Meinung bilden, 1,9% hielten einen solchen Einsatz für utopisch.

Bei den deutschen Häftlingen waren nur 30,5% für ausländisches Gefängnispersonal, 31,7% dagegen.

Ohne Zweifel zeigt sich in solchen Zahlen die Erwartungshaltung der Ausländer, von Gefängnispersonal der eigenen Ethnie besser behandelt zu werden.

»Wo das ›Gefängnisklima‹ besonders schlecht ist, wird der Ruf nach Landsleuten unter den Bediensteten am größten.«[195]

Die Bediensteten der Gefängnisse wurden zu ihrem Verhältnis zu den ausländischen Insassen befragt. Interessant ist, daß die Vollzugsbediensteten im Schnitt lieber mit deutschen Gefangenen zu tun haben wollten und Ausländer negativer beschreiben. Den Ausländern wird der größere Gruppenzusammenhalt attestiert, zuweilen aber auch größere Arbeits- und Lernwilligkeit, zum Teil sogar eine »Überanpassung« bei der Befolgung der Hausordnung.[196]

Gegen eine Zusammenlegung der Ausländer nach Nationalitäten sprachen sich die Bediensteten zu fast 78% aus (nur 17% dafür), u.a. deshalb, weil »bei einer Zusammenlegung das Machtpotential der Ausländer bei Konflikten mit ihnen zu groß werden könnte.«[197]

---

194 Ebd., S. 246
195 Ebd., S. 240
196 Ebd., S. 237-238, 282
197 Ebd., S. 245

Dabei wird insbesondere den Türken eine größere Solidarität in der Gruppe bescheinigt.[198]

Diese Einstellungen wurden durch Beobachtungen der Konflikte unterstrichen. Befragt, welche Konflikte unter den Gefangenen überwogen, gaben 41,2% der Bediensteten an, daß es die Konflikte zwischen deutschen und ausländischen Häftlingen seien, 11,9% stuften die Konflikte innerhalb der deutschen Insassen als häufigste ein, 7,6% diejenigen zwischen allen Ausländern und 8,6% gaben an, die Konflikte zwischen Ausländern innerhalb einer bestimmten Nationalität seien am häufigsten.[199]

Deutlich schälen sich zwei Problemkomplexe in der Sicht des Gefängnispersonals heraus: einerseits die Konfliktlinie zwischen Deutschen und Ausländern, andererseits das Konfliktpersonal innerhalb der ausländischen Gruppen selbst.

Bezüglich der Religion ergab sich ein weiterer, sehr aufschlußreicher Aspekt: »Verbesserungen im Hinblick auf die Religionsausübung sind praktisch nur für Türken und Araber ein relevantes Thema.«

So wünschten sich 54,8% der Türken und 20,5% der Araber den regelmäßigen Besuch eines islamischen Vorbeters und Religionslehrers und einen regelmäßigen Gottesdienst.[200]

Knapp zwei Jahrzehnte später hat sich das Bild komplett gewandelt, wie am Beispiel Nordrhein-Westfalens deutlich wird, dem Bundesland mit der höchsten Bevölkerungszahl und der größten Zahl von Türken unter allen Bundesländern. Dort stellten türkische Staatsbürger im Jugendstrafvollzug im Jahr 2000 allein schon 41,7% der nichtdeutschen Insassen![201]

Der Anteil der Ausländer wiederum hat sich im Vergleich zu den siebziger Jahren erheblich gesteigert: bundesweit waren im Jahr 2000

---

198 Autorengruppe Ausländerforschung, Zwischen Getto und Knast, S. 282
199 Ebd., S. 247
200 Ebd., S. 254
201 Klose, Deskriptive Darstellung der subjektiv empfundenen Haftsituation männlicher türkischer Inhaftierter im geschlossenen Jugendstrafvollzug in Nordrhein-Westfalen, S. 2

satte 23,7% aller Inhaftierten Nichtdeutsche, im Strafvollzug Nordrhein-Westfalens sogar 29,4%, das Zehnfache des Wertes von 1978! 1996 waren es sogar 40,7% Nichtdeutsche gewesen.[202]

Das bedeutet, daß weit über zwölf Prozent aller Insassen des Jugendstrafvollzugs im bevölkerungsstärksten Bundesland Türken sind, obwohl der türkische Anteil an der Gesamtbevölkerung Nordrhein-Westfalens nur knapp 4% beträgt.[203]

Und dieses starke Zehntel konnte nicht nur Rechte für sich einfordern, es majorisiert inzwischen auch alle anderen Insassen einschließlich der Deutschen! Die Anstaltsleitungen in NRW haben sich so weit angepaßt, daß bei einem Haftantritt in zehn Sprachen inklusive Türkisch über die Hausordnung und Ähnliches informiert wird.[204]

Der Besuch der muslimischen Häftlinge durch Geistliche ihrer Religion zumindest an hohen Feiertagen ist seit den neunziger Jahren weitgehend üblich. Dabei fällt auf, daß sich der muslimische Geistliche nach Vermutung einiger Aufsichtsbeamter zur Durchführung von (Tausch-) Geschäften instrumentalisieren läßt.[205]

Aus der Schweinefleisch-Ersatzkost ist eine gleichwertige »Glaubenskost« oder »Moha-Kost« geworden, das Schweinefleisch wird nicht nur durch Corned beef und Eier, sondern inzwischen auch durch Geflügel- oder Rindfleisch oder Fisch ersetzt.[206]

Beim Telefonieren sind Ausländer in gewisser Weise bessergestellt als Deutsche:

»Auch wenn die Rechtsprechung bei Ferngesprächen eher zu einer restriktiven Handhabung neigt, hält sie eine gewisse Besserstellung fremdsprachlicher ausländischer Inhaftierter aufgrund ihrer besonderen Situation für vertretbar.«[207]

---

202 Ebd., S. 1 und 97, 98, 102
203 Ebd., S. 12-13
204 Ebd., S. 124
205 Ebd., S. 128
206 Ebd., S. 129
207 Ebd., S. 134

Die Autorin beruft sich desweiteren auf eine Studie von 1990, nach der bereits zu dieser Zeit der Ausländeranteil unter den »Führern« der Gefängnis-Subkultur bedeutend höher war als der Gesamtanteil der Ausländer unter den Inhaftierten.[208]

Eine andere von ihr angeführte Studie aus dem Jahr 1995 besagt:

»Aus Furcht vor einer solidarischen Reaktion aller ausländischen Inhaftierten würden von deutschen Gefangenen keine ausländerfeindlichen Einstellungen geäußert, vielmehr ließen sich sogar Skinheads im Vollzug die Haare wachsen, um ihre rechtsextremistische Gesinnung zu verbergen.«[209]

Und es haben sich die Hierarchiestufen der Nationalitäten innerhalb des Gefängnisses verschoben, denn früher galten Türken als underdogs, in den neunziger Jahren dann Rußlanddeutsche:

»In der JVA Herford wurde der letzte Platz in der Beliebtheitsskala der Gefangenenpopulation, den in der Vergangenheit die türkischen Inhaftierten eingenommen hatten, in den 90er Jahren von den Rußlanddeutschen belegt.«[210]

Die Autorin kommt zu folgendem Schluß:

»Es kann also festgehalten werden, daß die türkischen Inhaftierten innerhalb der Subkultur der Jugendstrafvollzugsanstalten eine im Vergleich zu deutschen Inhaftierten gehobene Stellung einnehmen«[211]

Die hohe Stellung in der informellen Gefängnishierarchie spiegelt sich in der formellen Gefängnishierarchie, etwa bei der (begehrten) Arbeit: So arbeiten in der JVA Heinsberg nur ein Drittel der türkischen Insassen nicht, bei den deutschen Insassen sind es zwei Drittel. Bei der besonders beliebten, leichten Arbeit in der Küche »übersteigt der Anteil der türkischen Insassen mit 43,3% deutlich den Anteil der deutschen Insassen.«[212]

Obwohl beim Ausgang die Deutschen immer noch vor den Türken rangieren, hatten sich in der JVA Heinsberg im Bereich der Vollzugs-

---

208 Ebd., S. 143
209 Ebd., S. 147
210 Ebd., S. 149
211 Ebd., S. 150
212 Ebd., S. 273

lockerungen zumindest bei der Urlaubsgewährung die Zahlen fast angeglichen: »Urlaub war bereits 19,8% der deutschen und 17,5% der türkischen Insassen gewährt worden.«[213]

Der enge Zusammenhalt der Türken als Gruppe mag zu ihrer Dominanz mit beitragen. Türken tragen untereinander keine Streitereien aus bzw. es gelingt ihnen, Konflikte innerhalb ihrer Gruppe nicht nach außen dringen zu lassen:

»Das Verhältnis der türkischen Insassen zu ihren Landsleuten wird sowohl von den Inhaftierten als auch von den Bediensteten als fast konfliktfrei beschrieben.«[214]

Dieser Zusammenhalt als Gruppe läuft parallel mit einer immer noch sehr starken Identifikation mit der Türkei. Obwohl 82,2% der Insassen mit türkischer Volkszugehörigkeit in Deutschland geboren wurden, wünschten sich auf die Frage, wer bei einem Länderspiel Deutschland gegen die Türkei gewinnen solle, über drei Viertel der türkischen Volkszugehörigen einen Sieg der Türkei, 20,5% war es »egal«, nur 2,7% favorisierten einen Sieg Deutschlands.[215]

Inzwischen sind türkischstämmige Justizvollzugsbeamte und Betreuer vorhanden, deren Einsatz wird von 49,5% der türkischen Insassen begrüßt.[216]

Es wird aber wiederholt deutlich, daß sich die türkischen Insassen von ihren »Glaubensbrüdern« eine Vorzugsbehandlung erwarten.[217]

Zusätzlich gehen deutsche Justizvollzugsbedienstete schon so weit auf die türkische Gruppe ein, daß sie deren Sprache lernen, was vom Land NRW durch Freistellung und Übernahme der Kosten gefördert wird.[218]

Im Einzelfall muß man das nicht unbedingt als Anbiederung verstehen, sondern kann gleichfalls als Taktik gedeutet werden: deutsches

---

213 Ebd., S. 277
214 Ebd., S. 230
215 Ebd., S. 231-232
216 Ebd., S. 239
217 Ebd., S. 239-240
218 Ebd., S. 240

Gefängnispersonal versteht, worüber sich die türkischen Insassen unterhalten. Dennoch deutet es einen verhängnisvollen Trend an, eine weitere Anpassung der Deutschen an die Türken. Ist es doch theoretisch möglich, unter der Begründung einer »Resozialisierung« das Deutsche als verbindliche Anstaltssprache durchzusetzen und den Gebrauch anderer Sprachen möglichst zurückzudrängen. Indem die türkische Sprache weithin geduldet wird, leistet man einer informellen Gruppenbildung Vorschub. Solche Tendenzen werden aber vom Personal eigentlich strikt abgelehnt. Inzwischen wenden sich 20 von 20 befragten Bediensteten, also 100%, gegen die Einrichtung spezieller Ausländerabteilungen in den Gefängnissen.

Im Widerspruch zur protürkischen Haltung bei einem Fußball-Länderspiel der Türkei gegen Deutschland hat sich die Angst der Türken vor einer Ausweisung in ihr Vaterland sogar noch vergrößert: 80,5% der türkischen Insassen geben an, »sehr große« bis »ziemlich große« Angst vor einer Ausweisung zu haben.[219]

---

219 Ebd., S. 281

DIE ENTWICKLUNG DER MIGRANTENGEWALT IN DEUTSCHLAND UND EUROPA

Migrantengewalt ist nichts Neues

Migrantengewalt ist in ihrem Kern – nämlich der Zusammenrottung einer großen Masse von Migranten, die sich gezielt gegen Deutsche und die deutsche Staatsgewalt betätigen und letztere bis an den Rand ihrer Leistungsfähigkeit beanspruchen – durchaus kein neues Phänomen. Aber ihre Qualität hat sich in den letzten Jahrzehnten dadurch gesteigert, daß Europa und speziell Deutschland gesellschaftliche Wandlungsprozesse durchliefen, welche die Widerstandskraft der europäischen Gesellschaften gegenüber der Migrantengewalt extrem schwächten. In aller Kürze könnte man es so ausdrücken: nicht die Stärke der Migranten hat bedeutend zugenommen, sondern die Abwehrkraft der deutschen Gesellschaft und des deutschen Staates ist minimiert worden.

Was sich dementsprechend prinzipiell verändert hat, ist nicht die Migrantengewalt an sich, sondern die Rahmenbedingungen, unter denen sie stattfindet. Konkret heißt das, daß vor allem durch Einbürgerung von Muslimen und die Nichtwahrnehmung rechtlich gegebener Möglichkeiten die Grundlage dafür geschaffen wurde, sowohl Einzeltäter als auch ganze Volksgruppen nicht mehr des Landes verweisen zu können. Die zaghaften Rückführungsprogramme der Regierung Kohl zu Beginn der achtziger Jahre wurden dadurch entwertet, daß später vermehrt wieder Türken zuwanderten. Weiter wurde durch eine massive Mobilisierung und Institutionalisierung linker Gruppen bewirkt, daß eine Abschiebung bzw. Ausweisung von Straftätern ausländischer Herkunft mehr und mehr durch Prozesse und Demonstrationen behindert und verunmöglicht wurde. Exemplarisch steht hierfür der Fall »Mehmet« in München in den neunziger Jahren.

Verstärkt wurde die Etablierung der Migrantengewalt durch eine massive Schwächung der Durchsetzungskraft der Exekutive, der staatlichen und polizeilichen Autorität. Die noch in den siebziger Jahren beherzt knüppelnden Polizisten wurden zunehmend durch diskutierende »Deeskalationsstrategen« in Polizeiuniform ersetzt.

Wenn ein türkischer Vater seine Tochter aus Gründen der »Ehre« tötet, dann geschah dies noch 1980 in einem Rahmen, der in der Regel seine Ausweisung spätestens nach der Haft zur Folge hatte. Heute könnte er gar nicht mehr ausgewiesen werden, weil er inzwischen mit sehr hoher Wahrscheinlichkeit die deutsche Staatsbürgerschaft besitzt.

Die gesellschaftlichen Wandlungsprozesse, die allgemein mit Liberalisierungsprozessen zusammenhängen, sollen nach Vorstellung dreier typischer Fälle von früher Migrantengewalt in Köln, Solingen und Berlin genauer skizziert werden. Die Liberalisierungsprozesse haben, dem Wortsinne entsprechend, viele Gruppen befreit: die Frau von Heim und Herd und dem Zwang des Kinderkriegens, den Homosexuellen von gesellschaftlicher Ächtung, namentlich auch den Ausländer von der »Diskriminierung«. Doch gingen diese Liberalisierungen automatisch mit Segmentierungen und Fragmentierungen innerhalb der deutschen Gesellschaft einher. Jede Emanzipation einer Gruppe bestimmt nicht nur positiv ein zu emanzipierendes Milieu, sondern im Gegenzug auch negativ ein Milieu, das die Gruppe (angeblich) von der Emanzipation abhalten will. Die Feministin braucht, schon zur Abgrenzung, den konservativen Mann, der sie in ihrer Hausfrauenrolle fesseln möchte, der Schwule braucht den heterosexuellen Mann, dessen Männlichkeitsvorstellungen er negiert, der Ausländer braucht den »typischen Deutschen« um sich von ihm abzugrenzen.

Das von Türken betriebene Auseinanderdividieren von Deutschen und Türken selbst in einem die nationalen Unterschiede negierenden Lager wie der Gewerkschaften wurde im August 1973 deutlich, als bei den Ford-Werken in Köln gestreikt wurde. Deren Belegschaft bestand zu einem großen Teil, vor allem in der Endmontage, aus Türken. Beim sogenannten »Türkenstreik« war den türkischen Arbeitnehmern neben der Lohnerhöhung die Ausweitung des Urlaubs wichtig, um die freien Tage länger in der Türkei verbringen zu können.

Zuvor hatte die Betriebsleitung 300 türkische Arbeiter entlassen, weil sie ihren in der türkischen Heimat verbrachten Jahresurlaub eigenmächtig ausgedehnt hatten, oft unter Zuhilfenahme gekaufter oder gefälschter Atteste.

Diese Entlassungen sollten nach Meinung der türkischen Arbeitnehmer zurückgenommen werden, während die Entscheidung unter deutschen Arbeitnehmern weitgehend akzeptiert wurde:

»Den Deutschen (...) erschienen die Entlassungen gerechtfertigt: Sie selbst waren immer pünktlich gewesen, sollte das nicht auch für die anderen gelten?«[220]

Der Streik hatte eine besondere Note: gestreikt wurde nicht »von zu Hause« aus, sondern indem die Arbeiter versuchten, den Betrieb zu besetzen.

Hatten anfänglich noch einige Deutsche mitgestreikt, fiel deren Teilnahme zunehmend aus, nachdem sich der Betriebsrat nach der Gründung einer eigenen Streikleitung aus den Reihen der Streikenden gegen die Arbeitsniederlegung ausgesprochen hatte. Die Türken machten jedoch eifrig weiter und warfen dem Betriebsrat vor, von der Unternehmensführung gekauft worden zu sein. »Dabei griffen die Streikposten – meist Türken – auch ihre deutschen Arbeitskollegen an.«[221]

Und ein deutscher Streikteilnehmer berichtet lapidar:

»Aber während des Streiks, bei diesen Situationen im Werk, während der Werksbesetzung, (...) waren keine Deutschen mehr dabei. Da lief türkische Kultur. Wir paar linken Deutschen, die dabei waren, spielten gerade bei diesen Geschichten keine Rolle mehr.«[222]

Der Konflikt kulminierte dann in tätlichen Auseinandersetzungen zwischen streikenden Türken und deutschen »Streikbrechern« sowie der deutschen Staatsmacht, die Polizei schickte und Rädelsführer des Streiks verhaften ließ.

Damals konnte der deutsche Staat noch mit dem Polizeiknüppel und dem Konsens in der deutschen Gesellschaft in Form der deutschen Arbeiter den Konflikt für sich entscheiden. Über 100 türkische Arbeiter wurden fristlos entlassen, etwa 600 kündigten auf Druck des Arbeitgebers von sich aus.

Der von den Linken vielbeschworene »Klassenkampf« ohne Rücksicht auf Nationszugehörigkeit der Arbeiter fand nicht statt, sondern die

---

220 Hüttner et al., Vorwärts und viel vergessen, S. 129
221 Motte/Ohliger, Geschichte und Gedächtnis in der Einwanderungsgesellschaft, S. 238
222 Ebd., S. 277

Bruchlinien innerhalb der Arbeiterschaft kristallisierten sich anhand von ethnischen Gruppen heraus.

Inzwischen hat sich die andauernde starke Präsenz türkischer Arbeitnehmer bei Ford in Köln in einer Einflußnahme der besonderen Art niedergeschlagen. Die Gewerkschaft, die 1973 noch für das deutsche Gemeinwesen stand und es gegen die streikenden Türken verteidigte, biedert sich inzwischen bei den Orientalen an. Bei den Betriebsratswahlen mußte die Gewerkschaft nämlich mit einer religiös-konservativen Liste der Türken konkurrieren, die vor den Urnengängen in den Kölner Moscheevereinen umfangreiche Werbung betrieb. Bei der Aufsichtsratswahl 1996 verlor die IG-Metall ein Mandat an diese konfessionellen Listen, worauf sie direkt mit der größten türkischen Konkurrenzliste verhandelte und sich anschließend dazu verpflichtete, mehr türkische Arbeitnehmer auf aussichtsreiche Plätze der IG-Metall bei Betriebsratswahlen zu setzen.[223]

Diese türkischen Betriebsräte fallen dadurch auf, daß sie primär Personen der eigenen Ethnie bei den Neueinstellungen im Betrieb den Vorrang geben.[224]

Ein weiteres Beispiel früher Migrantengewalt stellen die Ereignisse nach dem Solinger Brandanschlag 1993 dar, als »demonstrierende« Türken in der Innenstadt vandalierten und beträchtlichen Sachschaden anrichteten. Der Brandanschlag hatte fünf Tote gefordert und wurde in vielen Medien als Ausfluß faschistoiden Denkens der Deutschen dargestellt. Nach spontanen friedlichen Demonstrationen änderte sich der Charakter der Demos rasant: Türken, viele von ihnen angereist und nicht in Solingen lebend, verwandelten die Innenstadt in ein Bürgerkriegsgebiet – wovon die Medien nun, wenn überhaupt, nur spärlich berichteten. Im Jahr 2005, nach den schweren Krawallen von muslimischen Migranten in Pariser Vorstädten, hatten deutsche Politiker unisono darauf bestanden, daß dies in Deutschland nicht möglich sein. In Wirklich-

---

223 Ebd., S. 268-269
224 Ebd., S. 270

keit hatte sich Vergleichbares schon mehr als ein Jahrzehnt früher auf deutschem Boden ereignet!

»Türkische Nationalisten schichten auf der Kreuzung (...) Haufen von Gerümpel auf und stecken sie in Brand. Innerhalb weniger Minuten gehen in der Innenstadt Schaufensterscheiben zu Bruch, zertrümmert mit Baseballschlägern, Dachlatten und Steinen. Geschäfte werden geplündert. Eine Woche lang ist die City mit Spanplatten vernagelt, gehören bis zu 2000 Polizisten und Bundesgrenzschützer zum alltäglichen Straßenbild.«[225]

Solingen hatte zum 1. Januar 1993 gerade mal 166 253 Einwohner. Eine Gemeinde dieser Größenordnung hat in der Regel sonst eine niedrige dreistellige Zahl von Polizisten zur Verfügung, d.h. die Zahl der Ordnungshüter mußte verzehnfacht werden!

Sogar in den von der Stadt herausgegebenen Dokumentationen werden diese Ausschreitungen im Gegensatz zum Brandanschlag selbst kaum thematisiert. Wie brisant aber die Lage gewesen sein muß, erhellt aus der nüchternen Feststellung, daß der Oberbürgermeister Solingens den Innenminister Nordrhein-Westfalens am 1. Juni 1993 per Fax darum bat, »alle zur Verfügung stehenden Sicherheitsmaßnahmen zu ergreifen, um Gewaltakte wie in den beiden voraufgegangenen Nächten in Solingen zu unterbinden«.[226]

Es muß hervorgehoben werden, daß es sich nicht um blindwütigen Vandalismus handelte, denn dieser selektiert nicht. In Solingen wurde aber sehr wohl selektiert:

»An dem Wochenende des Brandes noch – es war Pfingsten – strömten aus dem ganzen Land Autonome und junge Türken nach Solingen. In der Konrad-Adenauer-Straße und der Kölner Straße zerstörten sie die Schaufenster fast aller Geschäfte mit *Ausnahme der türkischen.*«[227]

---

225 Rogge/Schulte/Warncke, Solingen, S. 69
226 Oberstadtdirektor Solingen, Dokumentation, S. 4, 223
227 »Welt« vom 20. Dezember 2009, Hervorhebung von S.H.

Die kollektive Verachtung deutscher Normen und die Verabsolutie-rung eigener Moralvorstellungen zeigte ein Verbrechen auf, das sich im Mai 1978 in Berlin ereignete: eine junge deutsche Frau wurde nacheinander von 14 Türken vergewaltigt. Sie war nachts allein auf der Straße unterwegs gewesen und benahm sich damit in türkischen Augen wie eine Hure. Ein junger Türke, der ihr begegnete, hatte ihr in aufdringlicher Weise sofort den Arm um die Schulter gelegt und sie in seine Wohnung geführt. Sie, starr vor Angst, hatte es geschehen lassen. In seiner Wohnung, wo sich seine Freunde regelmäßig trafen, geschah dann die Vergewaltigung durch die ganze Gruppe. Die darauf folgende Gerichtsverhandlung, welche die jungen Männer allesamt mit Bewährungsstrafen entließ, deckte nicht nur die Uneinsichtigkeit der jungen Männer in das Unrecht ihres Tuns auf – die meisten grinsten, als das Opfer seine Aussage machte –, sondern auch die ihres familiären Umfelds. Die Vergewaltigte wurde primär als ehrlose Frau wahrgenommen.[228]

Der Niedergang des Weißen Mannes

Daß sich dem zu aller Gewalt entschlossenen, in archaischen Männlichkeitsvorstellungen befangenen Migranten-Mann kein nennenswerter Widerpart (mehr) entgegenstellt, hat in erster Linie mit dem Niedergang des weißen Mannes seit 1945 zu tun. Bis dahin beherrschte der europäische Mann fast die ganze Welt. Doch nach dem dreißigjährigen Weltbürgerkrieg von 1914-1945, der in der Selbstentmachtung Europas kulminierte, begann der Abstieg.

1947 entließen die Briten ihre bedeutendste Kolonie – Indien, »das Juwel in der Krone« – in die Unabhängigkeit, 1961/62 folgte Frankreich, das Algerien – »Teil des französischen Mutterlandes« – nach jahrelangem Kleinkrieg freigab. Diesen Schritten folgte ein Bevölkerungszufluß aus den ehemaligen Kolonien, denn das kriegszerstörte Europa baute sich in einer erstaunlich gegenläufigen Entwicklung zu diesem machtpolitischen Niedergang eine prosperierende Wirtschaft auf,

---

228 Schiffauer, Die Gewalt der Ehre, S. 136-137

die bis Mitte der siebziger Jahre, bis zum Ölschock 1973, blühen sollte. Die Arbeiter aus den fremden Ländern partizipierten an diesem Wohlstand, weil sie in ihrer Heimat nichts oder weniger verdient hätten, und sie ermöglichten der einheimischen Bevölkerung mit den sozialen Aufstieg, denn sie übernahmen vorwiegend geringqualifizierte Tätigkeiten. Auf diesem »Tausch« beruhte für Jahrzehnte der innere Frieden in Europa, denn die Zunahme des Wohlstands machte unempfänglich für den Verlust der globalen Machtstellung.

Die Emanzipation der nichtweißen Völker vollzog sich zur gleichen Zeit in den USA in einer anderen Weise als im Rest der Welt, wo sie die vornehmlich europäischen Kolonialherren abschüttelten. In den USA waren die Schwarzen, wenn auch rechtlich Bürger zweiter Klasse, doch immer ein integraler Bestandteil der Bevölkerung gewesen, der von den Weißen nicht nur unter Zwang in das Land geholt worden war, sondern radikal zwangsassimiliert wurde. Die Schwarzen waren durch die Sklaverei zu Christen und Personen mit englischer Muttersprache geworden – das unterscheidet, allen gängigen Vergleichen zum Trotz, die Schwarzen in den USA eminent von der auf Freiwilligkeit beruhenden Anwerbung von ehemaligen Kolonialvölkern und Gastarbeitern in den europäischen Ländern, die sich Kultur und Muttersprache weitgehend bewahrten.

In den USA konnten sich die Schwarzen bis in die sechziger Jahre hinein rechtlich voll emanzipieren, frühere Beschränkungen wie ein Verbot der Mischehe und Segregationen in öffentlichen Einrichtungen wurden abgeschafft. Zugleich vollzog sich die Emanzipation der Frau, die in der »sexuellen Selbstbestimmung« mit Einführung der Anti-Baby-Pille endete. Keine Bezeichnung ist so wörtlich zu nehmen wie »Anti-Baby-Pille«: während die Geburtenrate der weißen Bevölkerungsteile in den USA und Europa aufgrund ihrer Einführung stark sank, wuchsen die Geburtenzahlen unterentwickelter Länder und von Staaten mit nichtweißer Bevölkerung weiterhin stark an.

In den USA hat sich die Rassen-Problematik verschoben. Während viele Schwarzenvertreter noch immer wehleidig eine informelle Diskriminierung beklagen, ist inzwischen doch 2008 mit Barack Obama eine Person mit schwarzem Elternteil zum Präsidenten der USA gewählt worden, sind Menschen mit dunkler Hautfarbe ein anerkannter Teil des öffentlichen Lebens, schon vor Obama mit dem Generalstabschef Colin Powell (1989) und der Außenministerin Condoleeza Rice (2005).

Die Gefahr einer Spaltung der US-Bevölkerung wird somit weithin nicht mehr durch einen Gegensatz zwischen schwarzer und weißer Rasse wahrgenommen, sondern durch die Latinos, die seit den siebziger Jahren zur größten Einwanderergruppe wurden, nachdem die USA fast zwei Jahrhunderte lang konsequent weiße Einwanderer aus Europa bevorzugt hatten. Hier deutet sich nun tatsächlich die Gefahr eines Schismas an, wie es der weltberühmte Politologe Samuel P. Huntington, der mit der These vom globalen »Kampf der Kulturen« bekannt wurde, für Nordamerika prophezeit. In seinem Werk «Who are we? Die Krise der amerikanischen Identität« warnt er vor einer Spaltung der USA durch die Latinos, die an ihrer spanischen Sprache festhalten und sich von den »White-Anglo-Saxon-Protestants« – *und* den Schwarzen – auch dadurch unterscheiden, daß sie in ihrer überwältigenden Mehrheit nicht protestantischen Glaubensrichtungen, sondern der katholischen Kirche angehören.

Huntington geißelt in diesem Zusammenhang nicht nur die Einwanderungspolitik der USA, sondern auch die Anbiederung der alteingesessenen Politiker, die sich beispielsweise mit Wahlansprachen auf Spanisch der neuen Klientel anbiedern, anstatt sie konsequent wie bisher in die englischsprachige Kultur zu assimilieren.

Das erinnert an die Unterwerfungsgesten europäischer Politiker gegenüber der muslimischen Religionsgemeinschaft. Doch es kann nicht darüber hinwegtäuschen, daß die Politik in den Vereinigten Staaten tatkräftig auch andere Akzente setzt. In einigen Mexikonahen Bundesstaaten wurden bereits Gesetze erlassen, welche Englisch als einzige Amtssprache zwingend vorschreiben und einer Institutionalisierung des Spanischen so den Boden entziehen.

Die geistige Schwächung der USA durch die Überbetonung von Unterschieden in der Bevölkerung ist das Hauptthema des konservativen Theoretikers Arthur M. Schlesinger in »The Disuniting of America«. Er betont die vereinheitlichende Wirkung der angelsächsischen Kultur vor der Emanzipation der Schwarzen. Deren Gleichberechtigung verdammt er nicht, aber er weist zutreffend hin, daß sie das Nationalbewußtsein nun von anderer Seite aus segregiert, bis hin zur »black history«, einer schwarz-rassistischen Geschichtsschreibung, die das Gewicht der Schwarzen an der Entwicklung der Welt und der USA mit zum Teil absurden Argumenten beweisen will – Schwarze hätten das Alte Ägypten geprägt und seien die eigentlichen Stifter der Zivilisation.

Daraus spricht aber, daß sich die geistige Emanzipation einer Minderheit besonders durch eine eigene Geschichtsinterpretation auszeichnet. So ist es in Deutschland üblich geworden, daß die Vertreter der Türkenlobby ihrer Klientel zunehmend den Aufbau und die wirtschaftliche Prosperität Deutschlands zuschreiben[229] – als seien die türkischen Gastarbeiter sofort nach 1945 in das zerstörte Westdeutschland geströmt und nicht erst in den sechziger Jahren. Aus dem Motto »Wir haben Deutschland wiederaufgebaut« werden dann »Partizipations« – und Machtansprüche abgeleitet!

Der Emanzipation der Schwarzen in den USA, dem Zustrom der Latinos in die USA und der Anwerbung von Gastarbeitern in Europa ging eine weitere Verdrängung des weißen Mannes parallel, nämlich durch die weiße Frau. Sie wird nicht nur in der Sexualität und am Arbeitsmarkt emanzipiert, sondern auch und gerade in den Bereichen, die als klassische Domäne männlicher, harter Durchsetzung gelten. In Großbritannien wird 1979 erstmals mit Margret Thatcher eine Frau Premierministerin, in den USA 1997 mit Madeleine Albright Außenministerin, in Deutschland 2005 mit Angela Merkel Bundeskanzler. Gerade Deutschland war im militärischen Bereich im Gegensatz zu den angelsächsischen Ländern bis Ende des 20. Jahrhunderts erstaunlich männerdominant; seit dem Jahr 2001 aber können Frauen in der Bundeswehr sogar in den Kampfeinheiten Dienst tun. Seit den neunziger Jahren wurden sie schon zunehmend im Polizeidienst verwendet.

---

229 Oguz Ücüncü, Generalsekretär der »Milli Görüs«, am 12. Dezember 2008 in der Wochenzeitung »Junge Freiheit«: »Mein Vater ist vor 43 Jahren nach Deutschland gekommen. Er gehört zu denjenigen, die alles dafür gegeben haben, daß dieses Land zum Exportweltmeister aufsteigt. Ich würde nicht akzeptieren, uns abzusprechen, daß unsere Familie auch Anteil daran hat, daß Deutschland zu einem der reichsten und modernsten Länder der Welt geworden ist.«

Die Emanzipation der Frau als solche soll hier nicht in Frage gestellt werden, aber es muß aufgezeigt werden, welche zusätzlichen Probleme sie im Zusammenhang mit der Migrantengewalt hervorruft. Das ergibt sich bereits aus rein äußerlichen Details. Bis heute sind etwa im Sport die Anforderungen an Frauen geringer als an Männer. Daß sich ein bulliger 1,85-Meter-Mann mit dröhnendem Baß leichter gegen eine Menge drohender Migranten durchsetzen kann als eine 1,70-Meter-Frau mit Piepsstimmchen, ist selbstverständlich. Gerade viele Muslime zeichnen sich durch das grundlegende Problem aus, Frauen in einer dominanten oder befehlsgebenden Situation überhaupt nicht anzuerkennen. Dann muß aber die körperlich und stimmlich weniger dominante Polizistin anderweitig Stärke zeigen und z.B. durch Drohen mit der Schußwaffe und Warnschüsse das deutsche Recht durchsetzen.

Nicht die Besetzung solcher Positionen mit Frauen ist das eigentliche Problem, sondern die parallel laufende Taktik der Deeskalation in Europa und die massive Hemmung, die Pistole zu verwenden, denn in den USA haben die Ordnungskräfte trotz Frauen im Polizeidienst in dieser Hinsicht viel weniger Probleme.

Daß die Besetzung einer Spitzenposition mit einer Frau ebenfalls nicht zwingend mit einer weichen und nachlässigen Haltung einhergehen muß, zeigt eindrucksvoll die angelsächsische Geschichte. Sowohl Elisabeth I. kämpfte entschlossen 1588 gegen die Übermacht der Spanier als auch Margret Thatcher 1982 gegen die Invasion der Falkland-Inseln durch die Argentinier.

Die Verweiblichung der Gesellschaft geschah nicht nur durch den Vormarsch der Frau; sie geschah zur gleichen Zeit durch den Vormarsch des schwulen Mannes, hier: des *femininen* schwulen Mannes. 1969 wurde in Deutschland der § 175 entschärft, der Homosexualität grundsätzlich unter Strafe stellte, 1994 der Paragraph als Ganzes gestrichen.

1969 wurde gleichfalls das Strafrecht grundsätzlich reformiert, das Zuchthaus mit seinem Arbeitszwang abgeschafft, der Vergeltungsaspekt verschwand gegenüber dem Ziel der »Resozialisierung«, der Wiedereingliederung in die Gesellschaft. Es war der Beginn einer jahrzehntelangen Entwicklung, in der sich immer mehr ein Trend zur »Kuscheljustiz« zeigte und den Effekt hatte, daß Täter selbst für mehrere schwere Straftaten nicht in das Gefängnis müssen, speziell wenn es sich um Jugendliche handelt.

So schliff sich die Unsitte ein, die Altersgruppe der 18- bis 21jährigen generell in den Genuß des Jugendstrafrechts zu stellen, obwohl das für diese Gruppe eigentlich eine Ausnahme sein sollte.[230]

Auch hier zeigt sich ein bemerkenswerter Unterschied zwischen Europa und den USA, obwohl beide Regionen diese gesellschaftlichen Liberalisierungsprozesse durchliefen. Frankreich z.B. schaffte die Todesstrafe 1981 ganz ab, und die Ächtung der Todesstrafe gehört zu den Grundprinzipien der Europäischen Union.

In den USA hingegen wurde sie zwar 1972 zeitweise ausgesetzt, nachdem schon seit Mitte 1967 keine Hinrichtungen mehr stattgefunden hatten. Doch bereits unter der Präsidentschaft Carter begannen verschiedene Bundesstaaten wieder damit, zum Tode Verurteilte hinzurichten, erstmals im Januar 1977. Das lag im Trend einer zunehmenden Repressionsneigung innerhalb der Gesellschaft, unter Reagan begann dann die Privatisierung der Gefängnisse und damit die Ausweitung der Gefangenenzahlen, New Yorks Bürgermeister Rudolph Giuliani gewann in der zweiten Hälfte der neunziger Jahre Popularität durch seine »zero-tolerance«-Politik.

Kurz und gut – wie sehr sich die deutsche Gesellschaft in den letzten Jahrzehnten veränderte, sei am Fall des Münchner Rentners durchgespielt, der Ende 2007 von einem Griechen und einem Türken unter der vorhergehenden Beschimpfung »Scheiß-Deutscher« ins Koma geprügelt wurde. Bis in die neunziger Jahre hinein wäre der Tatort, ein U-Bahnhof in München, noch von mehrheitlich jungen deutschen Männern bevölkert gewesen – kräftigen Handwerksburschen oder Männern, denen in der Grundausbildung der Bundeswehr Grundlagen des Nahkampfes vermittelt worden wären.

---

230 Winfried Roll, Entwicklung der Jugendkriminalität in Berlin, S. 43, in Landeskommission Berlin gegen Gewalt, Kriminalität, Gewalt und Gewalterfahrungen von Jugendlichen nichtdeutscher Herkunft in Berlin

Der allgemeine Trend zu Schreibtischberufen insbesondere bei den Deutschen läßt harte körperliche Arbeit, und die damit verbundene Kräftigung des Körpers verschwinden. Bergarbeiter und Bauarbeiter werden zu Ausnahmen im Berufsleben bzw. im großen Maßstab von Nichtdeutschen ersetzt. Die Wehrpflicht erfaßt immer weniger junge Männer, der Wehrdienst wurde beständig verkürzt und wird demnächst wahrscheinlich ganz abgeschafft.

Mit dem zunehmenden Wandel der Gesellschaft hat sich vieles in der Hinsicht verändert, daß eine aktive Gegenwehr der Deutschen bezüglich der Migrantengewalt unwahrscheinlich bis unmöglich geworden ist. Das bezieht sich nicht nur auf die rein physischen Fähigkeiten zur Gewaltanwendung und die Tatsache, daß junge deutsche Männer in Relation zu jungen männlichen Migranten weniger geworden sind, und daß sich ihre Einstellung zur (manchmal notwendigen) Ausübung von Gewalt verändert hat in eine zunehmend pazifistische Haltung. Die potentielle Wehrlosigkeit wird durch Entscheidungen der Gerichte verstärkt. 1965, 1975, und noch 1985 wäre niemand in der Justiz auch nur auf die Idee gekommen, Deutschen eine besonders saftige Strafe für einen Notwehrakt gegen Ausländer aufzubrummen oder jede Gewalt gegen Ausländer prinzipiell in den Generalverdacht zu stellen, einer tiefverwurzelten ideologischen Ablehnung zu entspringen. Genau das ist aber seit Beginn der neunziger Jahre immer öfter geschehen. Die Wiedervereinigung brachte eine gesellschaftliche Diskussion über die deutsche Identität, die nicht erwünscht war bzw. in eine bestimmte Richtung gelenkt werden sollte. Ausschreitungen gegen Ausländer in Mitteldeutschland und ihre mediale Skandalisierung führten dazu, daß die Bewohner der ehemaligen DDR in den »Nazi«-Generalverdacht gestellt wurden. Begründet wurde solches u.a. mit der Tatsache, daß die DDR, im Gegensatz zur Bundesrepublik, fast rein deutsch geblieben war. So ist es kein Wunder, daß mit dem Siegeszug der »politischen Korrektheit« sich die Auffassung mehr und mehr breit machte, daß Deutschland kein ethnisch homogener Staat sein darf, daß das Deutsche in seiner reinen Form explizit abgelehnt wird. Selbst ein so harmloser und treffender Begriff wie die von der CDU ins Spiel gebrachte »deutsche Leitkultur« traf sofort auf erbitterte Gegenwehr und hämische Ablehnung.

Unter Kohls Kanzlerschaft war diese deutsche Leitkultur noch selbstverständlich, aber Kohl hat die Entwicklung weg von ihr befördert, weil er allein an politischen Machtstrukturen festhielt und den Linken in der Kultur weitgehend das Feld überließ; die von der CDU zu Beginn der achtziger Jahre ausgerufene »geistig-moralische Wende« blieb Makulatur. Damit übersahen Kohl und der rechte Flügel der Union das Machtpotential, das eine kulturelle Hegemonie nach der Theorie Antonio Gramscis entfalten muß. Gramsci schrieb, daß politische Macht letztlich kulturell fundiert sein müsse.

Deutschland als das Land der Deutschen – spätestens im Jahr 2000 wurde diese Konzeption symbolisch abgeschafft, und zwar durch die deutsche Legislative! In einem Lichthof des Reichstags schuf der Künstler Hans Haacke eine Installation mit der Inschrift »Der Bevölkerung«. Er und die Mehrheit der Abgeordneten verstanden es bewußt als Absage und Kontrapunkt zur Inschrift »Dem deutschen Volke«, die 1916 am Reichstagsgebäude angebracht worden war. Damals versuchte der Kaiser, durch die Anbringung die schwindende Legitimation der Monarchie zu retten – vergeblich. Heute wird man den Eindruck nicht los, daß die »Elite« ein Gesellschaftskonzept propagieren und durchdrükken will, welches sie selbst nicht zu leben bereit ist. Selbst Wähler der Grünen verschwinden aus »multikulturellen« Bezirken spätestens mit der Einschulung ihrer Kinder oder versuchen, diese auf Privatschulen mit vornehmlich deutschen Schülern zu bringen...

Wird der weiße Mann in den USA auch durch den nichtweißen Mann oder durch die Frau verdrängt, zeigt sich doch eine gesellschaftlich viel stärkere Aversion gegen Homosexuelle und die Feminisierung und ein striktes Festhalten an harten Strafnormen, die bis zur Todesstrafe reichen. Die gesellschaftlichen Liberalisierungsprozesse, die in vielfacher Hinsicht vor allem die sechziger und siebziger Jahre prägten, wurden in den USA oft als eine Verwahrlosung wahrgenommen. Die Anti-Haltung der breiten Massen prägte sich gegen solche Verwahrlosung aus, wie die sehr erfolgreichen Filme demonstrieren, in denen Charles Bronson und Clint Eastwood brutal mit Verbrechern aufräumen.

Zwar hatten solche Streifen in Europa ebenfalls einen großen Erfolg, doch die Tendenz der »Kuscheljustiz« und der Verweiblichung der Gesellschaft überwog, z.B. in einer gesellschaftlichen Anerkennung der Homosexualität, wie sie in den Vereinigten Staaten undenkbar ist. Generell kann man sagen: die Liberalisierungsprozesse gingen zwar von den USA aus – hier fanden auch die Krawalle von Homosexuellen gegen die Polizei in der »Christopher Street« statt, die inzwischen alljährlich in jeder größeren Stadt Mitteleuropas als Tag der Schwulen-Emanzipation gefeiert werden – aber sie wurden in Europa viel konsequenter und tiefgehender durchgeführt.

Inzwischen sind oder waren in Berlin, Hamburg, Paris und London bekennende Schwule Bürgermeister, während ein solches Bekenntnis in den USA für einen Bewerber die sichere Abwahl bzw. Nichtwahl bedeuten würde. Gesellschaftliche Leitbilder, die Konservative gemeinhin als »gesund« und »natürlich« umschreiben, haben in den USA eine viel stärkere Gültigkeit behalten, und das trotz der Liberalisierungsprozesse.

In Deutschland werden die Liberalisierungsprozesse als eine Einheit aufgefaßt, auch wenn sie verschiedene Gruppen – nichtdeutsche Ethnien, Homosexuelle, Frauen – betreffen; dieser Eindruck wird dadurch verstärkt, daß sie zeitlich relativ dicht beieinander liegen.

1994 war Cem Özdemir der erste Bundestagsabgeordnete türkischer Herkunft, 2001 spielte mit Gerald Asamoah erstmals ein Schwarzer in der deutschen Nationalmannschaft, ebenfalls 2001 postulierte der Berliner Bürgermeister (und damit Ministerpräsident) Wowereit in der Öffentlichkeit »Ich bin schwul – und das ist auch gut so!«, 2005 wurde mit Angela Merkel erstmals eine Frau Bundeskanzler, 2009 mit Guido Westerwelle ein Homosexueller Außenminister und Vizekanzler.

All das wäre kein Problem, wenn diese Protagonisten sich eindeutig für Deutschland und gegen Migrantengewalt aussprechen würden – so wie auch Giuliani, der italienischstämmige Bürgermeister New Yorks, ab 1994 konsequent mit dem Verbrechen in seiner Stadt aufgeräumt hat. Obwohl die Italiener in den Vereinigten Staaten für die Organisierte Kriminalität in Form der Mafia stehen, wurde er gewählt und tat, was er versprochen hatte – hart durchzugreifen.

In Europa war es der niederländische Politiker und bekennende Schwule Pim Fortuyn, der keinen Gegensatz zwischen sexueller Liberalisierung und einer harten Haltung gegenüber muslimischen Einwanderern sah – er wurde 2002 ermordet und blieb mit seiner Position ein Einzelfall.

Daß jedoch die Vertreter von Frauen, Migranten und Homosexuellen in Deutschland und Europa in der Regel nur mit Verständnis für Gewalttäter aufwarten, ist eben der grundlegende Unterschied zwischen der Alten Welt und den USA. Paradox ist in diesem Zusammenhang die Tatsache, daß sich die Verteidiger der Migrantengewalt und der Masseneinwanderung argumentativ auf die USA berufen, obwohl die Kritiker der Migrantengewalt in den USA mindestens ebensoviele, wenn nicht sogar mehr Argumente für ihre Position finden könnten.

Geistige Amerikanisierung

In vielfacher Weise wirkt in Europa und speziell in Deutschland eine geistige Amerikanisierung. Es ist dabei verwunderlich, daß gerade die Linken, die sonst durch starke Kritik an den USA auffallen, die dortigen Verhältnisse als erstrebenswert und vorbildlich für die Bundesrepublik propagieren. Dabei wird konsequent alles ausgeblendet, was nicht in das geschönte (Vor-)Bild paßt, nach dem Motto: JA zu Masseneinwanderung, multirassischer Gesellschaft, »affirmative action« und Rassenmischung; NEIN zu »boot camps«, Bürgerwehren, Selektion von Einwanderern nach Nützlichkeit und freier Verkauf von Feuerwaffen.

Immer öfter wird die türkische Volksgruppe in Deutschland, genauso wie die Gruppe der Homosexuellen, als »Community« bezeichnet und damit die Amerikanisierung des Denkens auch sprachlich sichtbar gemacht.[231]

Auf der offiziellen, staatlichen und kulturellen Ebene wirken die USA unverändert als absolutes Vorbild, dem man durch die NATO verbunden ist. Eine in den Jahren nach dem Zweiten Weltkrieg wirkende kulturelle Distanzierung, in der sich (West-)Deutsche als militärisch geschlagen, aber kulturell gesondert und in gewisser Hinsicht überlegen fühlten, ist im Laufe der Jahrzehnte durch die stetig wirkende Amerikanisierung und die Übernahme kultureller Muster nach US-amerikanischem Vorbild weitgehend verlorengegangen. Comics sind nicht mehr tabu für gebildete Schichten, und selbst Fernseh- und Filmproduktionen aus deutscher Hand ahmen begierig US-Vorbilder nach.

---

231 Sauer/Sen, Türkische Unternehmer in Berlin, S. 5

Daher ist es nicht überraschend, daß hierzulande die USA mit geringen Abstrichen primär als nachahmenswertes Grundmuster in punkto »Multikulturalität« gelten und ein »deutsch-türkischer« Schauspieler wie Erol Sander die Stadt New York als Beispiel für das vorbildliche Zusammenleben von Menschen aus der ganzen Welt nennt: »Dieses würdevolle, vitale Miteinander ist auch in Deutschland anzustreben.«[232]

»Vielfalt« als Wunschziel für Deutschland propagiert auch der Türken-Lobbyist Cem Özdemir mit Blick auf die USA. Er begründet dies genau – und ist dabei verräterisch ehrlich:

»Die deutsche Gesellschaft verfügt über viel Erfahrung mit Assimilation, aber über keine mit Vielfalt. Aber mit den Millionen von Deutschtürken wird eine massenhafte Assimilation, wie sie es bei den Hugenotten oder den Ruhrgebietspolen gab, bis auf Weiteres nicht zu wiederholen sein.«[233]

Cornelie Sonntag-Wolgast, ab Mitte der siebziger Jahre Redakteurin beim Norddeutschen Rundfunk, seit 1988 Mitglied des Bundestags, seit 1998 Parlamentarische Staatssekretärin des Innern, wertet die ethnische Homogenität Deutschlands mit Blick auf die USA ab:

»Junge Amerikaner, für eine Fernsehsendung nach der Einschätzung der Deutschen und deren Einstellung zu Ausländern befragt, sagten in laufende Kameras: ›Nun, die Deutschen legen immer noch viel Wert auf Homogenität‹. Das ist eine höfliche Umschreibung für die in der Bundesrepublik weit verbreitete Ansicht, Ausländer dürften zwar bei uns leben und arbeiten, aber nicht zuviel ihrer kulturellen, religiösen und sozialen Einstellungen und Bräuche in unserem gesellschaftlichen Leben verankern.«[234]

Durch die Medien und solche Postulate deutscher Politiker hat sich in den Köpfen jugendlicher Migranten ebenfalls die Vorstellung festgesetzt, daß die USA über eine nachahmenswerte Gesellschaftsordnung verfügen. Ein Autorenteam berichtet dementsprechend über das Bild der USA bei Schülern mit »Migrationshintergrund« in Deutschland:

---

232 »Frankfurter Rundschau« vom 17. Juli 2009
233 »taz« vom 25. Januar 2008
234 Cornelie Sonntag-Wolgast, Für eine faire Ausländergesetzgebung, S. 276-277, in: Sind die Deutschen ausländerfeindlich?

»Bezeichnenderweise wurde als Beispiel einer ›multikulturellen‹ Gesellschaft, die dem eigenen Ideal nahe komme, immer wieder auf die USA abgehoben: Die Machbarkeit ökonomischen Erfolgs, schillernde Metropolen und das vermeintlich harmonische Funktionieren einer pluralistischen Gesellschaft waren die Attribute, die dabei rezitiert wurden.«[235]

Es wäre interessant, solche Befürworter des »american way of life« einmal ein halbes Jahr in den USA leben zu lassen – bei Tellerwaschen mit niedrigstem Lohn, rigiden Moralvorstellungen der Angelsachsen und rücksichtslos vorgehender Polizei, aber ohne Wohngeld, ohne Krankenversicherung und ohne Sozialleistungen.

Eine der Kernforderungen von Türken- und Muslim-Lobbyorganisationen ist es, Quotierungen nach dem Vorbild der »affirmative action« in den USA zu verlangen. In jeder Institution und jedem Betrieb, jeder Behörde müßten dann anteilsmäßig prozentual so viele »Migranten« nach Nationalitäten beschäftigt werden wie in der Gesamtbevölkerung vorhanden sind.[236]

Hier liegt aber mit das Einfallstor für eine künftige staatliche Zersetzung Deutschlands. Denn die Schwarzen in den USA haben trotz massiver Spannungen mit der weißen Bevölkerungsgruppe niemals einen eigenen Staat gefordert, sie sind vom angelsächsischen Leitbild weder in der Religion noch in der Sprache getrennt. Wenn kleine radikale Gruppen unter den Latinos den Anschluß verschiedener US-Bundesstaaten an Mexiko fordern, dann beruhen diese Ansprüche auf geschichtlichen Fakten: Kalifornien und Texas waren schon lange spanisch-mexikanisch, bevor dort die englische Sprache erklang. Nichts davon trifft auf türkisch-muslimische Gemeinden in Mittel- und Westeuropa zu. Aber ein Cem Özdemir, einer der umtriebigsten Lobbyisten der Türken in Deutschland, hängt sich ein Bild von Martin Luther King neben den Schreibtisch[237] und signalisiert damit, daß er den Türken in Deutsch-

---

235 Schiffauer et.al, Staat-Schule-Ethnizität, S. 280
236 »taz« vom 25.Januar 2008; Motte/Ohliger, Geschichte und Gedächtnis, S. 283
237 http://www.migration-boell.de/web/integration/47_2164.asp

land die gleiche Position zuschreibt wie den Schwarzen in den USA, mit deren Lobbyarbeit er sich befaßte.

Da sich jedoch die Muslime in Deutschland und Europa aufgrund ihrer geschichtlichen Erfahrung und ihrer sprachlichen und religiösen Andersartigkeit zwangsläufig anders definieren als die Schwarzen in den USA, werden gleiche »Emanzipationsschritte« zu gänzlich anderen Ergebnissen führen!

Lange Zeit waren die Amerikaner irischer Herkunft unter den Weißen im Lande die verachteten »underdogs«, die Wahl John F. Kennedys zum Präsidenten 1961 einer der sichtbaren Schritte der »irish community« in die gesamtgesellschaftliche Anerkennung; die Wahl Obamas könnte Ähnliches bei den Schwarzen zur Folge haben. Nur ist der »american way of life« mit seinem Erfolgsstreben das wichtigste Amalgam unter *allen* ethnischen, rassischen und religiösen Gruppen der Vereinigten Staaten und die Verbindlichkeit der englischen Sprache im öffentlichen Leben ein solcher Zwang, daß diese Faktoren ein Auseinanderfallen der USA bisher stets verhindert haben. In Europa und Deutschland dagegen sind die schon bestehenden Ansätze für »rechtsfreie Räume« und »Rechtspluralismus« nichts anderes als ein Indiz für den Verfall der Staatsmacht und die Etablierung einer Gegenmacht unter fremdethnischem und muslimischem Vorzeichen.

Ethnische Homogenität war bis vor wenigen Jahrzehnten geradezu das bestimmende Kennzeichen des okzidental-europäischen Staates; daß in den USA andere Faktoren die Bildung eines »melting pot« ermöglicht haben, darf nicht dazu verführen, deren »Multikulturalität« zu einem nachahmenswerten Vorbild zu erheben; im Gegenteil ist für Europa weiterhin die entgegengesetzte Richtung anzustreben.

»Jeder Staat bedarf einer gewissen gesellschaftlichen Einheit, um Bestand haben zu können. Darauf hat die Staatsführung hinzuwirken.«[238]

Auf der subkulturellen Ebene und in den Unterschichten wirkt das verhängnisvolle Vorbild der USA leider in gleicher Weise und verstärkt noch die Segregationstendenzen bestimmer Migrantengruppen. Längst

---

238 Voigt, Den Staat denken, S. 321

ist es vornehmlich bei Türken üblich geworden, sich als »Nigger Deutschlands« zu stilisieren[239], und sie ahmen die »Gangster-Rapper« in den USA nach.

Aber dort gibt es weder jene breite soziale Unterstützung seitens des Staates noch jene Infrastruktur mit öffentlichen Verkehrsmitteln, Bildung und Gesundheitsversorgung. Jeder sich abgebrüht gebende »Türken-Rapper« aus Neukölln würde nach einem halben Tag in einem Chicagoer Ghetto wimmernd nach seiner Mutter rufen! Das hindert sie nicht im geringsten daran, sich entsprechend zu stilisieren, z.B. mit Kapuzenpullovern und Haarschnitten und Goldkettchen – gerade weil der Kontakt mit der US-amerikanischen Realität ausbleibt. Bezeichnenderweise fällt der Beginn der Stilisierung nach US-Muster in die Zeit der deutschen Wiedervereinigung. Ganz offensichtlich wollten sich viele Migrantenjugendliche bewußt nicht als Deutsche definieren und wählten den Weg der geistigen Selbst-Amerikanisierung, wie es der Polizeihauptmeister Michael Ziermann aus Neukölln darlegt:

»Ende der 80er/Anfang der 90er Jahre beobachtete die Polizei vermehrt Jugendgruppen, die durch Normverletzungen auffielen und sich zu sogenannten ›Gangs‹ zusammenschlossen. Die ›Szene‹, insbesondere durch Veröffentlichungen und ›Kultfilme‹ aus den USA beeinflußt, imitierte durch ihre Namensgebung, ihr äußeres Erscheinungsbild und dem Gehabe Jugendgangs aus amerikanischen Großstädten. Besonders junge Ausländer lebten die Filme, die angeblich die Welt im Strassenkampf der Latinos in Los Angeles und New York zeigen, bis zur teilweisen Selbstaufgabe nach.«[240]

Dieses Phänomen wird nicht nur in Berlin, sondern in gleicher Weise in anderen deutschen Großstädten beobachtet. Für Frankfurt am Main

---

239 Zaimoglu, Kanak Sprak, S. 25, 31; Akcam, Deutsches Heim – Glück allein, S. 712

240 Michael Ziermann ‚Jugendgruppengewalt aus Sicht der *Operativen Gruppe Jugendgewalt der Direktion 5*, S. 63, in: Landeskommission Berlin gegen Gewalt, Berliner Forum Gewaltprävention, Kriminalität, Gewalt und Gewalterfahrungen von Jugendlichen nichtdeutscher Herkunft in Berlin.

berichtete Hermann Tertilt über die »Turkish Power Boys«, eine aus Türken bestehende Jugendbande, die im Sommer 1990 gegründet wurde; sie war nur eine unter vielen Gründungen auch nicht-türkischer Ethnien, jedoch spielten Deutsche eine »absolut unbedeutende Rolle«, wie aus den Beobachtungen der Polizei hervorging.[241]

Als Motiv für die Namensgebung gab einer der interviewten Bandenmitglieder an, es sei ihnen ein »cooler Name« wichtig gewesen und die Verdeutlichung des dahinter stehenden Machtanspruchs für Nicht-Mitglieder: »Und ›Power‹ heißt ja auch Stärke, Macht – die Macht heißt das. Damit die anderen auch den Namen verstehen. Wenn wir ›Türk gücü‹ genommen hätten, das würden nur wir verstehen und kein anderer. Aber ›Turkish Power‹ – das weiß jeder.«[242]

Über das Selbstgefühl der »Turkish Power Boys« mag ein »Rap« eines der Mitglieder Auskunft geben, den Tertilt seinem Text voranstellt. In der letzten Zeile heißt es:

»I'm a Turkish man in a foreign land«.

Welche Konsequenzen hat die geistige Amerikanisierung insbesondere der muslimischen Migranten? Bereits Hobbes hat die verhängnisvollen Folgen geschildert, die der dauernde Vergleich des eigenen Staatswesens mit einem fremden Staat nach sich zieht. Ergebnis ist in der Regel eben nicht die Verbesserung der eigenen Zustände nach dem (angeblich) vorbildlichen Muster der fremden, sondern eine Zunahme der Zwietracht der Bürger. Entscheidend für das Gemeinwohl ist nämlich allein der verbindende Gedanke in den gesellschaftlichen Kräften innerhalb eines Staatswesens, nicht dessen irgendwie geartete Verfassung:

»Was nun die besonderen Lehren selbst betrifft, worin die Bürger unterrichtet werden müssen, so ist folgende die erste: So groß ihnen auch das Glück ihrer Nachbarn vorkommen mag, sie dürfen deren Regierungsverfassung nicht höher schätzen als die eigene, noch weniger aber jene nachahmen wollen. Denn das Glück in jedem Staat hängt nicht davon ab, ob er aristokratisch oder demokratisch oder monar-

---

241 Tertilt, Turkish Power Boys, S. 19
242 Ebd., S. 19-20

chisch ist, sondern lediglich von dem Gehorsam und der Eintracht der Bürger. Der Staat mag diese oder jene Verfassung haben, sobald der Gehorsam und damit die Einigkeit der Bürger aufhört, werden sie nicht bloß selbst unglücklich, sondern der ganze Staat wird in kurzem zugrunde gehen; und alle, die den Staat, ohne dazu bevollmächtigt zu sein, bessern wollen, werden ihn nicht bessern, sondern vielmehr seine Zerstörung fördern.«[243]

Der renommierte Staatsrechtler Helmut Quaritsch beklagte schon zu Beginn der achtziger Jahre die Tendenz, die Einwanderung in Deutschland mit US-amerikanischen Mitteln lenken zu wollen, etwa durch vorbehaltlose Einbürgerung. Er wies auf die gigantischen Unterschiede hin, welche das Territorium und die Mentalität der US-Amerikaner von den entsprechenden Verhältnissen in Deutschland unterscheidet:
»Nein, die Vereinigten Staaten sind an ihren ethnischen Minderheiten nicht zerbrochen; hat man sich mit den extrem hohen Verbrechensraten abgefunden, läßt sich's dort gut leben. Die gepriesene ›Vielfalt‹ hält das Land aber wohl nur aus, weil es genügend Platz bietet und reich genug ist für 200 Millionen – von den eingewurzelten Verfassungstraditionen und den geopolitischen Vorzügen ganz abgesehen. Diese Vorbedingungen sind nicht international, sie fehlen vor allem der Bundesrepublik, und deshalb können die Vereinigten Staaten weder Beispiel noch Vorbild sein.«[244]

Enttabuisierung und neue Tabus

Die Liberalisierungsprozesse in der westlichen Gesellschaft haben nach allgemeinem Verständnis zu einer Enttabuisierung vieler Bereiche geführt. Das ist richtig. Aber die Waagschalen pendeln sich stets auf einem neuen Niveau wieder ein. Jede Ent-Tabuisierung zog in Folge die Schaffung eines neuen Tabus nach sich.
Eine Studentenverbindung in Alabama, die in ihren Statuten »whites only« als Aufnahmeprinzip hätte, würde sich seit Mitte der sechziger

---

243 Hobbes, Leviathan, S. 281
244 Quaritsch, Einwanderungsland Bundesrepublik Deutschland? S. 60-61

Jahre strafbar machen. In entgegengesetzter Richtung ist das sehr wohl möglich – Universitäten in den USA kennen inzwischen »Fraternities«, die nur Schwarzen offenstehen. Freiwillige Segregation ist also einer Minderheit jederzeit erlaubt und kein Tabu, der Mehrheit dagegen untersagt.

Auch in Deutschland zwängt sich der Eindruck auf: Türken bzw. Muslime versuchen in allen Bereichen der Gesamtgesellschaft, einen Proporz zugunsten ihrer Volks- bzw. Religionsgruppe zu erzwingen; zugleich schaffen sie *en miniature* faktisch segregierte Gesellschaften, innerhalb derer sich nur Türken bzw. Muslime bewegen können.

Liberalisierungsprozesse schränken insbesondere Konservative ein, weil die Befreiung zwangsläufig mit Diffamierung und Einschränkung des Althergebrachten einhergeht. Keine Modernisierung ohne Beschimpfung des »Altmodischen«...

Daß Frauen inzwischen zu jedem Anlaß Hosen tragen (können), mag als eine Liberalisierung empfunden werden. Sicher ist aber auch, daß heute eine konsequent nur Röcke tragende Studentin genauso gallige Anwürfe von Seiten ihrer Mitstudentinnen zu hören bekäme, wie eine konsequent nur Hosen tragende Studentin in den fünfziger Jahren.

Insbesondere in Deutschland sind die Liberalisierungsprozesse innerhalb der letzten Jahrzehnte so vorangetrieben worden, daß die Gegenposition zur Liberalisierung quasi unmöglich gemacht wurde. Im November 1977 verweigerte der Bayerische Rundfunk die Ausstrahlung des Schwulenfilms »Die Konsequenz« und sendete stattdessen ein Alternativprogramm. Heute wäre das kaum mehr möglich, ohne daß Programmverantwortliche ihren Hut nehmen müßten. Das Meinungsspektrum hat sich verengt, die Liberalisierung führt zum Ausschluß der konservativen Stimme.

Aus der Emanzipation der Homosexuellen ist eine Normalität geworden, sogar in der Politik bringt offen bekanntes Schwulsein keine Nachteile mehr, eher noch den Vorteil, den Bekennenden als »mutig« darzustellen. »Ich bin schwul, und das ist auch gut so«, bekannte Berlins Bürgermeister Klaus Wowereit im Jahre 2001. Wieviel mehr Mut bräuchte heute dagegen der in aller Öffentlichkeit geäußerte Satz »Ich bin deutsch, und das ist auch gut so«?

Die Tabuisierung hat sich inzwischen weitgehend in den politischen Bereich verlagert, es genügt beispielsweise bereits der bloße Verdacht, »rechts« zu sein, um ausgegrenzt zu werden. So wurde im März 2005 in der Fernsehserie »Big Brother« von RTL 2 einer der »Hausbewohner« aus dem Wettbewerb genommen, da er auf dem rechten Oberarm eine Tätowierung hatte, die der Sigrune ähnelte.

»Dem Kandidaten zufolge handele es sich um das Logo seiner Lieblingsband Kiss. Der Sender befürchtete dagegen, die Tätowierung könne als Symbol der rechtsradikalen Szene missverstanden werden. Um Spekulationen vorzubeugen und eine klare Distanzierung sicherzustellen, habe der Sender beschlossen, daß der Kandidat nicht weiter an der Show teilnehmen dürfe, hieß es.«[245]

Es ist nicht nur ein Tabu geworden, sich eindeutig als Deutscher zu bekennen, Stolz auf das eigene Volk und die eigene Kultur zu bekunden. Es ist gleichfalls zum Tabu geworden, die »ethnische Vielfalt« Deutschlands zu hinterfragen oder gar ändern zu wollen. Der Verfasser, Jahrgang 1968, erinnert sich gut daran, daß Helmut Kohl und andere führende Funktionäre der CDU/CSU zu Beginn der achtziger Jahre offen darüber redeten, die Zahl der Ausländer und insbesondere der Türken in Deutschland reduzieren zu wollen, was seinen Ausdruck in staatlich geförderten Rückkehrprogrammen fand. Diese zeitigten leider keinen dauerhaften Erfolg, da sie durch eine vermehrte Einwanderung aus der Türkei ab Mitte der achtziger Jahre mehr als ausgeglichen wurden. Inzwischen ist die Rückführung von Ausländern vollkommen aus der öffentlichen Diskussion und den Programmen der Parteien verschwunden, nur »rechtsradikale« Parteien wie die NPD vertreten sie noch. Ein Indiz mehr, wie sehr die CDU in fast drei Jahrzehnten nach links gerutscht ist bzw. sich die Politik des Kohlschen »Aussitzens« bitter gerächt hat. Zudem ist die Ausländerkriminalität weitgehend aus der öffentlichen Diskussion verschwunden, weil sie einen störenden Kontrapunkt zur propagierten »multikulturellen Gesellschaft« darstellte.

Es bedeutet also kein Tabu, die Masseneinwanderung von Fremden nach Deutschland oder in andere europäische Länder zu propagieren.

---

245 »Spiegel« vom 18. März 2005

Auch dieses Nicht-Tabu wirkt nur in eine Richtung und wird von massiven Tabus begleitet, sobald sich die Stoßrichtung umkehrt. Welches Echo fände denn eine Anregung, Tausende Deutsche könnten sich in Istanbul oder Ankara ansiedeln, mit deutschen Schulen, kirchlichen Einrichtungen und deutschen Metzgereien? Wie reagierte die pakistanische Regierung, fänden sich in ihrem Land Hunderttausende Briten ein mit dem Willen, dort Siedlungsinseln zu bilden? Würde Algerien widerstandslos Hunderttausende Franzosen im Land wohnen lassen, nachdem vor weniger als fünfzig Jahren Millionen »pieds-noirs« vertrieben wurden? Wenn man solche Fragen stellt, kommt man dem politischen Kern von Masseneinwanderungen bedeutend näher. Jede Masseneinwanderung bedeutet eine Bedrohung des bisher herrschenden Staatsvolks; es ist dabei völlig unerheblich, ob die Masseneinwanderung anfangs friedlich und sogar mit Einladung der Führung des betreffenden Staates geschieht. Niemand hat das deutsche Volk je befragt, ob es sich die Einwanderung von Millionen Türken wünscht. Was letztlich zählt, sind dann die im machiavellistischen Sinne geschaffenen Fakten.

Starke Randgruppen, schwache Norm

Das grundlegende Problem, welches die Liberalisierungsprozesse speziell in Deutschland mit sich brachten, konnte bis heute nicht gelöst werden. Sie hatten als Feindbild den (deutschen) Staat und die (konservative) deutsche Gesellschaft, die in ihrer bis heute viel beschworenen Rigidität, ethnischen und geistigen Geschlossenheit überhaupt nicht mehr existieren. Es ist bezeichnend, daß die schwulenfreundliche »taz« sich oft sehr kritisch über die katholische Kirche und den Papst äußert, aber Islamkritik nur in Ansätzen und mit ständiger Relativierung zuläßt. Es ist ein klares Zeichen dafür, daß die zwischenzeitlich »Emanzipierten« einem Feindbild anhängen, das jeder realen Grundlage entbehrt. Diese Fixierung verhindert, neue Feinde der gewonnenen Freiheit wahrzunehmen, etwa die Angriffe von Migranten meist muslimischer Religionszugehörigkeit gegen Homosexuelle. Es gehört zu den Wahrheiten und Realitäten der Bundesrepublik und zugleich zu den nicht auszusprechenden Tabus, daß heutzutage ein offen lebender Schwuler in einem bayerischen Dorf weniger Anwürfe zu befürchten hat als in einem von vielen muslimischen Migranten bewohnten Viertel einer Großstadt.

Die Katholikenfeindlichkeit der Linken deckt uralte und überholte Reflexe auf – das Feindbild hat sich nicht gewandelt, obwohl die gesellschaftliche Prägekraft der katholischen Kirche massiv zurückgegangen ist. Geradezu hysterisch werden konservative Vertreter der katholischen Kirche von den Linken attackiert, wenn sie z.b. schwulenkritische Äußerungen machen; zugleich kehrt man schwulenfeindliche Taten von Migranten möglichst unter den Teppich, da sie von einer »Randgruppe« begangen wird, die durch ihre (angebliche) Randständigkeit auch sakrosankt ist.

Es scheint innerhalb der Medien und bei den Vertretern sogenannter »Randgruppen« wie Homosexuelle und eben auch Migranten, einen stillschweigenden Konsens zu geben, Konflikte unter ihren Gruppen nicht zu thematisieren oder nur dann, wenn es wirklich nicht mehr zu vermeiden ist. Offenbar herrscht das Credo, daß die als solche definierte »Mehrheitsgesellschaft« keinen Grund haben soll, von Konflikten der Randgruppen untereinander zu profitieren.

Selbst in der Linken ist die massive Förderung dieser Randgruppen, die in vielen Vierteln eben gar keine Randgruppen mehr sind, sondern eine bestimmende ökonomische, gesellschaftliche, tonangebende Mehrheit, bereits auf herbe Kritik gestoßen. So äußerte sich der Linksdissident Jürgen Elsässer, der jüngst sein Herz für den Nationalstaat entdeckte: »Mit Staatsknete wird Multikulti, Gender-Mainstreaming und die schwule Subkultur gefördert, während die Proleten auf Hartz IV gesetzt werden und sich oft auch keine Kita, kein Schwimmbad und keine warme Wohnung mehr leisten können.«[246]

Er hat vollkommen recht, denn unter den vielen Randgruppen ist es ausgerechnet die *deutsche* Unterschicht, die praktisch keine Lobby hat, überhaupt nicht gesondert gefördert wird und bei tätlichen Angriffen gegen sich keine besondere mediale Wertschätzung erfährt im Gegensatz zu »antisemitischen« oder »ausländerfeindlichen« oder »homophoben« Attacken.

Man kann sich als heterosexueller, männlicher und christlicher Deutscher in der Bundesrepublik kaum organisiert Gehör verschaffen, weil

---

246 »junge welt« vom 19. September 2006

man keine Lobby für diese Eigenschaften hat – Homosexuelle, Vertreterinnen einer forcierten Frauenemanzipation und Migranten sind die Hätschelkinder der Medien und der Politik.

Daraus folgt, daß Migrantengewalt nur dann wahrgenommen bzw. einigermaßen in ihrem bedrohlichen Gehalt erkannt wird, wenn sie antisemitisch, schwulenfeindlich, oder frauenfeindlich ist. Selbst dann war diese Kritik bisher immer noch verhältnismäßig zurückhaltend, die Skandalisierung mäßig.

Am 10. Januar 2009 fand in Duisburg eine Demonstration gegen den Gaza-Krieg statt, an der sich 10 000 Menschen, primär Muslime, beteiligten. Veranstalter war die von Türken dominierte islamische Organisation Milli Görüs. Als der Demonstrationszug ein Eckhaus passierte, gerieten die Teilnehmer außer Rand und Band. Einer der Hausbewohner hatte deutlich sichtbar Balkon und Fenster seiner Wohnung aus Solidarität mit dem Staat Israel mit Israel-Fahnen geschmückt. Als die Menge begann, Gegenstände gegen das Haus zu werfen, »deeskalierten« die begleitenden Polizisten, indem sie in die Wohnung eindrangen und die Fahnen unter dem Jubel der Demonstranten entfernten. Das mediale Echo auf diesen Vorfall war beachtlich, aber immer noch relativ geringfügig, wenn man bedenkt, daß bei einer Demonstration von Neonazis im gleichen Szenario wahrscheinlich der nationale Notstand ausgerufen worden wäre. Zumindest konnte sich der Chef der Polizeigewerkschaft, Rainer Wendt, zu der Stellungnahme durchringen:

»Es ist unerträglich, wenn in Deutschland Islamisten polizeiliches Handeln bestimmen.«[247]

Nur Monate später wurden er und viele andere Kritiker des polizeilichen Vorgehens düpiert. In einem Rechtsgutachten wurde den »deeskalierenden« Polizisten der Rücken gestärkt. »Es habe, so Rechtswissenschaftler Prof. Vahle, eine ›erhebliche Eskalation‹ gedroht, mit Gefahr für Leib und Leben von Polizisten, Teilnehmern und Journalisten.«[248]

---

247 »Spiegel« vom 13., 14. und 15. Januar 2009
248 »Der Westen«, NRZ, vom 30. April 2009

Der Vorgang an sich ist bereits bezeichnend; was wird in Zukunft geschehen, wenn nicht mehr blaue Davidsterne auf weißem Grund, sondern schwarz-rot-goldene Flaggen den Unmut der muslimischen Massen erregen? Erste Indizien für eine solche Selbst-Negierung existieren; der Polizeipräsident Berlins verbot anläßlich der Fußball-Weltmeisterschaft 2006 seinen Polizisten, der allgemeinen Euphorie für die deutsche Mannschaft dadurch Ausdruck zu geben, daß schwarz-rot-goldene Fahnen an Polizeifahrzeugen angebracht wurden.[249]

Die gewitzten Berliner Beamten behalfen sich danach damit, weiße Fahnen mit der Beschriftung »Schwarz-Rot-Gold« an ihren Fahrzeugen anzubringen. Derselbe Polizeipräsident hatte aber knapp zwei Jahre später keinerlei Probleme damit, die Fahne der Homosexuellenbewegung, die Regenbogenflagge, vor dem Berliner Polizeipräsidium hissen zu lassen, »um (...) die Bereitschaft der Polizei zu signalisieren, Homosexuellen ohne Vorbehalte zu begegnen.«[250]

Ein Beispiel unter vielen, wie sehr die allgemeine Norm disqualifiziert und eine Randgruppe hervorgehoben wird.

Feindbild Nummer eins ist und bleibt demnach die deutsche, heterosexuelle »Mehrheitsgesellschaft«. Das wird dann zum existenziellen Problem, wenn überhaupt nicht mehr wahrgenommen wird, daß diese in vielen Vierteln nicht mehr existiert, und eine moralisch noch viel rigidere Religionsgemeinschaft als die katholische mit Anspruch auf Geltung in allen Lebensbereichen de facto die Macht übernimmt. Randgruppen können per se nicht die »Mehrheitsgesellschaft« verteidigen, weil sie immer nur auf die Befindlichkeiten ihrer Randgruppe fixiert bleiben. Allerdings werden sich auch zukünftig nicht 51% der Deutschen als homosexuell outen – daß Deutschlands Bevölkerung bei der gegenwärtigen Entwicklung jedoch langfristig mehrheitlich muslimisch werden könnte, ist nicht in Abrede zu stellen.

Es ist inzwischen absurd geworden, dauernd an die Mehrheitsgesellschaft zu appellieren, »diskriminierte« Randgruppen zu protegie-

---

249 »Tagesspiegel« vom 13. Juni 2006
250 »Tagesspiegel« vom 23. Juli 2008

ren. In vielen Straßen Schönebergs sind die Homosexuellen, in Neukölln die muslimischen Migranten zur faktischen »Mehrheitsgesellschaft« geworden, die das öffentliche Leben bestimmt – und das gilt nicht nur für Berlin. Die »Mehrheitsgesellschaft«, die auf der gesamtgesellschaftlichen Ebene – noch – deutsch ist, sollte sich darüber im Klaren sein, daß jede Randgruppe, selbst wenn sie lokal zur Mehrheit wird, immer zuerst an sich und ihre spezifischen Bedürfnisse denkt, bevor sie ein allgemeines Interesse sieht oder akzeptiert. Das gilt für Schwule, die Angriffe auf sich protokollieren – »schwule Überfalltelefone« – das gilt für Migranten und linke Deutsche, die penible Verzeichnisse mit »ausländerfeindlichen Gewalttaten« erstellen. Nur Übergriffe von Migranten gegen »normale« Deutsche bleiben ein Tabu.

Die Mehrheitsgesellschaft wird durch Randgruppen nicht verteidigt, sie muß sich selbst verteidigen! Weder die Berufung auf Belange der Homosexuellen oder der Juden wird die im Schwinden begriffene deutsche Gesellschaft retten, wenn es um ihre ureigenen Belange geht! Selbst die schärfste Waffe im politischen Kampf der Bundesrepublik, der Vorwurf des Antisemitismus, wird stumpf, wenn sie nicht gegen Deutsche, sondern an Muslime aus anderen Ländern gerichtet wird – das hat der Vorfall in Duisburg bewiesen.

Zudem gilt für Schwule und andere Randgruppen außer den Muslimen, daß sie zwar möglichst versuchen, die Gesamtgesellschaft für ihre Forderungen zu sensibilisieren und zu instrumentalisieren; da sie aber potentiell keinen gesamtgesellschaftlichen Entwurf haben, beschränken sie sich darauf, ihre Nische in der Gesamtgesellschaft so gut wie möglich zu sichern und in der Öffentlichkeit durch herausragende Vertreter als »anerkannt« dazustehen. Aber selbst ein bekennend schwuler Berliner Bürgermeister Wowereit wird keine »Schwule Republik« ausrufen mit dem ausdrücklichen Anspruch, Heterosexuelle zu dominieren.

In der historischen Erfahrung vieler Muslime ist aber genau das gegeben – als Minderheit die Mehrheit zu dominieren, als Minderheit den gesamtgesellschaftlichen Rahmen für *alle* Bewohner eines Gemeinwesens abzustecken. Das macht die allmähliche Etablierung türkischmuslimischer Lobbyorganisationen und ihre Akzeptanz durch Deutsche um so gefährlicher – sie sind nämlich potentiell bereit und willig, Staatsaufgaben zu übernehmen und für alle Bewohner des Staates Regeln nach ihren Vorstellungen zu erlassen.

Die zunehmende Marginalisierung der Deutschen als Volk spiegelt sich in der Sprache, mit bestimmten Bezeichnungen soll ihnen das Dominante des Staatsvolks bewußt genommen werden, sie sollen als eine gesellschaftliche Gruppe unter vielen erscheinen, die auf ihre Abstammung reduziert wird. So schreibt die Kolumnistin Mely Kiyak, die sich vehement für einen türkischstämmigen Bundeskanzler ausspricht, gerne mal von »herkunftsdeutschen« und »biodeutschen« Frauen.[251] Zumindest letzteres läßt eine rassistische Konnotation anklingen. Die Frauenrechtlerin Seyran Ates, eigentlich gegen die patriarchalischen Strukturen ihres türkischen Herkunftslandes eingestellt, spricht von »Urdeutschen«.[252]

Die Stoßrichtung bei all diesen Benennungen ist klar: das deutsche Volk soll dekonstruiert werden. Wenn es keine bestimmenden, prägenden Merkmale aufweist – außer seiner geschichtlichen Erbsünde, des Holocaust, der den »Neudeutschen« natürlich nicht zuzurechnen ist – dann ist es viel einfacher, sich als »Neudeutscher« zu gerieren, der nicht geprägt werden kann, nicht geprägt werden darf. Deshalb werden von Migrantenvertretern und linksliberalen Deutschen gerne die regionalen Unterschiede und die Stammeszugehörigkeiten der Deutschen überbetont, um daraus zu schlußfolgern, daß es den Deutschen überhaupt nicht gebe – bzw. daß der Unterschied zwischen »Deutschtürken« und Deutschen dem zwischen Rheinländern und Sachsen zu vergleichen sei. Wenn es das Deutsche per definitionem nicht gibt, entfällt natürlich auch der Zwang, sich in Deutschland zu integrieren.

»So ist das mit der Einheitskultur der Deutschen. Sie ist ein wahllos zusammengesetztes Stückwerk, bestehend aus tausend kleinen Einzelteilen. Ein Stück wahrhaftiger Multikultur, bei dem man nicht mehr weiß, woraus es sich zusammensetzt. Darauf könnte und sollte man eigentlich stolz sein, statt anderen aufzuzwingen, was sie zu tun und zu lassen haben, damit sie sich patent integrieren in eine deutsche Gesellschaft, die es eigentlich schon wieder gar nicht zu geben scheint.«[253]

---

251 »Zeit« vom 18. August 2008
252 »Tagesspiegel« vom 7. Oktober 2007
253 Somuncu, Der Antitürke, S. 16-17

»Aber wer ist denn nun eigentlich ein Deutscher? (...) Wer sind wir, wer sind die anderen? Jeder Versuch, »den Deutschen« historisch oder gar ethnisch – da will ich mal sehen, wie sich die Bayern definieren! –, also aus der Vergangenheit zu erklären, endet in dem Versuch, ›Fremde‹ auszugrenzen, und zwar auch dann, wenn sie rechtlich die deutsche Staatsangehörigkeit erlangt haben.«[254]

Mit Hinweis auf regionale und lokale Zugehörigkeiten, möglichst in hybrider Form – Cem Özdemir bezeichnet sich oft als »anatolischer Schwabe« – wird ein weiterer Schritt zur Dekonstruktion des deutschen Volksbegriffes, zur Infragestellung der deutschen Identität gemacht.

Ohne Dekonstruktion der deutschen Geschichte keine Dekonstruktion des deutschen Volkes. Somit wird erklärbar, daß die deutsche Geschichte an sich abgewertet und dämonisiert wird, nicht nur in Bezug auf die Jahre des Dritten Reiches. Es fällt übrigens auf, daß türkisch-muslimische Interessenvertreter gerne die Judenvernichtung des Nationalsozialismus thematisieren, geradezu reflexhaft aber die Diskussion über den Völkermord an den Armeniern abwürgen wollen.

Es gilt primär, die osmanische Vergangenheit gegenüber der deutschen Geschichte zu erhöhen. Im folgenden Zitat wird die Selbstwahrnehmung vieler Türken in der Bundesrepublik deutlich:

»Die osmanischen Sultane kleideten sich bereits in edelsteingeschmückte Seide und aßen von chinesischem Porzellan, als deutsche Könige und Fürsten noch auf ihren zugigen Burgen hausten und mit bloßen Händen in ihren Zinntellern wühlten.«[255]

Deutsche Spezifika

Der Niedergang des weißen Mannes ist in Frankreich und Großbritannien mit der Dekolonialisierung verknüpft, in den USA mit der Emanzipation der Schwarzen. Beides trifft auf Deutschland nicht zu, das we-

---

254 Burkhard Hirsch, Wer sind, wir, wer sind die anderen?, S. 229-230, in: Sind die Deutschen ausländerfeindlich?
255 Kraus-Weysser/Ugurdemir-Brinks, Ethno-Marketing, S. 50

der Sklaven hielt, noch eine ausgeprägte koloniale Vergangenheit besitzt.

Dafür aber werden all die Schuldkomplexe in den Rahmen des Nationalsozialismus und der Judenverfolgung gepackt. Daraus resultieren deutsche Spezifika; erstens sind Tabus in Bezug auf religiöse Gruppen besonders ausgeprägt. Das trifft in Frankreich nicht zu, das viel konsequenter einen Laizismus im Bildungswesen durchsetzt – und übrigens trotzdem ähnliche Probleme mit den Ansprüchen der Muslime hat. Das Kopftuchverbot in Schulen ist seit den neunziger Jahren aufgeweicht worden. In Deutschland ist an ein Verbot nicht zu denken, höchstens Lehrerinnen werden in einigen Bundesländern auf religiöse Neutralität im Äußeren verpflichtet.

Die Situation ist in den USA ebenfalls anders gelagert. Dort ist einerseits die religiöse Zersplitterung selbst innerhalb der »WASPS« viel differenzierter als in Deutschland, wo Protestanten und Katholiken die kirchliche Bühne beherrschen. Während in Deutschland sich die fremdrassische Gruppe stark mit der muslimischen Gruppe deckt, ist eine solche Verstärkung der Konfliktlinien in den USA nicht der Fall. Es gibt zwar »schwarze Kirchen«, aber keine »schwarze Religion«. Erst die quantitativ bedeutungslose Bewegung der »Black-Muslims« versuchte, eine eindeutige Segregation der Schwarzen auch in der Religion zu praktizieren.

Außerdem wird in den USA die jüdische Minderheit in Form der »Israel-Lobby« in einer Weise kritisiert, die in Deutschland undenkbar wäre.[256]

Wegen der Judenverfolgung unter dem Nationalsozialismus ist es in der Öffentlichkeit der Bundesrepublik ein absolutes Tabu, minoritäre Religionsgemeinschaften als Gefahr für die Gesellschaft darzustellen – bei Erscheinungen wie »Scientology« behilft man sich oft mit dem Argument, daß es eigentlich keine Religion sei.

Prominente Juden wie Hannah Arendt haben die Verletzung des Gewaltmonopols durch die NS-Bewegung erlebt und ihre Erfahrungen dahingehend formuliert, daß primär eine als deutsche und christliche definierte Mehrheit eine jüdische bzw. nichtchristliche Minderheit aus-

---

256 Mearsheimer/Walt, Die Israel-Lobby

löschen wollte. Das hat die Bedrohungswahrnehmung in Deutschland besonders einseitig ausgerichtet. Daß gerade eine ethnische bzw. religiöse Minderheit aggressiv sein kann, das Wertegefüge und Gesellschaftssystem einer Mehrheit bedroht und umformt, ist in der deutschen historischen Erfahrung nicht vorhanden – ganz im Gegensatz zu den slawisch-christlichen Völkern des Balkan, der Rumänen und der Griechen. Daß der Rassenwahn der Nationalsozialisten die jüdische Minderheit zu Unrecht der »Zersetzung« beschuldigte und sie zum Sündenbock machte, ist eine historische Tatsache; daß Minderheiten wie die osmanisch-muslimische auf dem Balkan die Mehrheit tatsächlich schikaniert und unterdrückt hat, eine andere, die in Deutschland nicht erfahren wurde.

In Deutschland ist daher das Phänomen zu beobachten, daß sich gerade (muslimische) Migranten des Vergleichs ihrer Gruppe mit den Juden bedienen, um unangreifbar zu werden und politische Unterstützung zu erheischen. Das zeigt sich ganz simpel in Plakaten »Gestern waren es die Juden! Heute (...)« bei Demonstrationen, etwa nach dem Brandanschlag in Solingen 1993[257] oder nach dem Brand in Ludwigshafen.

Das geht bis hin zu Äußerungen von Funktionären der Türken-Lobby, beispielsweise Faruk Sen, damals Direktor des »Zentrums für Türkei-Studien«, die Türken seien »neue Juden Europas«[258]; oder dem türkischen Generalkonsul in Düsseldorf, Hakan Kivanc, der den Deutschen unterstellte, daß in ihren Adern braunes Blut fließe und daß sie den Türken am liebsten ein »T« eintätowieren würden.[259]

In Deutschland hat dies fatale Auswirkungen, da im Gegensatz zu den USA, die doch allgemein als Vorbild dargestellt werden, die Kritik an Lobbyorganisationen von ethnischen und religiösen Minderheiten nicht zu den Selbstverständlichkeiten in der Politik gehört. So werden in den USA nicht nur die jüdische Minderheit, sondern gleichfalls die grie-

---

257 Krause, Eine Stadt und ihre ausländischen BewohnerInnen, S. 192
258 »Tagesspiegel« vom 27. Juni 2008
259 »Frankfurter Rundschau« vom 28. April 2009

chische, die armenische und die exilkubanische Lobby beschuldigt, Politik nur für ihre Klientel und Ursprungsländer zu machen und darüber allgemeine Interessen der USA zu vergewaltigen.[260]

In der Bundesrepublik ist Kritik in dieser Richtung generell tabuisiert. So schreiben die deutschen »Qualitätszeitungen« unbefangen über Lobby-Organisationen der verschiedensten Couleur, etwa der Pharmaindustrie und der Bauernverbände, oft auch mit direkter Benennung der „Pharmalobby" usw. Geht es um die Lobby der Türkei und der Türken, werden sie merkwürdig einsilbig und verschwiegen. »Türkeilobby« und »Türkenlobby« findet man als Begriffe eigentlich nur in einschlägigen, als »rechts« bezeichneten Internetforen wie z.B. »Politically Incorrect«.

Mit der Wiedervereinigung 1990 und dem Zerfall des Sowjetkommunismus hat zudem der Angriff auf alles Deutsche eine besondere Qualität gewonnen. Denn mit dem Wegfall des staatlichen Feindes von außen und des »inneren Feindes«, des (deutschen) Kommunisten, der sich über die PDS/LINKSPARTEI allmählich als gleichberechtigter Partner der Altparteien etablierte, wurde es notwendig, ein neues Feindbild für die Gesellschaft zu konstruieren. Man fand es im »Nazi«, dessen Grenzlinie zum »rechten« Deutschen vor allem von der Linken immer mehr verwischt wurde, um den politischen Gegner besser diffamieren und bekämpfen zu können.

In gewisser Weise ist nun der Deutsche selbst zu einem Feindbild geworden, denn Elemente des »Rechts-Seins« wurden so untrennbar mit dem »Deutsch-Sein« verbunden, daß der einzig erlösende Ausweg daraus nur eine ethnische Hybridität sein konnte, sichtbar geworden in der Masseneinbürgerung von Ausländern, speziell von Türken, ab 1998.

Vor 1989 war der »Kampf gegen Rechts« nur eine untergeordnete Facette des antitotalitären Kampfes gegen einen anderen, mächtigeren Feind, gegen den Sowjetkommunismus. Mit dessen Verschwinden wurde der »Nazi« höchstrangiges Feindbild der Bundesrepublik – und ist es bis heute geblieben, obwohl die Migrantengewalt an Quantität und Qualität schon immer die Gewalttaten durch »Neonazis« weit übertraf.

---

260 Huntington, Who are we?, S. 349 ff

Unterstützt wird dieses deutsche Spezifikum noch durch eine andere Konstellation. Wie keine andere Nation in Europa definiert sich das Staatswesen der Bundesrepublik ex negativo, aus der Distanzierung zum Dritten Reich heraus. Das kann auf die Migranten nicht ohne Eindruck bleiben, die beispielsweise in den Schulen damit geimpft werden: »Während die französischen, britischen und niederländischen Schulbücher, die wir untersucht haben, sehr explizit darin sind, wofür ihre Nation jeweils steht, wird diese Botschaft in der deutschen Serie nur negativ formuliert. Es ist vor allem ein ,Nie wieder', das deutlich zum Ausdruck gebracht wird: nie wieder Auschwitz, nie wieder Krieg.«[261]

»Deutschland war, kurz gesagt, alles in allem eine wirtschaftliche Erfolgsgeschichte, aber eine politische Katastrophe. Während die französischen Bücher die politische Geschichte in optimistischer Weise als schrittweisen Durchbruch der Rationalität schildern, wird sie hier auf dem Hintergrund der deutschen Vergangenheit insgesamt skeptisch behandelt. (...) Das ausdrückliche Ziel ist, der heranwachsenden Generation in Deutschland beizubringen, allen totalitären Tendenzen gegenüber wachsam zu sein. Demokratie ist in den deutschen Schulbüchern etwas, das verteidigt werden muß und somit auch als sehr zerbrechlich erscheint.«[262]

Daß allein die Wirtschaft in der Bundesrepublik als positiver deutscher Bezugspunkt gelten darf, enthält eine gefährliche Logik: was ist, wenn die Wirtschaftsleistung so zurückgeht, daß das Verteilen sozialer Wohltaten speziell an Migranten nicht mehr im bisherigen Maße möglich ist? Über Jahrzehnte war die deutsche »Scheckbuchdiplomatie« ein gleichermaßen nach innen praktiziertes Instrument, um potentielle Konflikte zu entschärfen.

Zudem geht die Türkenlobby daran, diesen einzigen positiven Bezugspunkt des bundesdeutschen Nationalbewußtseins planmäßig zu entwerten. So wird den Deutschen in den letzten Jahren zunehmend unterstellt, nur mit ausländisch-türkischer Arbeitskraft sei der Wiederaufbau und das Wirtschaftswunder in der Bundesrepublik möglich gewesen.[263]

---

261 Baumann et.al., Staat-Schule-Ethnizität, S. 63
262 Ebd., S. 56
263 Vgl. die schon erwähnte Aussage von Oguz Ügüncü

Es scheint, daß sich dieses Argument trotz aller Absurdität zunehmend verfestigt, wie jede Propagandalüge, die, nur oft genug wiederholt, sich in den Köpfen festsetzt. Inzwischen plappern sogar deutsche Landesminister diesen Unsinn nach. So sagte Karl-Josef Laumann, Arbeitsminister Nordrhein-Westfalens, bei einem Besuch in der Türkei: »Ohne die türkischen Mitbewohner hätte sich Deutschland seinen Wohlstand nicht erarbeiten können.«[264]

Die fremdenfeindlichen Brandanschläge, die sich zu Beginn der neunziger Jahre während verstärkter Einwanderung und heftiger Debatten um die Asylgesetzgebung häuften, zeigten ebenfalls deutsche Spezifika auf – zumindest in der Interpretation der veröffentlichten Meinung. Erstens wurden, anders als in den übrigen europäischen Staaten, in denen ebenfalls Brandanschläge stattfanden (z.B. Niederlande und Schweden), brennende Wohnheime und Häuser von den Medien sofort assoziativ mit dem NS-Regime und der »Kristallnacht« von 1938 verbunden.[265]

Die Absurdität einer solchen Analogie ergibt sich sofort daraus, daß die Pogromnacht durch den Staat geplant und durchgeführt wurde, die Brandanschläge dagegen kriminelle Akte Einzelner ohne organisatorische Basis waren.

»Es gibt eigentlich nur eine Auffälligkeit, durch welche sich Deutschland von anderen westeuropäischen Ländern unterscheidet: Der Unterschied liegt in der Bereitschaft bei uns, solche Vorkommnisse wie Gewalt gegen Ausländer zu verbinden mit Schuldgefühlen in Erinnerung an den Nationalsozialismus.«[266]

Zweitens sahen sich das deutsche Volk und der deutsche Staat nach solchen Vorfällen sofort Anwürfen und Überreaktionen aus dem Ausland ausgesetzt, die vor allem der Staat mit Hinweis auf das »Ansehen Deutschlands in der Welt« sofort ausräumen wollte, ohne diesen haltlosen Verdächtigungen eine prinzipielle Korrektur entgegenzusetzen. Jedermann in Deutschland verbindet »Solingen« sofort mit dem Brandan-

---

264 »Kölner Stadt-Anzeiger« vom 28. November 2008
265 Neubacher, Fremdenfeindliche Brandanschläge, S. 29
266 Scheuch, „Ausländerfeindlichkeit' – Sachproblem oder agitatorische Keule?, S. 190, in: ‚Sind die Deutschen ausländerfeindlich?

schlag, der mehrere Türken das Leben kostete; bereits nach dem Brandanschlag in Mölln hatte die türkische Regierung ihrer Erwartung Ausdruck gegeben, daß die Täter hart bestraft und die Opfer entschädigt würden.[267]

Aber hat die deutsche Regierung in Ankara protestiert, als im Jahre 1993 unter Zusehen der türkischen Behörden der enthemmte Mob der Sunniten in der Stadt Sivas die Minderheit der Aleviten zu Dutzenden in einem angesteckten Hotel verbrennen ließ?

Hat sie der israelischen Regierung entsprechend geantwortet, als die israelische Erziehungsministerin sich für einen Boykott Deutschlands aussprach, falls die Bundesregierung dem »Neonationalsozialismus« nicht entschlossener entgegentrete?[268]

Das zögerliche und passive Verhalten der politischen Führung Deutschlands gegenüber diesen Vorwürfen offenbart wenig Positives über deren Durchsetzungskraft und geistige Souveränität. Stattdessen versuchte man, den Vorwürfen durch eine verstärkte Verfolgung des »Rechtsextremismus« gerecht zu werden – dabei hätte jedem klar sein müssen, daß ein solches Vorgehen erst recht den Verdacht wecken mußte, daß dieser gewalttätige Rechtsextremismus breit in der Gesellschaft verwurzelt sei. Der »Neonazi« wurde nicht nur durch den Fall der Mauer 1989, sondern auch durch die bereitwillig angenommenen Zuschreibungen und Unterstellungen des Auslandes zum Feindbild Nummer Eins im politischen Diskurs der Bundesrepublik. Ob das zu Recht geschah, ist fraglich, zumal die real existierende Ausländerkriminalität zeitgleich aus der öffentlichen Diskussion zunehmend verschwand, der kriminelle Ausländer also kein Feindbild mehr darstellen durfte. Zumindest deutet die massive und erfolgreiche Einflußnahme des Auslandes an, daß die Bundesrepublik nicht souverän im Schmitt'schen Sinne ist, der schreibt, daß das Volk als Träger des Staates »die Unterscheidung von Freund und Feind selber bestimmen« muß. »Darin liegt das Wesen seiner politischen Existenz. (...) Läßt es sich von einem Fremden vorschreiben, wer sein Feind ist und gegen wen es kämpfen darf oder nicht, so ist es kein politisch freies Volk mehr.«[269]

---

267 Neubacher, Fremdenfeindliche Brandanschläge, S. 28
268 Neubacher, ebd., S. 28
269 Schmitt, Positionen und Begriffe im Kampf mit Weimar – Genf – Versailles – 1923 – 1939, (Neudruck Berlin 1988, S. 71)

Bei fast allen Brandanschlägen während der neunziger Jahre hat sich erwiesen, daß die Täter organisatorisch nicht an den Rechtsextremismus gebunden waren, daß sie ihre Taten überwiegend spontan aus Alkoholräuschen heraus begingen.[270]

Für Neubacher wiegt die fehlende Organisation und übergeordnete Planung bei den Brandanschlägen so schwer, daß er sogar den Begriff »Rechtsterrorismus« vermeiden möchte.[271]

So bedauerlich die Folgen dieser kriminellen Akte waren, hätte doch die deutsche Regierung betonen müssen, daß keinerlei organisatorische Netzwerke und breite Unterstützung für die Brandanschläge bestanden, wie es insbesondere von türkischer Seite immer wieder unterstellt wurde.

Wurde die Öffentlichkeit darüber informiert, daß im Jahr 1995 die Zahl der von Ausländern, insbesondere von Kurden, verübten Brandanschläge gegen andere Ausländer in der Bundesrepublik (auch mit Todesopfern!) die Zahl der von Deutschen verübten Brandanschläge weit übertraf?[272]

Welches mediale Echo hat die Tatsache hervorgerufen, daß türkische Hausbewohner Brandanschläge vortäuschten, um in den Genuß von Versicherungsprämien zu gelangen? Solche Fälle ereigneten sich mindestens drei mal, nämlich zweimal im Jahr 1995 und einmal 2008.[273]

1997 verbrannte ein türkischer Familienvater in Krefeld seine Frau und seine zwei Kinder. Vor der Klärung des Falles erhoben sich geradezu reflexhaft die Vorwürfe, es seien Deutsche gewesen. Der türkische Ministerpräsident Erbakan beschuldigte die deutsche Regierung, für die Greueltaten mitverantwortlich zu sein, weil die Täter entweder straffrei ausgingen oder nur geringfügige Strafen erhielten.[274]

---

270 Neubacher, Fremdenfeindliche Brandanschläge, S. 183 ff
271 Ebd., S. 56-57
272 Ebd., S. 383
273 Neubacher, Fremdenfeindliche Brandanschläge, S. 50; Schleswig-Holsteinischer Zeitungsverlag vom 13. Juli 2009
274 Ebd., S. 28, 36

DIE REAKTION DER DEUTSCHEN POLITIK AUF MIGRANTENGEWALT

Migrantengewalt kann nicht sein: vom Vertuschen und Verharmlosen

Vertuschen und Verharmlosen von gesellschaftlichen Mißständen und auch von Unmutsäußerungen der Masse gegenüber der Obrigkeit sind eine besondere Spezialität von autokratischen Systemen in der Moderne, denen bereits hochentwickelte Kommunikationsmittel zur Verfügung standen.

Gemeinhin wird postuliert, daß in einer Demokratie, einem Land mit freien Medien dagegen alles aus- und angesprochen werden kann, auch und gerade gesellschaftliche Mißstände. Doch in der von Massenmedien geprägten Demokratie macht es einen bedeutenden Unterschied, ob ein Mißstand nur am Rande erwähnt oder zur Chefsache gemacht wird, und welche Gründe für sein Entstehen verantwortlich gemacht werden.

Es ist erstaunlich, daß im Rechtsstaat, den die Demokratie der Bundesrepublik darstellt, das Vertuschen und Verharmlosen der Migrantengewalt inzwischen so massiv praktiziert wird, sind diese Reaktionen doch die simpelsten und gerade in Diktaturen äußerst beliebt, in denen die Presse strikt von oben gelenkt und geführt wird.

Es gilt dabei generell das Motto »Worüber nicht berichtet wird, das existiert auch nicht«.

Etwas ausführlicher formuliert:

»Soziale oder politische Sachverhalte sind nur dann ein relevantes Problem, das mit öffentlicher Aufmerksamkeit rechnen kann, wenn sie von der Politik und/oder der Wissenschaft als solche definiert und in den Medien dazu gemacht werden. Was sich ereignet, ob in Raunheim oder in Ruanda, und nicht in den Medien vorkommt, hat nicht stattgefunden.«[275]

Als die niedersächsische Sozialministerin Aygül Özkan im Juli 2010 in einer »Mediencharta« die Medien des Landes u.a. auf eine »kultur-

---

275 Radtke, Fremde und Allzufremde, S. 348, in: Hans-Rudolf Wicker, Das Fremde in der Gesellschaft

sensible Sprache« verpflichten wollte, um den »Integrationsprozess« zu unterstützen, erhob sich sofort lautstarker Widerspruch. Zu stark roch das Ganze nach Zensur, als daß die Medien dem offen zugestimmt hätten.[276]

In einer Demokratie funktioniert die Methode des Vertuschens meist differenzierter. Die »Schere im Kopf« ersetzt die Schere des Zensors. Betrübliche Sachlagen werden zwar stets als solche geschildert, dann aber nur in einer bestimmten Weise interpretiert oder sie verschwinden im großen Konzert anderer, angeblich wichtigerer Nachrichten oder sie werden so arrangiert, daß man sie nur am Rande wahrnimmt. Kritische Dokumentationen zu brisanten Themen werden im Fernsehen durchaus gesendet – werktags ab Mitternacht, wenn die Masse der Bevölkerung sich schon im Bett befindet. Es gilt, heikle Themen nicht in Medien und nicht zu Zeiten zu verkaufen, in denen sie weite Bevölkerungskreise erreichen könnten.

Im September 2006 wurde der Film »Wut«, der von der Terrorisierung einer deutschen Familie durch einen jungen Türken erzählt, von 20.15 Uhr nach 22.00 Uhr und vom Mittwoch auf den Freitagabend verlegt[277], der von den meisten jungen Leuten zum Ausgehen genutzt wird.

Ein ähnliches Schicksal traf die Dokumentation »Kampf im Klassenzimmer«, die ungeschönt die Schikanen darlegte, denen die deutschen Schüler an einer Schule in Essen ausgesetzt sind, in der Muslime die Mehrheit haben. Die Sendung sollte in der Mittwochnacht des 21. Juli 2010 um 23.15 Uhr im ARD laufen, wurde nach einer Diskussion im Vorfeld aber nochmals um eine Stunde verschoben, auf 0.15 Uhr.

In »Zivilcourage« (2009) greift ein Antiquar (verkörpert von Götz George) in Kreuzberg am Schluß zur Schußwaffe, um sich der Gewalt eines albanischen Brüderpaares zu erwehren. Dieser Film lief am Mittwoch, dem 27. Januar 2010 ausnahmsweise zur Hauptsendezeit ab 20.15 Uhr auf dem Ersten.

---

276 »Frankfurter Allgemeine« vom 24. Juli 2010
277 »Rheinische Post« vom 28. September 2006

Es erhellt von selbst, daß Probleme aber nicht verschwinden, wenn sie existentiell und grundlegend sind und vor allem über einen langen Zeitraum bestehen, ohne daß ernsthafte Maßnahmen zu ihrer Lösung durchgeführt oder auch nur erwogen werden. Die Migrantengewalt in der Bundesrepublik ist aber ein solches Problem.

Die Verharmlosung geschieht meistens durch einen Verweis auf soziale Ursachen, die für die Kriminalität angeblich wichtiger seien als ethnisch-kulturelle Zusammenhänge. Beliebt ist das Bild, daß Kriminalität sozial bedingt sei und daß der sozial benachteiligte Deutsche in gleichem Maße zur Kriminalität neige wie der der sozial benachteiligte Migrant. Diese Argumentation läßt völlig außer acht, daß selbst ein hochkrimineller Deutscher niemals einen Familienclan in dreistelliger Stärke mobilisieren kann, der mit Messern bewaffnet völlig enthemmt gegen Polizeikräfte vorgeht. Auch »ethnisch-deutsche« Bierzeltschlägereien und die gewalttätigen Demonstrationen von »Autonomen« sind in hohem Maße an bestimmte Orte und Plätze gebunden, damit weitgehend berechenbar und kontrollierbar, während ein Vorfall wie im Wrangelkiez, wie die »Frankfurter Allgemeine« richtig notierte, »aus dem Alltag heraus« geschieht. Migrantengewalt unterscheidet sich deshalb essentiell von kollektiver Gewalt, die von Deutschen ausgeht!

Ein Aspekt der Verharmlosung ist auch, wenn der speziell unter Orientalen verbreitete Gebrauch des Messers verniedlicht wird. Ein Messer mit nur kurzer Klinge ist, wenn es an entsprechenden Körperteilen in Anwendung gebracht wird, z.B. der Halsschlagader, selbst bei geringer Eindringtiefe tödlich. Ein einziger Schnitt, der die Halsschlagader durchtrennt, führt zum Verbluten. Legion sind hingegen die Medienberichte und Urteile, in denen sogar ein massiver Gebrauch des Messers – bei dem allein der Zufall den Tod des Opfers verhinderte – heruntergespielt wird. Im September 2007 attackierte ein »Deutsch-Afghane« einen Rabbiner in Frankfurt/Main und fügte ihm eine 18 Zentimeter tiefe Stichwunde im Unterleib zu, das Opfer konnte nur durch eine Notoperation gerettet werden. Verurteilt wurde der Täter wegen gefährlicher Körperverletzung, »Das Landgericht war zu dem Schluß gekommen, der Deutsch-Afghane habe nicht beabsichtigt, den jüdischen Geistlichen zu töten.«[278]

---

278 »Frankfurter Rundschau« vom 9. Dezember 2008

Der Rechtsanwalt des Täters hatte zuvor von einem »Warnstich« gesprochen...

Beispielhaft kommt in Tertilts Buch ein deutscher Sozialarbeiter zu Wort, der schildert, daß infolge eines Streits um ein türkisches Mädchen einer der orientalischen Akteure »angestochen wurde (...) Das war keine schwere Verletzung, das war eher eine Schnittwunde.«[279]

Das Verschwinden der »Ausländerkriminalität«

Schon früh schälte sich in statistischen Untersuchungen heraus, daß Ausländer im allgemeinen und Türken im besonderen in Deutschland bei Gewaltkriminalität und sexuellen Delikten weit über ihrem Anteil in der Bevölkerung vertreten sind. Unter den im Jahr 1994 wegen Mord und Totschlag verurteilten Personen waren 36,5% Ausländer, unter den wegen Vergewaltigung Verurteilten 36,0%, und dies bei einem Anteil der Ausländer an der Wohnbevölkerung von nur 8,6%!

Rebmann stellt für die Türken überdurchschnittliche Zahlen bei Delikten wie schwerem Diebstahl, Vergewaltigung, Mord und Totschlag, gefährliche und schwere Körperverletzung sowie Raub fest.[280]

Bei der Interpretation dieser Zahlen wird deutlich, daß die Argumentationsweisen über kriminologische Fragestellungen hinausgingen und -gehen. Über zwei Jahrzehnte hinweg kämpften Ausländerfreunde einen erbitterten Kampf für die »ausgewogene« Betrachtung der Ausländerkriminalität. Inzwischen kann man feststellen, daß sie seit Mitte der neunziger Jahre gesiegt haben. Zum einen wird die Ausländerkriminalität als solche immer weniger thematisiert, zum anderen sind die nach Nationalitäten geführten Kriminalitätsstatistiken durch die Masseneinbürgerung der rot-grünen Regierung ab 1998 nur noch bedingt aussagefähig.

Als allgemein gültige Praxis hat sich inzwischen etabliert, daß »diskriminierende« Punkte bei der Täterbeschreibung möglichst weggelassen werden, sowohl in Polizei- als auch in Medienberichten.

---

279 Tertilt, Turkish Power Boys, S. 50-51
280 Klose, Deskriptive Darstellung der subjektiv empfundenen Haftsituation männlicher türkischer Inhaftierter im geschlossenen Jugendstrafvollzug in Nordrhein-Westfalen, S. 224; Rebmann, Ausländerkriminalität in der Bundesrepublik Deutschland, S. 11, 110, 219

»›Gutmenschen‹ wollen das als Problem nicht wahrhaben. So vermeiden manche Zeitungen, wo immer es geht, den Hinweis, daß ein Krimineller aus irgendeinem anderen Land kommt, auch in solchen Fällen, wo dies zum Verständnis des Hergangs und für die Fahndung hilfreich wäre.«[281]

Um eine »Stigmatisierung« von Personen zu vermeiden, empfiehlt Ugur Tekin als »minimale Grundregeln« der Medienberichterstattung über Straftäter sogar die Hautfarbe und den »Hinweis auf Mängel in der Beherrschung der deutschen Sprache bei Straftätern« zu vermeiden![282]

Der dehnbare Begriff »Südländer« wird hingegen um so mehr gebraucht. Er verschleiert, daß die Portugiesen, Spanier, Italiener und Griechen bei der Gewaltkriminalität im Vergleich zu Türken und Arabern weit seltener vertreten sind.

Die Thematisierung der Ausländerkriminalität wird sofort dem größeren Rahmen einer verwerflichen generellen Ausländerfeindlichkeit zugeordnet und dann tabuisiert:

»›Ausländerfeindlichkeit‹ soll als agitatorische Keule die Erörterung von Problemen, die sich aus dem Zusammenleben bei Verschiedenheit ergeben, von einer Sachfrage in eine Moralfrage verwandeln.«[283]

Auf einer höheren Ebene hatte dies zur Folge, daß nicht nur die Ausländerkriminalität, sondern alle Themenkomplexe bezüglich Einwanderung und Ausländer moralisiert und unter Diskussionsverbot gestellt wurden, »um andere nicht in die Enge zu treiben«. Beispielhaft die Rede des SPD-Bezirksbürgermeisters von Kreuzberg kurz nach dem Brandanschlag von Solingen 1993, der die Ausländerkriminalität offenbar als »Aggressionen deutscher Bevölkerungsteile« definierte und geistig die Masseneinbürgerung vorwegnahm, die dann tatsächlich formal aus der Kriminalität von Ausländern Kriminalität von deutschen Staatsbürgern machte:

---

281 Scheuch, »Ausländerfeindlichkeit« – Sachproblem oder agitatorische Keule? S. 194, in: Sind die Deutschen ausländerfeindlich?

282 Bukow et al: ,Ausgegrenzt, eingesperrt und abgeschoben, S. 310

283 Scheuch, »Ausländerfeindlichkeit« – Sachproblem oder agitatorische Keule?, S. 194, in »Sind die Deutschen ausländerfeindlich?«

»Die demokratischen Parteien müssen deutlicher widerstehen und nicht nachgeben, auch wenn die Republikaner 10 oder 15% erzielen. Weder die Zuwanderung noch der Anteil ausländischer Bevölkerung noch die Aggressionen deutscher Bevölkerungsteile dürfen parteipolitisch instrumentalisiert werden. Wer auffordert, dies im eigenen Interesse zum Thema zu machen, um andere in die Enge zu treiben, ist mitverantwortlich für ein Klima, das bislang 22 Todesopfer gefordert hat.«[284]

Von hochrangigen Politiker-Persönlichkeiten auch der CDU wurde die schlichte Wahrheit als Lüge diffamiert und das Verschwinden der »Desinformationen« eingefordert. So formulierte Heiner Geißler seine Kritik an den nackten Tatsachen, ohne sie zu begründen oder Zahlen zu liefern:

»Dabei ist die Behauptung, der Anteil der Ausländer an Straftaten in der Bundesrepublik sei überproportional hoch, eine der schlimmsten Desinformationen, die unter der Bevölkerung kursieren. Dieser Unsinn wird leider auch immer wieder von den Medien verbreitet. (...) In diesen Kriminalitätsstatistiken sind auch die Straftaten enthalten, die nur Ausländer begehen können, zum Beispiel Paßvergehen. (...) Wir brauchen diese undifferenzierte Aufteilung von Straftaten nach Inländern und Ausländern nicht. Die Kriminalitätsstatistik unterscheidet ja auch nicht zwischen religiösen Kollektiven oder anderen Gruppen in unserer Gesellschaft.«[285]

Die beständige Negierung der erhöhten Ausländerkriminalität, ihre Relativierung und der Verweis auf angeblich schwerer wiegende soziale Ursachen waren jene Argumentationsfiguren, mit denen während der neunziger Jahre die weitgehende Eliminierung der Ausländerkriminalität aus der öffentlichen Diskussion betrieben wurde, um im Gegenzug dem »Kampf gegen Rechts« Platz zu machen.

Das war kein durch Kriminologen und Juristen betriebener Wandel, sondern geschah auf Wunsch und Anleitung höchster Stellen in der Politik. Die Ausländerkriminalität war mit das schärfste Gegenargument gegen die »multikulturelle Gesellschaft«, die von oben propagiert und als Leitbild durchgesetzt wurde.

---

284 Bezirksamt Kreuzberg: Trauer nach Solingen in Kreuzberg, S. 6-7
285 Geißler, Wir tragen Verantwortung für unsere Sprache und unser Handeln, S. 243-244, in: Sind die Deutschen ausländerfeindlich?

Der empirisch längst erhärtete Befund sollte aus dem öffentlichen Bewußtsein verschwinden, um dafür der »rechten Gewalt« und ihrer steten Skandalisierung Raum zu geben. Wie verfestigt diese Reflexe inzwischen sind, zeigt sich an Dutzenden von Falschmeldungen in den letzten Jahren, unter denen der »Fall Sebnitz« den größten Bekanntheitsgrad gewann.

In der sächsischen Kleinstadt war ein sechsjähriges Kind, Sohn einer Deutschen und eines Arabers, Mitte 1997 im Freibad ertrunken. Die Vorwürfe der Mutter waren ungeheuerlich: eine Horde rassistischer Deutscher hätte unter wohlwollenden Blicken und der Passivität der Freibadbesucher ihr Kind erst schikaniert, dann ertränkt. In Wirklichkeit war das Kind aufgrund eines Herzfehlers beim Schwimmen gestorben. Dennoch hielt sich das Bild der »Mörder-Stadt« fast eine Woche lang in allen führenden Medien Deutschlands.[286]

In Österreich ereignete sich Vergleichbares. Zwar hatte der Briefbomben-Attentäter Franz Fuchs, der das Land 1993-1997 in Atem hielt, sich in seinen Bekenner-Pamphleten rechtsextrem geäußert, zugleich war er aber auch ein Eigenbrötler, der in keiner Weise innerhalb einer größeren Organisation agierte. Gerade aber diesem Attentäter hatte man durch »Profiling« vor seiner Festnahme angedichtet, in ein ganzes Netzwerk eingebunden zu sein – pauschal waren alle Mitglieder schlagender Verbindungen in den Verdacht gestellt worden, in ihren Reihen befinde sich der Attentäter.

Inzwischen wird zwar die höhere Kriminalität von Migranten immer noch durch Fachleute festgestellt, zugleich aber die Nationalität als *kausale Ursache* verneint.

So Frank Ebel, Staatssekretär für Jugend und Sport in Berlin:

»Gleichwohl hat die polizeiliche Kriminalstatistik auch für Berlin deutlich gemacht, daß nichtdeutsche Kinder, Jugendliche und Heranwachsende in einigen Deliktsbereichen im Vergleich zu den entsprechenden deutschen Bevölkerungsgruppen wesentlich höher belastet sind und zwar auch dann, wenn man Personen ohne legalen Aufenthaltsstatus, Touristen und Durchreisende unberücksichtigt läßt.«

---

286 »Spiegel« vom 28. November 2000

Einige Zeilen weiter konstatiert er:

»Es ist im Verlauf des Erfahrungsaustausches deutlich geworden, daß die vergleichsweise hohe Kriminalitätsbelastung Jugendlicher nichtdeutscher Herkunft – vor allem im Bereich der Roheitsdelikte – nicht mit ethnischen bzw. Merkmalen der Staatsangehörigkeit erklärt werden kann.«[287]

Ihm pflichtet Frank Gesemann, Diplom-Politologe und Dozent an der Fachhochschule für Verwaltung und Rechtspflege Berlin, in ebenso verfälschender Argumentation bei:

»Es gibt heutzutage allerdings keinen ernstzunehmenden Zweifel mehr, daß die Merkmale ›Staatsangehörigkeit‹ oder ›Ethnie‹ für die Erklärung von Kriminalität bedeutungslos sind. Dies gilt natürlich auch für den politischen Begriff des ›Ausländers‹, der sich ›aus der Differenz zwischen der Staatsangehörigkeit eines Individuums und seinem momentanen geographischen Standort ergibt. Dafür, daß dies eine Ursache für Kriminalität sein sollte, existiert kein einziger triftiger Grund.‹«[288]

Mit diesen Aussagen wird bewußt eine falsche Fährte gelegt und die Bedeutung der Erfassung der Nationalität eines Kriminellen verneint.

Die Kriminalitätsstatistik hatte jedoch nie die Absicht, eine *kausale* Beziehung zwischen den Faktoren »Ausländer« und »Kriminalität« herzustellen. Kein Mensch behauptet, daß ein Türke allein deswegen Straftaten begeht, weil er Türke ist. In einer hochentwickelten Industriegesellschaft, in der Statistiken sehr differenziert erstellt werden, ist aber eine solche Statistik ein Mittel, besonders hohe oder gegebenenfalls besonders niedrige Kriminalitätsbelastungen der Ausländer für bestimmte Delikte festzustellen und damit der vielbeschworenen »Prävention« Handlungsanleitungen zu verschaffen. Die Aussage, daß die Ethnie für die Erklärung von Kriminalität bedeutungslos ist, ist genauso richtig wie die Aussage, daß das Alter für die Erklärung von Kriminalität bedeu-

---

287 Frank Ebel, ‚Vorwort‘, S. 7, in: Landeskommission Berlin gegen Gewalt, Kriminalität, Gewalt und Gewalterfahrungen von Jugendlichen nichtdeutscher Herkunft in Berlin

288 Gesemann, Migration, ethnische Minderheiten und Gewalt: Ein Forschungsüberblick, S. 23, in Landeskommission Berlin gegen Gewalt, Kriminalität, Gewalt und Gewalterfahrungen von Jugendlichen nichtdeutscher Herkunft in Berlin«

tungslos ist – obwohl sich eine klare Ballung kriminellen Verhaltens in der Jugend und im frühen Erwachsenenalter feststellen läßt. Genauso läßt sich eine erhöhte Gewaltkriminalität bei Migranten beobachten – allen Verharmlosungen und Relativierungen zum Trotz! Wenn ein Großteil der Straftäter ein gemeinsames Merkmal aufweist, das in der Gesamtbevölkerung vergleichsweise unterrepräsentiert ist, dann ist es die Pflicht der Kriminologie, ihre Fragestellungen an diesem Punkt anzusetzen. Ob diese erhöhte Gewaltkriminalität dann als Ergebnis sozialer Schieflagen, andersgearteter Ehrenkodexe oder sonstiger Ursachen gedeutet wird, hat mit der statistischen Erfassung erst einmal nichts zu tun.

Die Rechtfertigungs- und Relativierungsstrategien bezüglich der Ausländerkriminalität sind sehr ausgefeilt worden. Beliebt ist unter anderem die Begründung, Kriminalität von Deutschen und Ausländern könne grundsätzlich nicht miteinander verglichen werden, weil es spezifische Delikte gebe, die von Deutschen gar nicht begangen werden können, z.B. Verstöße gegen das Ausländergesetz und das Asylverfahrensgesetz. Solche Argumentationen gehen aber ebenfalls der primären Stoßrichtung der Ausländerkriminalität bzw. Migrantengewalt aus dem Weg: die Gewalt gegenüber Deutschen und den Vertretern des deutschen Staates.

Daß viele Delikte in Statistiken über Ausländerkriminalität nicht den in Deutschland dauerhaft lebenden Ausländern zuzurechnen sind, sondern anderen Gruppen, die nicht in der Statistik über die ausländische Wohnbevölkerung aufscheinen, also Stationierungsstreitkräften, Touristen, Durchreisenden, und Illegalen, tangiert die Problematik ebenfalls nur am Rande. Diese Tatsache stellt eine gewisse Entlastung der ausländischen Wohnbevölkerung bzw. der Deutschen mit Migrationshintergrund dar, aber bei genauerer Betrachtung wird eines noch deutlicher: Landfriedensbruch kann von Mitgliedern dieser Gruppierungen nicht andauernd ausgeübt werden, ohne daß sie ausgewiesen werden, da sie keine langfristigen Aufenthaltstitel besitzen. Würden diese Gruppen den maßgeblichen Täter-Anteil der Migrantengewalt stellen – sie tun es eben nicht! – dann wäre das Problem schon längst mit einfachsten Mitteln gelöst worden.

Beliebt sind des weiteren die Begründungen, daß sowohl die deutsche Polizei Ausländer gründlicher kontrollieren als auch die deutsche Bevölkerung Ausländer eher anzeigen würde als Deutsche; dadurch sei die Ausländerkriminalität so erhöht.[289]

Nebenbei kann man durch solche Argumentationen die Deutschen in den Generalverdacht des Rassismus stellen – den Generalverdacht, den man bei den Ausländern so konsequent ablehnt....

Stereotyp wird wiederholt: »Kriminalität darf nicht ethnisiert werden, sie ist eher ein soziales Problem«. Bisher wurden aber keine zwei- bis dreistelligen deutschen Familienclans gesichtet, die offensiv unter Todesdrohungen und »Scheiß-Deutsche!«-Rufen die Polizei angehen. Es stimmt also nicht, daß nur soziale Faktoren hineinspielen – Gewalt durch Ausländer/Migranten ist auch ein ethnisches und wegen der durch die Politik betriebenen Verharmlosung auch ein großes politisches Problem.

Gerne wird zwar die Tatsache der Ausländerkriminalität/Migrantengewalt als solche ausgesprochen, sofort aber die Ursache dafür als Schuld der Deutschen definiert:

»Welche Rolle spielen Diskriminierungserfahrungen und Anerkennungsprobleme? Inwiefern kann die ethnisch motivierte Gewalt von Jugendlichen nichtdeutscher Herkunft als ein Versuch interpretiert werden, sich von ihrem beschädigten Selbstbild zu befreien? Können diese Gewalttaten als eine Reaktion auf eine gesellschaftliche Situation interpretiert werden, in der die Jugendlichen ›ihre Ethnizität und Klassenzugehörigkeit vorwiegend durch Ausgrenzung, Geringschätzung und Mißachtung erleben‹?«[290]

Wenn die spezifische Qualität der Migrantengewalt offen angesprochen wird, dann nur unter der Maßgabe, damit den zu erwartenden Ressentiments in der Bevölkerung vorzubeugen und politischen Reaktionen von rechter Seite den Wind aus den Segeln zu nehmen – die

---

289 Beauftragte der Bundesregierung für die Belange der Ausländer, »Ausländerkriminalität« oder »kriminelle Ausländer«, S. 11
290 Landeskommission Berlin gegen Gewalt, Kriminalität, Gewalt und Gewalterfahrungen von Jugendlichen nichtdeutscher Herkunft in Berlin, S. 17

allgemein vorherrschende Tabuisierung des Themas wird selbst in diesem Kontext als honorig beschrieben, weil sie auf guten Absichten beruhe. Es zeigt sich damit, welche Dimension das Problem implizit hat, denn sonst würde selbst von Linken nicht so argumentiert werden:

»Die Tatsache, daß nichtdeutsche Jugendliche gemessen an ihrem Bevölkerungsanteil überproportional bei Gewaltdelikten, insbesondere bei Raub- und Körperverletzungsdelikten, polizeilich registriert werden, findet zwar einerseits Beachtung, andererseits scheint es aber so, daß eine intensive – auch öffentliche – Beschäftigung damit noch weitgehend tabuisiert ist. Und ich vermute, daß dies ernstzunehmende Gründe hat. Die Gefahr, daß eine Bevölkerungsgruppe durch die öffentliche Diskussion über ihre Beteiligung insbesondere an Gewaltdelikten stigmatisiert wird, ist nicht von der Hand zu weisen. Diese Gefahr ist um so größer, als in der Bundesrepublik immer noch Vorurteilsstrukturen gegenüber der nichtdeutschen Bevölkerung wirksam sind. Eine verkürzte, nicht ernsthafte Diskussion dieses Themas kann solchen Strukturen zusätzliches Gewicht verschaffen. Darüber hinaus scheint es aber noch andere, vielleicht in der Geschichte der Bundesrepublik liegende Gründe zu geben, warum sich die Öffentlichkeit schwer tut, sich mit diesem Thema zu befassen: Niemand will in den Verdacht geraten, es könnten ausländerfeindliche Motive im Spiel sein, wenn ein solches Thema angepackt wird. Auf der anderen Seite wird die Notwendigkeit größer, sich ernsthaft mit diesem Thema auseinanderzusetzen, will man vermeiden, daß sich quasi unter der Hand oder im halböffentlichen Raum weitergehende Stigmatisierungen verbreiten.«[291]

Es ist inzwischen Allgemeinplatz der veröffentlichten Meinung, daß die Bedrohung der inneren Sicherheit durch Einwanderer nur eine »vermeintliche« ist und daß das Thema leicht »mißbraucht« werden kann:

»Das Themenfeld Einwanderung, Ausländer und Kriminalität gehört traditionell zu den politischen und ideologischen Minenfeldern des gesellschaftlichen Diskurses. Es polarisiert, kann leicht mißbraucht wer-

---

291 Landeskommission Berlin gegen Gewalt, Kriminalität, Gewalt und Gewalterfahrungen von Jugendlichen nichtdeutscher Herkunft in Berlin«, S. 20

den und eignet sich wie kaum ein anderes zur politischen Verunsicherung der Bevölkerung. Die vermeintliche Bedrohung der inneren Sicherheit durch Einwanderer und insbesondere Asylbewerber hat sich fast überall in Europa zu einem Leitmotiv rechtsgerichteter Parteien und Gruppierungen entwickelt. Mit ihm werden tief verwurzelte Ängste in der Bevölkerung mobilisiert, daß die Zuwanderung von ›Fremden‹ vor allem mit Konflikten und Instabilität verbunden ist.«[292]

Migrantengewalt kann nicht sein: wie bereits erwähnt, ist die Benennung bestimmter ethnischer und/oder konfessioneller Gruppen als für die Gesamtgesellschaft problematisch in (West-)Europa im allgemeinen und Deutschland im besonderen ein fast absolutes Tabu seit 1945, da man darin Parallelen zur Judenverfolgung durch die Nazis erblicken könnte.

Migrantengewalt kann ferner nicht sein, weil das eventuelle Eingestehen einer jahrzehntelangen verfehlten Einwanderungspolitik alle Parteien von links bis rechts diskreditieren würde. Das trifft nicht nur SPD und Grüne, sondern auch und gerade die FDP und die CDU, unter deren Regierung das Anwerbeabkommen mit der Türkei 1961 unterzeichnet wurde; und die unter der 1982 beginnenden Kanzlerschaft Kohls nach einem zaghaften Anlauf zur Rückkehrförderung zuließen, daß die Zahl der Türken auf bundesdeutschem Gebiet von knapp 1,6 Millionen auf zuletzt 2,1 Millionen 1998 wuchs.

Es war Helmut Kohl, der Linken und Liberalen weitgehend die »Diskurshoheit« in dieser Frage überließ und damit mitschuldig ist an den Verhältnissen, wie sie sich heute präsentieren. Bereits unter seiner Kanzlerschaft legten liberale Politiker die Grundsteine für die Eliminierung der Ausländerkriminalität aus der öffentlichen Diskussion und damit für viele Jahre aus dem (politischen) Bewußtsein der Bevölkerung. So heißt es in einer von Cornelia Schmalz-Jacobsen, also durch eine

---

292 Gesemann, Migration, ethnische Minderheiten und Gewalt: Ein Forschungsüberblick, S. 23, in Landeskommission Berlin gegen Gewalt, Kriminalität, Gewalt und Gewalterfahrungen von Jugendlichen nichtdeutscher Herkunft in Berlin

Beauftragte des Bundes, im Jahr 1993 herausgegebenen Studie vielsagend:

»Die ›Ausländerkriminalität‹ zählt ohne Frage zu den sensibelsten Bereichen der Ausländerpolitik. Kein Thema scheint geeigneter zu sein, um vorhandene und weitverbreitete Vorurteile zu befördern und zu bestärken. (...) ›Ausländerkriminalität‹ ruft bei den verschiedensten Rezipienten bereits pejorativ besetzte Bilder hervor, bevor sich diese etwa mit den statistischen Zahlen und deren ganz eigener Problematik befaßt haben und ohne, daß sie etwa Opfer krimineller Ausländer geworden wären.«[293]

Vor allem das letzte Argument mutet bizarr an. Man darf nur eine negative Haltung gegenüber Ausländerkriminalität einnehmen, wenn man persönlich Opfer von kriminellen Ausländern geworden ist? Bedeutet dies, ein Jude darf nur gegen Antisemiten sein, wenn er bereits Opfer eines antisemitischen Übergriffs wurde?

Es wird bei eingehender Lektüre offensichtlich, daß die Verfasser der Broschüre am liebsten den Begriff der Ausländerkriminalität an sich auslöschen wollen:

»›Ausländerkriminalität‹ ist kein wertneutraler Begriff, der lediglich dazu dient, eine Sache oder einen Zustand zu benennen. Dessen muß man sich bewußt sein, wo und wann immer man ihn verwendet. (...) Daß Ausländerinnen und Ausländer in der Bundesrepublik Deutschland kriminelle Handlungen begehen, kann von niemandem bestritten werden. Es sollte aber deshalb nicht pauschal von ›Ausländerkriminalität‹ gesprochen werden. In seiner Allgemeinheit ist der Begriff als konkrete Bezeichnung – wo er nicht gezielt vorhandene Vorurteile untermauern soll – unbrauchbar. ›Ausländerkriminalität‹ ist als Begriff auch geeignet den Anschein zu erwecken, als genüge es, die Ausländer und nicht die Kriminalität zu bekämpfen. Die Ausländerinnen und Ausländer gibt es aber in der Bundesrepublik nicht. Hier ist eine Differenzierung notwendig, die der Begriff ›Ausländerkriminalität‹ ebenfalls nicht leisten kann.«[294]

---

293 Beauftragte der Bundesregierung für die Belange der Ausländer, »Ausländerkriminalität« oder »kriminelle Ausländer«, S. 5, 7
294 Beauftragte der Bundesregierung für die Belange der Ausländer, »Ausländerkriminalität« oder »kriminelle Ausländer«, S. 7, 21

Es wird ebenso offensichtlich, daß die Thematisierung der Ausländer-kriminalität nicht dienlich ist, andere, von der Politik weit mehr erwünschtere Themen in den Vordergrund zu spielen:

»Daß die Debatte um die Ausländerkriminalität dazu beiträgt, das Thema ›Ausländerfeindlichkeit‹ in den tagespolitischen Hintergrund zu drängen, ist kaum von der Hand zu weisen.«[295]

Mit bemerkenswerter Ehrlichkeit wird an dieser Stelle zugegeben, daß feindliche Einstellungen von Deutschen gegenüber Ausländern mehr skandalisiert werden sollen als feindliche Einstellungen von Ausländern gegenüber Deutschen...

Massive Ängste der Deutschen vor Ausländerkriminalität werden zwar beobachtet, aber in aller Regel als irrational und unbegründet dif-famiert:

»Einer EMNID-Umfrage zufolge stellt wiederum für 57% der West-deutschen und für 53% der Ostdeutschen die ›Ausländerkriminalität‹ eines der Hauptthemen der Inneren Sicherheit dar. Bei einer derartigen Wahrnehmung spielt deren Beweisbarkeit nur eine untergeordnete Rolle, und sie ist bei weitem nicht immer logische Folge eigener Opfer-erfahrungen. Oft ist diese Wahrnehmung deshalb auch durch Aufklä-rungsarbeit nicht zu korrigieren. Es muß also zunächst danach gefragt werden, wie es dazu kommt. Einen wichtigen Aspekt stellt in diesem Zusammenhang die Tatsache dar, daß Ausländerinnen und Ausländer ihre Sündenbockfunktion (noch) nicht verloren haben, und sie darum einfacher und rascher als ›Schuldige‹ wahrgenommen werden.«[296]

Das Verschwinden der Ausländerkriminalität aus der öffentlichen Diskussion während der neunziger Jahre fiel zeitlich mit dem Siegeszug des Internets als ein weitgehend vom Staat und den etablierten »Leitmedien« unkontrolliertes Medium zusammen. Ist es ein Wunder, daß die Netzseite »Politically Incorrect«[297], zu deren Schwerpunkten

---

295 Beauftragte der Bundesregierung für die Belange der Ausländer, »Aus-länderkriminalität« oder »kriminelle Ausländer«, S. 7
296 Beauftragte der Bundesregierung für die Belange der Ausländer, »Ausländerkriminalität« oder »kriminelle Ausländer«, S. 8
297 http://www.pi-news.net

die Berichterstattung über Migrantengewalt und die Kritik an ihrer Verschleierung durch die etablierten Medien gehört, inzwischen zu einer der meistbesuchten Blogs wurde? Daran ist ablesbar, wie sehr das deutsche Volk und die nichtmuslimischen Volksgruppen in Deutschland von der durch Muslime ausgehenden Migrantengewalt umgetrieben werden.

Das Verschwinden der Ausländerkriminalität wird ferner begleitet durch eine »volkspädagogische« Arbeit der Leitmedien. Nach US-amerikanischem Vorbild sollen Minderheiten vor allem im Fernsehen durch »gutgemeinte Sendungen« nicht nur vertreten sein, sondern auch noch positiv geschildert werden (man könnte dieses Vorgehen auch ehrlich als »Propaganda« bezeichnen):

»Tatsächlich bemühen sich zumindest die öffentlich-rechtlich verfaßten Massenmedien – d.h. Fernsehen und Rundfunk – in der Bundesrepublik Deutschland um eine positive Darstellung des Zusammenlebens von Einheimischen und Zuwanderern. Für besonders gelungen gehaltene Sendungen werden von der Bundesbeauftragten für ausländische ArbeitnehmerInnen prämiert, um als Vorbild für weitere Anstrengungen zu wirken.

Entsprechend US-amerikanischen Vorbildern wird besondere Aufmerksamkeit auch darauf gelegt, das Vorkommen von kulturellen, ethnischen und sprachlichen Minderheiten – was in der Fachsprache als ›Ethnizität‹ bezeichnet wird – als selbstverständlich an besonders wirksamen Stellen einzuflechten, etwa in Unterhaltungsserien mit hohen Einschaltquoten.

Trotz umfangreicher Forschungen zu Wirkungen und Auswirkungen von Massenmedien ist aber alles andere als gesichert, ob und wie diese Versuche auch tatsächlich den gewünschten Effekt erbringen, nämlich eine Verringerung der Abneigung gegen die befremdenden und als Konkurrenz wahrgenommenen Zuwanderer. Es gibt Hinweise darauf, daß durchaus gutgemeinte Sendungen eher das Gegenteil ihrer Intentionen bewirken können.«[298]

---

298 Gieler/Ehlers: Von der Anwerbung zur Abschottung oder zur gesteuerten Zuwanderung? S. 39-40

Ein anschauliches Beispiel einer solchen »gutgemeinten Sendung« ist die Fernsehserie »Türkisch für Anfänger«. Hier wurde das Zusammenleben einer deutsch-türkischen »Patchworkfamilie« präsentiert, die kulturellen Mißverständnisse und Konfliktlinien regelmäßig in albernen Späßchen verharmlost. Der deutsche Zuschauer, der die wahren Verhältnisse kennt, strafte die Sendungen mit Mißachtung ab, was die Programmverantwortlichen der ARD nicht daran hinderte, trotz enttäuschender Einschaltquoten eine Fortsetzung zu finanzieren.[299]

Bezeichnend ist, daß fast alle Fiktionalisierungen von türkisch-deutschen Beziehungen, die meist als Beziehungen von Geschlechtern dargestellt werden, wirklich konflikthaltigen Konstellationen aus dem Weg gehen. So ist es ausgemachte Sache, daß sich ständig eine deutsche Frau in einen türkischen Mann verliebt. So geht man möglichen Protesten von Türken bequem aus dem Weg. Denn in deren Denken wäre ein deutscher Mann, der eine Türkin heiratet, der dominante Part, was nicht zu akzeptieren ist – höchstens bei einem Religionswechsel des deutschen Mannes zum Islam, was die türkische Frau zumindest in religiöser Hinsicht zum dominanten Partner macht. In der Komödie »Meine verrückte türkische Hochzeit« (2006) wurde die Problematik angerissen, mit der relativ blutig verlaufenden Beschneidung des verängstigten deutschen Mannes aber sogleich wieder ins Komische gezogen.

Die Weichzeichnung der Migrantengewalt im deutschen Fernsehen hat eine lange Tradition. So werden Türken grundsätzlich als Opfer geschildert, etwa von Skinheads. In der Tatort-Folge »Voll auf Hass« (1987) mit Manfred Krug beschafft sich ein Türke nur deshalb eine Pistole, weil er damit den Tod seines Sohnes rächen will. Der Bösewicht des Films ist ein deutscher Versicherungsangestellter, der die Hochzeit seiner Tochter mit einem Türken verhindern möchte.

2008 wurde mit großem Tamtam der erste türkischstämmige Kommissar im deutschen Fernsehkrimi angekündigt, der Schauspieler Mehmet Kurtulus in der Rolle des »Cenk Batu«. Er wurde als verdeckter Ermittler im türkischen Milieu verwendet und brach so vermeintlich mit der Konvention der »harmlosen Türken«. Doch in der zweiten Hälfte des Films bestätigte diese Folge die Relativierung der Ausländer-

---

299 »Hamburger Abendblatt« vom 26. Juni 2007

kriminalität/Migrantengewalt. Zwar entpuppt sich einer der türkischen Protagonisten als Wirtschaftskrimineller, doch das größte Verbrechen im Film beging ein Deutscher, der den türkischen Liebhaber seiner Tochter umbringen ließ – das Motiv des »Ehrenmordes« wurde also ausgerechnet der deutschen Seite untergeschoben!

Das Bemühen, Ausländerkriminalität medial zum Verschwinden zu bringen, äußerte sich auch in einer anderen Strategie. Über viele Jahre hinweg wurde sie in den größeren Rahmen der »Jugendkriminalität« gestellt. Einer der bekanntesten Herausgeber der »Frankfurter Allgemeinen«, Frank Schirrmacher, hat dies erkannt, sieht aber den Fall des Münchner Rentners 2007/2008 als Zäsur an:

»Das Redeverbot, wonach über ausländische Jugendkriminalität oder solche mit Migrantenhintergrund nur im Zusammenhang mit Jugendkriminalität im Allgemeinen zu sprechen sei, ist Geschichte.«[300]

Seit dem Fernsehfilm »Wut« 2006, dem Kinofilm »Knallhart« im gleichen Jahr und der breiten Berichterstattung über den Fall des Münchner Rentners 2008 sowie dem Fernsehfilm »Zivilcourage« 2010 ist eine gewisse Trendwende zu beobachten. Die Migrantengewalt ist im Alltag Deutschlands inzwischen so offensiv und weitverbreitet, daß sie medial nicht mehr verdrängt werden kann, geradezu nach künstlerischer Verarbeitung schreit.

Doch haben sich inzwischen Reaktionen gezeigt, die darauf hindeuten, daß sich Türken-Lobbyisten und Linke in keiner Weise die »Deutungshoheit« in dieser Sache aus der Hand nehmen lassen wollen. Als drei primäre Gegenstrategien können wir erkennen:
- Ein Sprechverbot für Deutsche
- Eine Umkehrung der Vorwürfe
- Ein (angeblicher) Zwang der Exekutive zur Zusammenarbeit nach dem Motto: nur im Verbund mit türkisch-muslimischen Organisationen und durch Kooptation läßt sich das Problem lösen.

Indem sie den Deutschen ein Sprechverbot über das Thema erteilen, möchten sich »Migrantenvertreter« in die maßgebliche Position setzen,

---

zu bestimmen, *wie* über das Thema geredet wird – etwa, indem die sicherheitspolitischen Posten mit Migranten belegt werden. Ein Sprechverbot läßt implizit das CDU-Mitglied Bülent Arslan anklingen, der sich als Experte der Union für die innere Sicherheit in der Bundesrepublik profilieren möchte. In Bezug auf die Landtagswahl in Hessen 2008 schrieb die »Welt«:

»Hätte Roland Koch nur einen Türkischstämmigen in seinem Wahlkampfteam gehabt! Dann würde er noch heute mit komfortabler Mehrheit Hessen regieren. (...) Davon ist zumindest der Christdemokrat Bülent Arslan überzeugt. Nur eine Entscheidung wäre dafür nötig gewesen: Koch hätte einen Innenpolitiker türkischer Abstammung zum Protagonisten seines Law-and-Order-Kurses machen müssen. Denn der hätte ›durch Sensibilität und allein durch seine Person signalisiert: Es geht nicht gegen Migranten und Muslime, es geht gegen Kriminelle.‹«[301]

Arslans Aussage bedeutet im Klartext, daß jedes Frontmachen eines »ethnisch-deutschen« Politikers gegen Migrantengewalt nur noch so interpretiert wird, daß er generell gegen Ausländer bzw. Muslime eingestellt ist. Mit solchen Unterstellungen ist es natürlich ein Einfaches, deutschen Politikern ein Sprechverbot über das Thema zu erteilen und Türkischstämmige in einflußreiche Positionen zu hieven. Die Suggestion, man könne als Türke in der entsprechenden Position das Problem viel besser regeln, ist ein Indiz für zweierlei: erstens das Bemühen der Türken-Lobby, in sensible Bereiche des Staatsdienstes wie den der inneren Sicherheit einzudringen, zweitens das Signal: »Wir können viel besser damit umgehen und aufräumen, weil es unsere Leute sind, die wir verstehen und die uns gehorchen.«

Das Sprechverbot für Deutsche soll natürlich in gleicher Weise bewirken, daß das Thema nicht parteipolitisch fruchtbar gemacht werden kann. Die Thematisierung der Migrantengewalt – aber möglichst nur durch Migranten – soll allein in dem Kontext möglich gemacht werden, daß es keine »falschen Wirkungen« zeitigt, etwa in einer Stärkung der Rechten:

---

301 »Welt« vom 9. Oktober 2008

»Wir dürfen dem rechten politischen Rand nicht die Gelegenheit geben, das auszunutzen.« sagt Nader Khalil, aus dem Libanon stammendes Mitglied der CDU (!) im Neuköllner Stadtrat.[302]

Die Umkehrung der Vorwürfe besagt, daß die Migrantengewalt als solche nicht mehr geleugnet, aber sofort der Gegen-Vorwurf erhoben wird, daß die deutsche Gesellschaft mit ihrer Ausgrenzung die hauptsächliche Ursache dafür sei. Das ist ein Lieblingsargument des Kriminologen Christian Pfeiffer, der seit vielen Jahren die öffentliche Debatte über Jugendgewalt dominiert. »Viele der Migranten, zumeist Islamgläubige, fühlen sich einem großen Misstrauen in der Bevölkerung ausgesetzt«, sagt er. Die Folge: Sie igelten sich ein, fühlten sich ausgegrenzt.[303]

Die oft vorgeschlagene Zusammenarbeit mit der Exekutive signalisiert: nur im Verbund mit türkisch-muslimischen Organisationen läßt sich das Problem lösen, diese arbeiten auf gleicher Augenhöhe wie die Polizei, werden ihr kooptiert. Das kann entweder durch die direkte Einbindung von Türken und Muslimen in die Polizei geschehen oder dadurch, daß Polizei und Moscheegemeinde eng zusammenarbeiten, wie es im Essener Stadtteil Katernberg bereits praktiziert[304] und als vorbildliches Modell präsentiert wird.[305]

Die Eindeutschung der Ausländerkriminalität

Das prinzipielle Verneinen einer spezifisch gearteten Ausländerkriminalität wurde die geistige Grundlage einer Einbürgerung der Ausländerkriminalität. Bereits in den achtziger Jahren wurde damit argumentiert, daß hierzulande »sozialisierte« Ausländer – und damit auch ihre Straftaten – faktisch als »deutsch« anzusehen seien. Es ist beson-

---

302 »Süddeutsche Zeitung« vom 20. Juli 2009
303 »Tagesspiegel« vom 13. September 2009
304 Basierend auf einem Bericht der Deutschen Welle: http://www.qantara.de/webcom/show_article.php/_c-469/_nr-793/i.html?PHPSESSID=0b64b168de161e98b39a8e9c9b2ed69
305 »Tagesspiegel« vom 25. Oktober 2007

ders bizarr, daß solche Auffassungen selbst von Juraprofessoren geteilt und verbreitet wurden, die dabei noch die (nicht-existente) Rechtsfigur des »ausländischen Mitbürgers« in Spiel brachten:

»Zum zweiten wird man nicht sagen können, daß Ausländer, die 30 Jahre und länger in Deutschland gelebt haben oder die hier geboren und aufgewachsen sind, ›Gäste aus dem Ausland‹ sind. In Wahrheit sind sie schlicht Einwanderer oder ausländische Mitbürger.«[306]

Dann argumentiert der Juraprofessor Rolinski mit »Moral«, die sogar gültiges Recht überwiege. Mit dieser Argumentation findet er sich voll auf der Linie der linksliberalen Gutmenschen, die seit den achtziger Jahren vehement solch illegale Aktionen wie sogenannte »Kirchenasyle« unterstützen:

»In einem Vollrausch von Wirtschaftsaufschwung nach dem Zweiten Weltkrieg hat die deutsche Industrie ihre Kapazität dadurch erweitert, daß sie insbesondere aus Italien und der Türkei Arbeitnehmer geradezu aushob. Diesen zu Hilfe gerufenen ›Gästen‹ nun den Stempel des ›lästigen Ausländers‹ aufzudrücken, ist schlicht unmoralisch, selbst wenn das Ausländergesetz dies zuläßt.«[307]

Es ist bezeichnend, daß Rolinski daraufhin aus dem deutschen Ausländerrecht eine Angelegenheit globaler Verteilungsgerechtigkeit im Rahmen des Nord-Süd-Konflikts macht – ein gutes Beispiel für den hypermoralisierenden und anmaßenden Ton, der bereits in den siebziger Jahren in die Ausländerdebatten Deutschlands Einzug hielt und zunehmend die Diskussionen prägte:

»daß die hochentwickelten Industriegesellschaften (...) durch exzessive Ausnutzung der Rohstoffe in Entwicklungsländern zu deren Verarmung wesentlich beigetragen haben. Auch die Bundesrepublik ist daher nicht berechtigt zu sagen, der Migrationsdruck ginge sie nichts an. (...) Die Bundesrepublik hat an der Entstehung der weltweiten Probleme aktiv teilgenommen und dürfte schon damit die moralische und wohl auch materiell-rechtliche Grundlage für die Anwendung der nationalen

---

306 Rolinski, Ausländerkriminalität und ihre Bekämpfung durch Ausweisung und Abschiebung, S. 137, in: Huppert/Theobald, Kriminalitätsimport
307 Ebd., S. 137

Instrumente Ausweisung und Abschiebung zumindest partiell verloren haben. Daraus folgt, daß wir nationale Interessen der ›Reinhaltung‹ zurückzunehmen haben.«[308]

Sind die Ausländer solchermaßen heimisch gemacht und mental »eingedeutscht« worden, ist es dann nur noch ein kleiner Schritt hin zur Argumentation, daß selbst kriminelle Ausländer nicht mehr des Landes verwiesen werden dürfen. Auch hier gefällt sich der Juraprofessor Rolinski in der Neuerfindung eines Rechtsbegriffs im Ausländerrecht, nämlich der »Aussetzung«:

»Für die Gruppe der in Deutschland geborenen Ausländer ist zunächst geltend zu machen, daß ihre gesamte Sozialisation in der Bundesrepublik stattgefunden hat. Die Lernfelder, die ihre Entwicklung prägten, sind also die Sozialstrukturen unseres Landes. Sichtbar wird dieser Prozeß bei Mehmet, der sich letztlich bei uns zu einem Straftäter entwickelt hat. (...) Ist aber eine Gemeinschaft für die Entwicklung ihrer Kinder und Jugendlichen in hohem Maße mitverantwortlich, verliert sie das Recht, bei fehlgelaufener Sozialisation ihr Mitglied einfach ›auszusetzen‹. Denn für einen jungen Türken, der die ersten 14 oder 20 Jahre seines Lebens in der Bundesrepublik zugebracht hat und die türkische Sprache nicht vollständig beherrscht, kommt die Abschiebung einer Aussetzung gleich. (...) In Wahrheit ist Mehmet kein Fall der Ausländer-, sondern der ›deutschen‹ Jugendkriminalität. Die größere Neigung, physische Gewalt zur Konfliktlösung einzusetzen, das Mitsichführen von Waffen, mindestens eines Butterfly-Messers und das totale Fehlen von Mitgefühl für das Opfer kennzeichnet nicht Ausländer, sondern alle Jugendlichen und Heranwachsenden, die aus der Randlagenposition kriminell agieren. Für ausländische wie für deutsche Jugendliche gelten die gleichen Entstehungsbedingungen.«[309]

Der Rechtsexperte Rolinski hat hier leider vergessen anzugeben, in welchem Rechtskodex die »Gemeinschaft« (welche Gemeinschaft – die Familie, das Stadtviertel, die Stadt, das Bundesland oder die Bundesrepublik?) festgesetzt hat, daß sie bei »fehlgelaufener Sozialisation«

---

308 Rolinski, Ausländerkriminalität und ihre Bekämpfung durch Ausweisung und Abschiebung, S. 140-141, in: Huppert/Theobald, Kriminalitätsimport
309 Ebd., S. 145,

(die automatisch zu Kriminalität führt?) das »Recht verliert«, ihr Mitglied »auszusetzen«.

Der angesprochene »Mehmet« – eigentlich Muhlis Ari – ist in die deutsche Rechtsgeschichte eingegangen. Weil er bis zu seinem 14. Lebensjahr mehr als 60 Straftaten begangen hatte, wurde der türkische Staatsbürger 1998 auf Verlangen der Stadt München in die Türkei abgeschoben. Der Beschluß wurde angefochten und 2002 vom Bundesverwaltungsgericht für ungültig erklärt. Mehmet kam zurück und beging nach einiger Zeit wieder Straftaten, u.a. bedrohte er seine eigene Familie mit dem Tod. Einer Inhaftierung entging er 2005 mit einer Flucht in die Türkei.[310]

Am Tenor der Berichterstattung zu »Mehmet« wurde deutlich, daß die Medien die Interpretation, Deutschland sei für hierzulande »sozialisierte« Straftäter verantwortlich, selbst wenn sie Ausländer waren, weitgehend übernahmen – mit Ausnahme einiger weniger konservativer Publikationen.

Und noch etwas anderes wurde sichtbar: fast jede Abschiebung und Ausweisung ist mit erheblichen Widerständen begleitet, die vor allem linksorientierte Deutsche entfachen:

»Immerhin gibt es in der Bundesrepublik eine gut organisierte, sehr engagierte und auch sachkundige ›Szene‹ – Menschen, die sich intensiv um die Betreuung von Flüchtlingen und Ausländern generell kümmern, jede Gesetzgebung aufmerksam und höchst kritisch begleiten und bei Medienvertretern wie auch Teilen des Parlaments gute Resonanz finden.«[311]

So ist nur konsequent, daß sich Rolinski gegen Ausweisung und Abschiebung ausländischer Straftäter ausspricht und diese Methoden als untaugliches Mittel zur Erhöhung der inneren Sicherheit diffamiert.[312]

Assistiert wird ihm von vielen Kollegen, beispielsweise dem Juraprofessor Hans-Heiner Kühne, der den Begriff der Ausländerkriminalität

---

310 »Welt« vom 4. März 2005; »Focus« vom 18. August 2006
311 Sonntag-Wolgast, Für eine faire Ausländergesetzgebung, S. 278, in: Sind die Deutschen ausländerfeindlich?
312 Rolinski, Ausländerkriminalität und ihre Bekämpfung durch Ausweisung und Abschiebung, S. 121 u. 148, in: Huppert/Theobald, Kriminalitätsimport

allein als Verlagerung der Verantwortung auf andere Gesellschaften deutet:

»Lange zuvor wurde nur von Ausländerkriminalität gesprochen, um die eigene Kriminalität von der fremden zu unterscheiden, um zu vermeiden, die ungeratenen Kinder der eigenen Familie nicht in einen Topf zu werfen mit anderen Bösewichten, die keinerlei intrafamiliärer Nachsicht würdig sind. Die Legitimierungswirkung dieses Begriffs zur Übertragung der Verantwortung für bestimmte Teile von Kriminalität auf andere Gesellschaften genügte seit Anfang der 60er Jahre – der Zeit der Anwerbung sogenannter ausländischer Gastarbeiter – ihrem Zweck.«[313]

Und auch Kühne deutscht hemmungslos die Kriminalität von hier lebenden Ausländern ein (»unechte Ausländerkriminalität«) und unterscheidet sie sorgfältig von der Kriminalität Durchreisender oder von Ausländern, die speziell zur Tatbegehung nach Deutschland einreisen (»importierte Kriminalität«):

»Nicht zur importierten Kriminalität gerechnet werden können Taten von Ausländern, gleich welchen ethnischen Herkommens, die ihren Lebensschwerpunkt in Deutschland haben. Ihr delinquentes Fehlverhalten muß überwiegend als Ausdruck inländischer Sozialisation verstanden werden (...) Selbst der Begriff der Ausländerkriminalität umschreibt ihr Verhalten eher mißverständlich, da die Ausländereigenschaft hier in keiner notwendigen ursächlichen Verbindung mit der Tatsache der Kriminalität steht.«[314]

»Kriminalität von in Deutschland integriert lebenden Personen fremder Nationalität ist nur formal, nicht aber material Ausländerkriminalität; es handelt sich um *unechte Ausländerkriminalität.*«[315]

All diese Spitzfindigkeiten und Haarspaltereien können nicht über zwei grundlegende Fragestellungen hinwegtäuschen. Was ist, wenn die »Massen-Kriminalität« auch und gerade der hier »sozialisierten« und eingebürgerten Ausländer solche Ausmaße erreicht, daß der deutsche

---

313 Kühne, Das Phänomen des ›Kriminalitätsimports‹, S. 27, in: Huppertz/ Theobald: Kriminalitätsimport
314 Ebd., S. 29-30, in: Huppertz/Theobald, Kriminalitätsimport
315 Ebd., S. 31, in: Huppertz/Theobald, Kriminalitätsimport

Staat gezwungen ist, Zugeständnisse zu machen und die eigene Rechtsordnung aufzuweichen, etwa in Form von informell zugestandenen Sonderrechten für Muslime?

Warum äußert sich die so vielbeschworene »deutsche Sozialisation« nicht darin, daß die Orientalen Konfliktlösungsmechanismen internalisieren, wie sie hierzulande seit langem üblich sind? Warum greifen selbst hier aufgewachsene sechzehnjährige Türken auf ein Faustrecht zurück, das allemal noch im hintersten Anatolien ausgeübt wird und bei uns seit der frühen Neuzeit ausgestorben ist?

Damit berühren wir eine der heikelsten Fragen nicht nur der Ausländerkriminalität/Migrantengewalt, sondern der Einwanderung nach Deutschland an sich. Über Jahrzehnte hat sich die deutsche Linke bemüht, den Ausländer – in dem sie das positive Gegenbild zum deutschen Spießer sah, der sich nur durch negative Eigenschaften auszeichnet – zumindest in der Form einzudeutschen, daß sie ihm die gleichen Rechte wie dem Deutschen verlieh. Das geschah zunächst geistig-ideell und nach 1998 auch juristisch durch die Masseneinbürgerung. Ein Beleg für diese, bei gründlicher Betrachtung äußerst widersprüchliche Haltung ist der 1981 erschienene Band »Zwischen Getto und Knast«, in dem das Deutschsein systematisch lächerlich gemacht, in Frage gestellt und auf den Konsum reduziert wird:

»Wie die Deutschen sind, wer weiß das schon mit Sicherheit zu sagen; aber was die Deutschen haben, ist klar: Auto, Stereoanlage, Einrichtung, Sonntagskleidung. Und so gesehen haben sich die ausländischen Bürger Berlins aufgemacht, gute Deutsche zu werden. Noch ein paar Schäferhunde oder Dackel und die Sache wäre perfekt.«[316]

Nach einem Appell für die rechtliche Gleichstellung endet das Buch mit dem Schlußsatz, mit dem im gleichen Atemzug die Andersartigkeit der Ausländer konserviert wird:

»Sie können und sollen nicht wie wir Deutschen werden!«[317]

Gerade in solchen Passagen äußert sich der grundlegende Unterschied zwischen den USA, anderen klassischen Einwanderungsländern

---

316 Autorengruppe Ausländerforschung, Zwischen Getto und Knast, S. 331
317 Ebd., S. 333

und Deutschland bzw. Europa. Zwar wird von den Lobbyisten der Einwanderung immer wieder angeführt, daß die USA mit ihren ethnischen Stadtvierteln vorbildhaft seien – und daß wir entsprechende Entwicklungen hier begrüßen sollten, aber dieser Vergleich hinkt. Die »ethnic quarters« sind in den USA ein Symbol für Rückständigkeit, denn je mehr eine Einwanderergruppe in ihnen verharrt, als desto weniger integriert gilt sie. Ankommen in der Gesellschaft der USA heißt vor allem, fließend Englisch zu sprechen und sich mit anderen Ethnien zu vermischen. Selbst linksliberale Amerikaner sehen in dem »Einschmelzen« zuwandernder Ethnien nichts Verwerfliches. Der Appell »Sie können und sollen nicht wie wir Amerikaner werden!« würde bei ihnen auf tiefstes Unverständnis stoßen.

Die Humanitätsduselei von Rechtswissenschaftlern und großer Teile der politischen Klasse – schon vor dem Aufkommen der Grünen vor allem bei den »Achtundsechzigern« verbreitet – ist *die* Erbsünde der Ausländerlobby, welche die heutigen Zustände erst möglich machte. Der von Rot-Grün seit 1998 betriebenen Masseneinbürgerung ging bereits zwei Jahrzehnte zuvor die »geistige Einbürgerung« der Ausländer – und ihrer Kriminellen – voraus. Das zeigt sich an den Begriffen, die periodisch als »nicht zutreffend« bezeichnet und verändert wurden. Aus »Gastarbeitern« wurden »Ausländer«, nachdem vorwiegend nicht-arbeitende Familienangehörige in den siebziger Jahren nachzogen und zahlenmäßig stärker wurden. Im Bemühen, nicht »auszugrenzen«, wurden aus diesen nach und nach »ausländische Mitbürger«, dann »Inländer«, dann »Migranten«, dann »Deutsche mit Migrationshintergrund.«
Eines aber kann man der deutschen Einbürgerungsmanie wirklich nicht vorwerfen: ihr Bemühen, die Ausländer zumindest geistig Ausländer sein zu lassen, ist vorzüglich gelungen. Es gibt wohl kein Land auf der Welt, in dem so viele eingebürgerte Personen offen das Staatsvolk ihrer neuen Heimat beschimpfen und tätlich angreifen...

Unter Kohl hatte die bedenkliche Einstellung, Ausländer aus »moralischen Gründen« mit Deutschen gleichzusetzen und sie im Falle des Kriminell-Werdens nicht mehr konsequent aus Deutschland zu entfernen, bereits breite Anwendung gefunden – allen anderslautenden Bekundungen zum Trotz. Offensichtlich wird dies 1993 in einer Broschüre der (CDU/FDP!-) Bundesregierung:

»Im Fall von kriminell gewordenen Ausländerinnen und Ausländern, die seit Jahren ihren Lebensmittelpunkt in Deutschland haben und besonders im Fall derer, die hier geboren und/oder aufgewachsen sind, darf die Ausweisung nicht mehr als anwendbare Maßnahme gelten, denn sie käme vor allem für ausländische Jugendliche einer Verbannung gleich. Junge Ausländer, die kriminell sind, müssen auch entsprechend behandelt werden. Aber sie sind sozusagen ›unsere‹ Kriminellen. Es sollte sich verbieten, das Problem gewissermaßen mit den Menschen abzuschieben.«[318]

Der grundlegenden Annahme, hier aufgewachsene Ausländer würden trotz Bewahren ihrer kulturellen Differenz automatisch unsere deutschen Werte, unsere deutsche Rechts- und Sittenordnung internalisieren, muß auf das Entschiedenste widersprochen werden!

Auch die simple Tatsache, daß Ausländer lange Zeit hier leben, macht sie noch nicht automatisch zu Deutschen, wie es der Bezirksbürgermeister Kreuzbergs in seiner Rede zu Solingen suggerierte; und die Tatsache, daß Ausländer einen anderen Rechtsstatus als die Staatsbürger des eigenen Landes haben, ist noch lange kein »Apartheitsystem«, wie es der »Zeit«-Herausgeber Theo Sommer unterstellen wollte, noch verleiht es den Ausländern einen »rechtlosen Status«.[319]

In einem fremden Land aufzuwachsen und zu leben, rechtfertigt nicht einen irgendwie gearteten Anspruch auf staatsbürgerliche Rechte in diesem Land, *selbst wenn man sich gesetzestreu verhält*, wie bereits John Locke festgestellt hat. Ohne ausdrückliche und tatsächliche Zustimmung zur Ordnung, in der man lebt, bleibt die Erteilung von Pässen eine bloße Formalie, auch wenn deutsche Regierungsstellen sich in der Vorstellung gefallen, allein mit steigenden Einbürgerungszahlen die »Integration« voranzutreiben.

---

318 Beauftragte der Bundesregierung für die Belange der Ausländer, »Ausländerkriminalität« oder »kriminelle Ausländer«, S. 21
319 »Zeit« vom 4. Juni 1993

John Locke hält dagegen:

»Wenn sich jedoch ein Mensch den Gesetzen eines Landes unterwirft, friedlich in ihm lebt und seine Privilegien und seinen Schutz genießt, so macht ihn das noch nicht zu einem Mitglied dieser Gesellschaft, Es ist dies vielmehr nur ein örtlicher Schutz und eine Unterwerfung, die allen und von all denen geschuldet wird, die das zu irgendeiner Regierung gehörende Gebiet betreten (...) Das macht einen Menschen aber ebensowenig zu einem Mitglied jener Gesellschaft und zu einem ständigen Untertan dieses Staatswesens, wie es jemanden zum Untertan eines anderen Menschen machen würde, in dessen Familie man eine Zeitlang gelebt hat, weil es einem gerade angenehm war – selbst wenn man verpflichtet war, solange man sich in ihr aufhielt, sich an die Gesetze zu halten und sich dem Regiment zu unterwerfen, welches man in ihr vorfand. Wir sehen also, daß Fremde, indem sie ihr Leben lang unter einer anderen Regierung leben und die Privilegien und den Schutz dieser Regierung genießen, dadurch noch lange nicht zu Untertanen oder Gliedern jenes Staatswesens werden (...) Nichts kann einen Menschen dazu machen als sein tatsächlicher Eintritt durch positive Verpflichtung und ausdrückliches Versprechen und Vertrag.«[320]

Gewalt durch Deutsche wird politisierte »rechte Gewalt«

Während die Ausländerkriminalität über Jahrzehnte und speziell in den neunziger Jahren verharmlost, entpolitisiert und verschleiert wurde, ist im Gegensatz dazu inzwischen jede Tätlichkeit von Deutschen an Ausländern in den Generalverdacht gekommen, politisch begründet zu sein. Dieser Generalverdacht, unter den man die Ausländer so demonstrativ eben nicht stellen wollte, wurde zwischenzeitlich ohne Hemmungen den Deutschen übergestülpt.

Dabei wird die durch Deutsche an Ausländern ausgeübte Gewalt grundsätzlich in den Ruch gestellt, politisch motiviert, »rechte Gewalt« zu sein – und der »Kampf gegen Rechts« ist spätestens seit Gerhard Schröders »Aufstand der Anständigen« allüberall geübte und hochsubventionierte Pflicht von Bund, Ländern und Kommunen, der sich kaum jemand entziehen kann.

---

320 Locke, Über die Regierung, S. 94-95

Die Ereignisse und Brandanschläge von Hoyerswerda 1991, Rostock 1992, Mölln 1992, Solingen 1993, und Lübeck 1996 müssen als Beweis für einen faschistischen Grundcharakter der Deutschen herhalten. Vor allem nach Solingen sollten sich zwei Grundmuster der Argumentation herausschälen – die Beschwörung dieses faschistischen Grundcharakters der Deutschen, der praktisch überall im Land die Ausländer existenziell bedrohte und die Behauptung, dieser Rassismus sei wesentlich mit dem »schlechteren« Status verknüpft, den die Ausländer besaßen. Nur mit Einbürgerung bzw. doppelter Staatsbürgerschaft und »gleichen Rechten« könne dem Einhalt geboten werden. So kommt es exemplarisch in der Rede des SPD-Bezirksbürgermeisters von Kreuzberg, Peter Strieder zutage:

»Die Morde in Solingen sind aber keine Einzelfälle, sondern nur ein neuer, scheußlicher Höhepunkt. Die Politikerinnen und Politiker sind mitverantwortlich für das Klima, das im Lande herrscht. Ich habe den Eindruck, daß sich ein ausländerfeindliches Klima entwickeln konnte. (...) Wer von der Gefahr einer durchrassten Gesellschaft spricht, ist ein geistiger Brandstifter. Die Asyldebatte scheint mir ein Beispiel dafür zu sein, wie öffentlich akzeptiert, Menschen ausländischer Herkunft zu Sündenböcken gemacht werden. (...) Warum wird die Verleihung der deutschen Staatsbürgerschaft immer noch als Gnadenakt gesehen? Müssen wir nicht erkennen, daß Deutscher ist, wer hier in Deutschland seinen Lebensmittelpunkt gewählt hat? Führt nicht die Glorifizierung der deutschen Staatsbürgerschaft dazu, der Anschauung Vorschub zu leisten, es käme doch auf deutsches Blut an? Ist es wirklich so schwer, zu erkennen, daß der Wechsel der Staatsangehörigkeit nichts einfaches ist?«[321]

Kurz vor Schluß seiner Rede sagte Strieder Folgendes und nahm damit die Islamisierung vorweg: »so wie die lutherische oder die katholische Kirche ihren Platz im Bezirk haben, müssen auch die Muslime öffentlich akzeptiert ihren Glauben praktizieren können. Zur kulturellen Toleranz und als sichtbarer Ausdruck unserer multikulturellen Gesellschaft in Kreuzberg gehört auch endlich eine Moschee.«[322]

---

321 Bezirksamt Kreuzberg: Trauer nach Solingen in Kreuzberg, S. 6-7
322 Bezirksamt Kreuzberg, Trauer nach Solingen in Kreuzberg, S. 8-9

Daß die Täter der Brandanschläge nicht organisiert waren, sondern oft betrunkene Jugendliche, daß mindestens in einem der medial hochgespielten Fälle – Lübeck 1996 – die Täterschaft ungeklärt blieb, daß Hunderttausende, Millionen von Deutschen der Opfer in Lichterketten gedachten, wird ausgeblendet bzw. die Trauermärsche als selbstverständlich interpretiert. Wo aber bleiben die Massenaufmärsche sich entschuldigender Moscheegemeinden, wenn wieder einmal ein Deutscher Opfer von Migrantengewalt durch Muslime wurde? Warum wird im einen Fall auf die ethnische Zugehörigkeit der Täter so abgehoben, im anderen Fall diese Zugehörigkeit aber als nachrangig klassifiziert?

Als vor der Fußball-Weltmeisterschaft 2006 ein Schwarzer in Potsdam niedergeschlagen wurde, flog man die Verdächtigen, zwei Deutsche, wegen »Gefährdung der inneren Sicherheit« (!) sofort zur Bundesanwaltschaft nach Karlsruhe, und der Fall wurde bundesweit bekannt. Später stellte sich heraus, daß der Schwarze stark betrunken war und vor dem erhaltenen Schlag selbst Passanten angepöbelt und körperlich angegriffen hatte.

Beide Verdächtige wurden aus der Haft entlassen, die Bundesanwaltschaft hatte zuvor das Verfahren wieder an das Landgericht Potsdam zurückgegeben. Mangels Beweisen wurden die beiden nicht verurteilt, aber einer von ihnen verlor durch den Vorfall seine Arbeit.

Für die Handelnden im Regierungs- und Justizapparat war das unwesentlich. Anstatt den Fall von Beginn an so zu behandeln – als Schlägerei unter Betrunkenen – wurde sofort allein aufgrund der Hautfarbe des Betroffenen ein Staatsakt daraus gemacht.

Der Verdacht wird zur Hysterie, wenn er ein großes deutsches Kollektiv gegen einen Einzelnen bzw. eine kleine Gruppe von Migranten setzt; exemplarisch dafür steht der schon erwähnte »Fall Sebnitz«.

Der von den Medien stets ausgesprochene Generalverdacht gegenüber einem deutschen Gemeinwesen wird dabei nicht als anrüchig empfunden, im Gegenteil wird jeder Widerstand gegen solche Unterstellungen sofort wieder als »nazistisch« interpretiert – wie es dem Bürgermeister im sächsischen Mügeln erging. Dort hatten sich einige Einwohner 2007 gegen die Übergriffe von Indern bei einem Volksfest gewehrt und diese in die Flucht geschlagen. Der Bürgermeister übte sich trotz der sofort auftauchenden »Rassismus«-Unterstellungen nicht wie gewohnt in Selbstgeißelung, sondern nahm vorbildhaft seine Gemeinde gegen die Vorwürfe in Schutz und parierte – unerhört! – mit dem früheren Versagen der Medien: »Wir sind das neue Sebnitz«.[323]

Die Aufmerksamkeit für Opfer »rechter Gewalt« erzeugt inzwischen Opfer, die keine sind. Es drängt sich der Eindruck auf, daß es gerade in Mitteldeutschland schick geworden ist, von Rechten »verfolgt« zu werden. Es häufen sich die Fälle, in denen sich junge Frauen Hakenkreuze einritzen und dann behaupten, sie seien Opfer brutaler Skinheads geworden.

Die unglaubliche Wirkung des »Nazi«-Vorwurfs ist den Ausländern und Migranten nicht verborgen geblieben. So ist über die Jahre üblich geworden, daß Ausländer, speziell Orientalen, bei jeder ihnen mißlich erscheinenden Anordnung oder Maßnahme durch Deutsche den »Nazi«-Vorwurf erheben. Beispielsweise bezeichnete Arif, ein Mitglied der Bande »Turkish Power Boys« im Interview einen Polizisten als »richtiger Nazi«, weil ihn dieser nach einer Straftat nach Hause begleitete, um Erziehungsmethoden durch die Familie zu erzwingen. Der Polizist hatte in Anbetracht des orientalischen Erziehungsstils damit gerechnet, daß Arifs Vater angesichts der Polizei seinen Sohn ordentlich verprügeln würde. Doch der Vater habe ihn, Arif nur traurig angeschaut und später gesagt, daß er nie wieder Polizei an seiner Haustür sehen wolle. Zumindest die Ermahnung war Arif eindringlich genug, daß er danach strafbare Handlungen vermied, um nicht die Achtung des Vaters zu verlieren.[324]

In Anbetracht des Ergebnisses: Hat der »Nazi« in Gestalt des deutschen Polizisten dann nicht planvoll und richtig gehandelt?

Der mit »rechter Gewalt« verbundene Vorwurf der »Ausländerfeindlichkeit« ist inzwischen inflationär geworden und gilt für viele Migranten allein, wenn ihnen beim Schnorren eine Zigarette verweigert wird! In Köln wurde aus diesem Anlaß im November 2008 ein Physikstudent

---

323 »Spiegel« vom 30. August 2007
324 Tertilt, Turkish Power Boys, S. 153

von einem Türken niedergestochen. Der Staatsanwalt (!) führte in seinem Strafantrag auf, daß sich der Täter nach dem Satz des Opfers »Nein, für dich nicht« als ausländerfeindlich beschimpft fühlte.

Der Türke antwortete mit »Nazi« und »Ausländerhasser«. Dabei hatte das Opfer selbst ersichtlich ein Elternteil aus Asien, war Halbkoreaner!

Den heftigen Wortwechsel, der den 13 Stichen des Türken vorausging, wertete das Gericht erschwerend für das Opfer. Es sei nicht mehr arglos, sondern »reaktionsbereit« gewesen. Der Staatsanwalt und das Gericht verneinten deshalb »Heimtücke« und gingen nicht mehr von versuchtem Mord, sondern nur noch von versuchtem Totschlag aus...[325]

In Berlin forderten Muslime in Kreuzberg im Sommer 2009 einen eigenen, öffentlichen Grill für sich. Daß bereits ein eigener Rost für Muslime am öffentlichen Grill bereitstand, war ihnen zu wenig. Als der Quartiersmanager Jörg Krohmer die Forderung ablehnte, erhob einer der muslimischen Vertreter sofort den Vorwurf der Ausländerfeindlichkeit gegen ihn.[326]

Aus (angeblich generell verbreiteter) »Ausländerfeindlichkeit« wird (angeblich) die »rechte Gewalt« geboren. »Rechte Gewalt« steht dabei mit Migrantengewalt in einem gewissen Zusammenhang, denn oft wird »rechte Gewalt« angeführt, um Migrantengewalt als (angebliche) ReAktion zu rechtfertigen. Einige Mitglieder der Bande »Turkish Power Boys« in Frankfurt am Main führten als Motiv der Bandengründung an, sich dadurch besser gegen Übergriffe von »Nazis« wehren zu können, quasi »ein Gegengewicht zu rechtsextremen Jugendgruppen herstellen zu wollen«. Aber selbst der türkenfreundliche Autor konstatiert: »Dieses Motiv, das andere Jugendcliquen ebenfalls als Begründung für ihre Aktivitäten anführten, beruhte bei den »Power Boys« jedoch keineswegs auf einer unmittelbaren Konfrontation mit rechtsextremer Gewalt. Rassistische Angriffe waren ihnen lediglich aus Erzählungen anderer bekannt.«[327]

---

325 »Kölner Stadt-Anzeiger« vom 4. und 8. September 2009
326 »Berliner Kurier« vom 2. Juli 2009
327 Tertilt, Turkish Power Boys, S. 20-22

In der Folge betätigten sich die »Turkish Power Boys« selbst als Akteure rassistischer Angriffe, bei denen fast immer Deutsche die Opfer waren...

Es ist eine krasse Unverhältnismäßigkeit, daß jene, die »Ausländer-kriminalität« klein- und schönredeten, groß die »rechte Gewalt« herausstellen und Sonderprogramme und eine besonders harte Bestrafung dafür fordern. Wer über *Migrantengewalt* nicht reden will, möge von der *rechten Gewalt* doch bitte schweigen!

Aktuell versuchen Bundesländer mit einem sogenannten »Rechtsextremismus-Problem«, Brandenburg und Sachsen-Anhalt, durch eine vorgeschlagene Gesetzesänderung sogenannte »Haßkriminalität« stärker bestrafen zu lassen. Vorbild sind hier die sogenannten »hate crimes« der USA. Man muß kein Prophet sein, um zu erkennen, daß die Bestrafung nach »Haßkriminalität« einzig und allein gegen Deutsche gerichtet sein wird und der Türke mit deutschem Paß, der »Scheiß-Deutsche« rufend eine Gewalttat begeht, von ihr nicht betroffen wird – auch das kann man, so das Anliegen der zwei Bundesländer durchkommt, unter den Komplex »Sonderrechte für Muslime« verbuchen...

Der Fall Roman Reusch

Wer der herrschenden Politik Unangenehmes ausspricht, wird abserviert – auch und gerade in der Demokratie. Diese Erfahrung mußte der Berliner Oberstaatsanwalt Roman Reusch machen. Er war Leiter der Spezialabteilung für jugendliche Intensivtäter und wurde im Jahr 2007 dadurch bekannt, daß er Tacheles redete, etwa in einem Interview mit dem »Spiegel«. In einem Vortrag für die Hanns-Seidel-Stiftung Ende 2007 forderte Reusch härtere Maßnahmen gegen ausländische Intensivtäter und betonte überdies explizit den ethnisch-religiösen Charakter dieser Klientel, die in Berlin zu ca. 80% Türken oder Araber sind.[328]
In beiden Punkten – Forderung nach härteren Strafen und Benennung des ausländischen Hintergrundes – verstieß er eminent gegen un-

---

328 http://www.hss.de/index.php?id=2625

geschriebene Gesetze des bundesdeutschen Politik- und Medienbetriebs. Dann sollte Reusch sogar in einer beliebten ARD-Diskussionsrunde auftreten, »Hart aber fair« mit Frank Plasberg. Das Fernsehen hat eine viel größere Reichweite als selbst das Lieblingsblatt der bundesdeutschen Intelligenz, der »Spiegel«. Eine Fernsehsendung hätte Reusch den Rahmen geboten, seine mit harten Tatsachen untermauerten Thesen vor Millionen von Zuschauern auszubreiten. Oft werden Fernsehberichte zu umstrittenen Themen dann auch von den Printmedien aufgriffen und breit diskutiert, was in der umgekehrten Reihenfolge eher eine Seltenheit darstellt. Reuschs Auftreten hätte einen unerwünschten Multiplikatoreffekt haben können. Am 6. Januar 2008 berichtete der Tagesspiegel, daß Reusch der geplante Fernsehauftritt von seinem Vorgesetzten Andreas Behm, dem Leiter der Berliner Staatsanwaltschaft, verboten wurde. Etwas mehr als zwei Wochen später wurde zudem bekannt, daß Reusch von seiner Spezialabteilung abgelöst und versetzt worden war.[329]

---

329 »Tagesspiegel« vom 6. und 23. Januar 2008

DER SCHWACHE STAAT: GRÖSSTE GEFAHR FÜR DAS GEWALTMONOPOL

Kennzeichen des schwachen Staates

Wurde im vorhergehenden Kapitel thematisiert, wie die deutsche Politik der zunehmenden Ausländerkriminalität dadurch begegnete, daß sie diese primär verleugnet(e), soll hier im einzelnen analysiert werden, wie der deutsche Staat, der seit den neunziger Jahren zunehmend das Staatsvolk nicht mehr als »deutsch« definiert und sich selbst als »Einwanderungsland« bezeichnet, mit Maßnahmen auf die Migrantengewalt reagiert.

Es fällt auf, daß hierbei die Kooptation im Vordergrund steht, die Einbindung der Migranten durch Postenvergabe. Außerdem gibt der Staat im erheblichem Umfang der Migrantengewalt nach, was sich aber bisher noch nicht in einer formellen Legalisierung äußerte. Wie dennoch einer schleichenden Legitimierung dieser Migrantengewalt der Weg gebahnt werden könnte, soll auch untersucht werden.

Wenn der deutsche Staat bei der Rechtsdurchsetzung gegenüber Migranten de facto versagt, könnte er versucht sein, sich gleichfalls de jure aus seinem Aufgabenbereich zurückzuziehen, um diesen anderen zu überlassen – etwa in der Erschaffung autonomer muslimischer Zonen mit Zugriffsrecht der Türkei. Was hier als bizarre Phantasie erscheint, ist keine – es wurde in Ludwigshafen 2008 sichtbar, daß die deutsche Regierung als Präzedenzfall die Ermittlung der türkischen Exekutive auf deutschem Boden zugelassen hat. Die Infrastruktur für türkische Siedlungsinseln ist in vielen Orten bereits gegeben. Es ist also nur eine Frage der Zeit, wann einerseits die sich immer mehr verdichtenden türkischen Ghettos und andererseits die zunehmende Schwäche des deutschen Staates eine solche Qualität annehmen, daß es zur faktischen Sezession und Separation kommt, oder zu einer Art »Mischherrschaft« in dem Anspruch der türkischen Minderheit auf deutschem Boden, deutsche Politik wesentlich, sogar hauptsächlich zu bestimmen – die Forderungen nach einem Bundeskanzler türkischer Ethnie gibt es ja seit der Wahl Barack Obamas in den USA zuhauf.

Es sei wiederholt betont, daß sowohl Staatswerdung, als auch Staatsgefährdung und Staatszerstörung essentiell mit dem Gewaltmonopol verknüpft sind. Durch dessen Stellung bzw. faktische Durchsetzung und Anerkennung in der breiten Masse der Bevölkerung läßt sich die Stabilität eines Staates erkennen.

Deshalb definiert der Mafiaexperte Hofmann unter Rückgriff auf Weber das Ende der Staatlichkeit folgendermaßen: »ab wann von einem faktischen Ende des Zustands der Staatlichkeit gesprochen werden kann: Exakt dann, wenn ein Staat nicht mehr in der Lage ist, das Monopol legitimer physischer Gewaltsamkeit ›mit Erfolg‹ für sich zu beanspruchen. Ein Ordnungskonstrukt, dem es nicht gelingt, innerhalb eines bestimmten Gebietes das Gewaltmonopol durchzusetzen, verliert demnach seinen Charakter und damit seine Legitimität als Staat.«[330]

Wir können demgemäß den schwachen Staat dadurch definieren, daß er erkennen läßt, daß er das Gewaltmonopol zunehmend nicht mehr durchsetzen kann. Der Staat tritt zurück und läßt einzelnen Gruppen Platz, die sich entweder direkt vom Hoheitsanspruch des Staates separieren oder ihn usurpieren – sie besetzen die Posten des Staates und reklamieren weiterhin dessen Anspruch auf Erhaltung des Allgemeinwohls, bedienen aber lediglich ihr Partikularinteresse.

Entscheidend dabei ist, ob der Staat die Normen noch setzen kann oder ob diese von einer bestimmten gesellschaftlichen Gruppe gemacht werden. Nach Schmitt besteht die wesentliche Leistung des Staates gerade darin, »daß er die konkrete Situation bestimmt, in welcher überhaupt erst moralische und rechtliche Normen gelten können... Wenn der Staat die ›äußeren Bedingungen der Sittlichkeit‹ setzt, so bedeutet das: er schafft die normale Situation. Nur darum ist er (nach Locke wie Kant) der oberste Richter. Bestimmt nicht mehr der Staat, sondern die eine oder andere soziale Gruppe von sich aus diese konkrete Normalität der Situation des Einzelnen, die konkrete Ordnung, in welcher der Einzelne lebt, so entfällt auch der ethische Anspruch des Staates auf Treue und Loyalität.«[331]

---

330 Hofmann, Monopole der Gewalt, S. 209
331 Schmitt, Staatsethik und pluralistischer Staat (1930), in »Positionen und Begriffe im Kampf mit Weimar-Genf-Versailles«, Berlin 1988, S. 136ff

Wenn der Staat anderen Gruppen innerhalb seines Machtbereichs offiziell Raum gibt und deren Sezession zuläßt, ist das Kind längst in den Brunnen gefallen. Das ist dann nur der Endpunkt eines langen Prozesses der (Selbst-)Zerstörung der Staatlichkeit, der bereits damit begann, daß »private Gewalt« als Mittel der gesellschaftlichen Auseinandersetzung wieder in großem Maßstab angewandt wird, sich zunehmend rentiert und etabliert, weil diese Gewalt nicht mehr sanktioniert und sogar belohnt wird – wie es im Wrangelkiez geschah, als die Politik auf die Bedrohung von Polizisten mit Arbeitsplatzangeboten und Demutsgesten der Polizeiführung antwortete!

Hofmann, der die Untergrabung staatlicher Strukturen in Süditalien durch die Mafia untersuchte, formuliert es so:

»Die Zivilisierung und Rationalisierung von Gewalt mittels der Schaffung eines Gewaltmonopols im Rahmen eines Rechtsstaats wird nicht erst durch den Zerfall staatlicher Einheit im Zuge eines Bürgerkriegs gefährdet, sondern bereits durch die Rückkehr der Gewalt in den Gesellschaftszusammenhang in Form sozialen Kapitals. Wenn Gewalt als soziales Kapital einzelner Gesellschaftsmitglieder oder Gruppen taktische oder gar strategische Bedeutung im Wettbewerb um Macht- und Geldressourcen erlangt und es dem Staat nicht gelingt, diese Tendenz zu unterdrücken, gibt er das ursprünglich seine Legitimität begründende Monopol physischer Gewaltsamkeit zumindest zum Teil preis.«[332]

Bereits Hobbes hat in seinem »Leviathan« die Problematik sehr genau umrissen, die nicht nur dadurch besteht, daß gesellschaftliche Gruppen gegen den Staat zunehmend straflos Gewalt ausüben, sondern der Staat dies in gleicher Weise zunehmend toleriert und akzeptiert. Der »Oberherr« macht sich mitschuldig an der Zerstörung seiner Souveränität, wenn er Untertanen Freiheiten zugesteht, welche diese einfach nicht haben dürfen, z.B. wenn sie sich »öffentlichen Dienern« mit Gewalt widersetzen:

»Hat ein Oberherr einem Bürger eine gewisse Freiheit zugestanden, die mit der höchsten Gewalt nicht vereinbar werden kann, weil ihre Ausübung dadurch gehindert wird, so sündigt und handelt der, welcher

---

332 Hofmann, Monopole der Gewalt, S. 215

diese Freiheit ausübt, wider die Pflicht eines Bürgers. Notwendig muß jeder Bürger wissen, was mit den Gerechtsamen des Staates vereinbar ist und was nicht, weil der Staat von allen Bürgern einstimmig zu ihrem Besten errichtet ist; ja, er muß wissen, daß ihm jene Freiheit, die der höchsten Gewalt widerspricht, bloß aus Unwissenheit zugestanden ist, indem der Oberherr die nachteiligen Folgen für den Staat nicht einsieht. Fährt er aber in dem Gebrauch dieser Freiheit so fort, daß er sich den öffentlichen Dienern mit Gewalt widersetzt, so begeht er ein Verbrechen.«[333]

Und Hobbes schildert zudem sehr anschaulich die nachteiligen Folgen dieser Nicht-Sanktionierung durch den Staat; es entsteht ein Teufelskreis, weil diejenigen, welche die öffentliche Ordnung angreifen und Gesetze brechen, ohne bestraft zu werden bzw. nur milde bestraft werden, den Staat wegen seiner Schwäche immer mehr verachten.

»Eine gesetzwidrige Tat, bei der man sich auf seine eigenen Kräfte, auf seinen Reichtum oder auf seine Freunde verläßt und deshalb sogar Gewalt gegen öffentliche Diener wagt, ist ein weit größeres Verbrechen, als wenn dieselbe Tat nur in der Hoffnung unternommen wird, daß man entweder unentdeckt bleiben oder sich durch die Flucht retten könnte. Denn dadurch, daß man sich durch seine Macht von jeder Strafe zu befreien hofft, sind die Gesetze der Gefahr ausgesetzt, zu allen Zeiten und bei jeder Gelegenheit verachtet zu werden.«[334]

Wenn Straftaten und kollektive Angriffe auf den Staat aber nicht mehr bestraft, sondern belohnt werden, dann entsteht nicht nur für die Täter ein Anreiz, ihre Taten zu wiederholen; es wird für bisher unbescholten gebliebene Teile der Bevölkerung überhaupt erst ein Anreiz geschaffen, selbst Straftaten zu begehen, um so in den Genuß staatlicher Wohltaten zu kommen.

Dabei ist zu beachten, daß der Prozeß »Belohnung statt Bestrafung« nicht nur vorwiegend muslimische Bevölkerungsteile verführen könnte, den deutschen Staat als schwach zu begreifen und zunehmend gewalttätig zu agieren, um (soziale) Wohltaten für sich zu empfangen, welche sich nicht direkt äußern müssen, sondern ebenfalls in Initiativen der

---

333 Hobbes, Leviathan, S. 251-252
334 Hobbes, Leviathan, S. 252

lokalen Politik zur Förderung von Moscheenbau und islamischen Kulturzentren zum Ausdruck kommen können.

»Erweist der Oberherr einem Bürger eine Wohltat, um ihn von jeder Unternehmung gegen den Staat abzuhalten, so ist das, weil es aus Furcht kommt, keine Belohnung noch eine Gunstbezeigung von Seiten des Oberherrn, sondern vielmehr ein Opfer, womit er den schlechtgesinnten Bürger, zumal wenn er mächtig ist, gewinnen will; wodurch aber die übrigen Bürger gewiß nicht zum Gehorsam, sondern zu einer größeren Widersetzlichkeit angestachelt werden.«[335]

Diese Vorgänge sind sehr wohl auch geeignet, das Vertrauen der deutschen Bevölkerung in ihren Staat nachhaltig und grundlegend zu erschüttern. Deren Urteil, daß dieser Staat eben kein deutscher Staat mehr sei und sich nicht mehr primär um die Belange der deutschen Bevölkerung kümmere, würde dann in einen zunehmenden Loyalitätszerfall auch der deutschen Bevölkerung münden!

In Anbetracht der äußerst milden Strafen speziell für Angriffe gegen Leib und Leben, die gegen Straftäter mit Migrationshintergrund oft ausgesprochen werden, ist es zweifelhaft ob die bundesdeutsche Justiz noch dem Sinn des Strafens nachkommt, wie ihn Hobbes definierte – daß nämlich die Strafe eine Generalprävention erfüllt und nicht nur den Straftäter von weiteren Taten, sondern auch die restliche Bevölkerung von Straftaten überhaupt abschrecke, indem sie das an dem Straftäter statuierte harte Exempel wahrnimmt:

»Strafe ist ein Übel, welches dem Übertreter eines Gesetzes von Seiten des Staates in der Absicht zugefügt wird, daß die Bürger abgeschreckt und zum Gehorsam bewogen werden.«[336]

»weil es bei der Strafe wesentlich notwendig ist, daß die Bürger durch sie zum Gehorsam bewogen werden sollen.«[337]

Zur Abmessung des Strafmaßes erklärt Hobbes, daß es unbedingt das »Angenehme« überwiegen müsse, das die Begehung der Straftat dem Täter verschaffe:

---

335 Hobbes, Leviathan, S. 265-266
336 Hobbes, Leviathan, S. 258
337 Hobbes, Leviathan, S. 260

»wenn das Übel dem Angenehmen, welches mit der Tat des Verbrechens natürlich verbunden war, nicht entspricht, so kann das Übel nicht Strafe genannt werden, sondern man muß es so ansehen, als ob man sich dadurch das Recht zum Verbrechen erkaufe. Denn jede Strafe muß die Besserung der Bürger zur Absicht haben; und enthält nun eine Strafe weniger Unangenehmes als das Verbrechen Angenehmes, dann bewirkt sie das Gegenteil.«[338]

Es ist zweifelhaft, ob die gegenwärtige Praxis deutscher Rechtsprechung noch diese Maßstäbe erfüllt. Zu zahlreich sind die Presseberichte über Straftäter, die einen »Migrantenbonus« erhalten und selbst bei mehrfachen Straftaten immer noch Bewährung erhalten; die ein »Antiaggressionstraining« im Ausland absolvieren können, das für viele eher einen Urlaub darstellt; die für Straftaten indirekt noch belohnt werden, indem sie in der Haft die Gelegenheit zu einer Ausbildung erhalten, die sie außerhalb des Gefängnisses mangels Qualifikation niemals bekommen würden.

Es kennzeichnet den schwachen Staat außerdem, daß er zunehmend unmäßige öffentliche Kritik an seiner Gesetzgebung zuläßt, ohne diese entsprechend zu ahnden. Es ist zwar in einer Demokratie vollkommen legitim, Kritik an Gesetzen zu äußern, die nach Ansicht bestimmter gesellschaftlicher Gruppen falsch sein mögen. Lobbyisten von Bauern, Wirtschafts- und Pharmaverbänden sind geradezu darauf gedrillt, für ihre Gruppierungen ungünstige Gesetze zu kritisieren und – hinter den Kulissen! – Gesetzesvorlagen zu entwerfen und in den politischen Prozeß einzubringen, die ihrem Interesse förderlicher sind.

Doch muß festgestellt werden, daß gerade die muslimischen und türkischen Interessenorganisationen in Deutschland die Grenze immer öfter und immer weiter überschreiten, die legitime Kritik von offener Beleidigung der Staatsorgane und unverhüllter Einflußnahme trennt, die mit Gewaltdrohungen einhergeht. Das wurde offensichtlich, als die Bundesregierung 2007 ein Gesetz erließ, das minimale Sprachkenntnisse des Deutschen vorschrieb. Damit sollten vor allem Zwangsehen und »Importbräute« verhindert werden, die Integration unmöglich machen,

---

338 Hobbes, Leviathan, S. 260-261

weil durch sie türkische Wertvorstellungen ungefiltert an die Kinder weitergegeben werden. Sofort erhob sich ein Sturm der Entrüstung nicht nur in der Türkei, sondern auch und gerade bei der türkischen Gemeinde in Deutschland. Diese kritisierte das Gesetz nicht nur heftig (was ihr zusteht), sie ging weit darüber hinaus: Sie forderte die Bundesregierung und den Bundespräsidenten *ultimativ* auf, das Gesetz nicht zu verabschieden und nicht zu unterzeichnen![339]

Im Falle der Nichterfüllung dieser Forderungen wurden Zustände prophezeit, die von kritischen Mitmenschen durchaus als Drohung mit bürgerkriegsähnlichen Verhältnissen verstanden werden könnten. So äußerte sich Kenan Kolat, der Vorsitzende der Türkischen Gemeinde in Deutschland, bezüglich der jungen »Deutschtürken« in der Bundesrepublik: »Wenn das Zuwanderungsgesetz in der geplanten Form durchkommt (...) dann habe ich die nicht mehr unter Kontrolle. Die fühlen sich dann so zurückgewiesen, da kann ich dann auch für nichts mehr garantieren.«[340]

Mit dieser Äußerung tut er implizit kund, daß er den Hoheitsanspruch des deutschen Staates mißachtet, denn wer sonst außer dem deutschen Staat sollte die »Kontrolle« über Türken auf deutschem Boden ausüben – doch nicht etwa Kolat und die Türkische Gemeinde?

Nötig wäre hier eine deutliche Richtigstellung von Seiten des deutschen Staates im Hinblick auf die Souveränitätsfrage gewesen, denn:

»Zweitens muß bei dem Unterricht der Bürger darauf gesehen werden, daß sie sich nicht durch Verehrung eines oder mehrerer Bürger, den Oberherrn ausgenommen, bei allen etwaigen Vorzügen oder glänzenden Eigenschaften der Betreffenden dazu verleiten lassen, ihnen Gehorsam und Ehrerbietung, die der höchsten Gewalt allein gebühren, zu erweisen und sie für Stellvertreter des Staates anzusehen.«[341]

Mit der lapidaren Bemerkung »Einer Bundesregierung stellt man keine Ultimaten« ging Bundeskanzlerin Merkel über die Infragestellung

---

339   »Welt« vom 11. Juli 2007
340   »Welt« vom 11. Juli 2007
341   Hobbes, Leviathan, S. 281-282

der Autorität des Staates hinweg. Daß diese Nicht-Sanktionierung nur zu weiteren, noch unbotmäßigeren Äußerungen anstacheln sollte, erwies sich später. Bezüglich der Integrationsfrage gab die Türkische Gemeinde am 4. August 2009 bekannt, daß sie nach der Bundestagswahl 2009 einen »eigenen Gesetzentwurf« vorlegen werde.[342]

Nun ist es durchaus üblich, daß Lobbyverbände Gesetzentwürfe nach ihren Vorstellungen ausformulieren – aber es ist ein Novum, daß ein Lobbyverband dies öffentlich kundtut. So entsteht der Eindruck – der wohl durchaus erwünscht ist – daß die Türkische Gemeinde einen Staat im Staate darstellt, quasi eine dritte Kammer neben Bundestag und Bundesrat, denn nur diese dürfen, neben der Bundesregierung, formell Gesetzentwürfe zur Diskussion und eventuellen Verabschiedung einbringen. Schon Locke hat in seiner Zeit die Machtansprüche gegeißelt, die einzelne Menschen oder gesellschaftliche Gruppen auf den Gesetzgebungsprozeß erheben wollten – und die Legitimation des Parlaments dagegengehalten:

»Keine Vorschrift irgendeines anderen Menschen, in welcher Form sie auch verfaßt, von welcher Macht sie auch gestützt sein mag, kann die Verpflichtungskraft eines Gesetzes haben, wenn sie nicht durch jene Legislative sanktioniert ist, die von der Allgemeinheit gewählt und ernannt worden ist.«[343]

»Wer immer neue Gesetze einführt, ohne dazu kraft der grundlegenden Ernennung der Gesellschaft ermächtigt zu sein, oder die alten umstößt, verleugnet und stürzt die Gewalt, durch die sie geschaffen wurden, und setzt so eine neue Legislative ein.«[344]

Auch der deutsche Rechtswissenschaftler Merten weist darauf hin, daß Gesetzesgehorsam geschuldet wird, und zwar nicht nur dann, wenn der Inhalt des Gesetzes den Betroffenen gefällt:

»Die Verschränkung von Rechtsstaat und Gewaltmonopol läßt es nicht zu, daß staatliche Gewaltanwendung nach Maßgabe und zur Durchsetzung des Rechts von Voraussetzungen abhängig gemacht wird, die

---

342 http://www.tgd.de/index.php?name=News&file=article&sid=956
343 Locke, Über die Regierung, S. 101
344 Ebd., S. 163

außerhalb des Gesetzes liegen. Unter Berufung auf das Rechtsstaatsprinzip kann also niemand die inhaltliche Unrichtigkeit eines Gesetzes mit Erfolg rügen oder seine Verbindlichkeit unter Hinweis auf die öffentliche Meinung leugnen. Der Gesetzesgehorsam wird geschuldet, wenn eine Norm als verfassungsmäßiges Gesetz gilt und nicht nur dann, wenn ihr Inhalt den Normunterworfenen konveniert.«[345]

Die andauernde Kritik, die von den genannten Interessenverbänden an der Legislative geübt wird, enthält noch eine weitere, staatszerstörerische Komponente. Wann sind Gesetze je perfekt? Politik ist pragmatisch, ist die Kunst des Möglichen und nicht des Idealen. Damit Politik als prozessualer Vorgang für die Menschen aber funktioniert, ist es notwendig, daß einmal durch Mehrheitsbeschluß (!) verabschiedete Gesetze respektiert werden – und nicht die ganze Energie von einzelnen Gruppierungen darin gelegt wird, sie mit aller Gewalt zu reformieren oder rückgängig zu machen, nur weil sie einer umtriebigen Minderheit nicht passen. Eine ständige Beschäftigung mit solch bockigen Minderheiten würde so viel Kraft der politischen Akteure absorbieren, daß für eine produktive Regierungsarbeit nicht viel übrig bliebe. Das hat Locke in diesen Sätzen festgehalten:

»Ein jeder also, der mit anderen übereinkommt, einen einzigen politischen Körper unter einer Regierung zu bilden, verpflichtet sich gegenüber jedem einzelnen dieser Gesellschaft, sich dem Beschluß der Mehrheit zu unterwerfen und sich ihm zu fügen. Dieser ursprüngliche Vertrag, durch den er sich mit anderen in eine Gesellschaft vereinigt, würde ohne alle Bedeutung sein und kein Vertrag, wenn der einzelne weiterhin frei bliebe und unter keinen anderen Verpflichtungen stünde als zuvor im Naturzustande. Denn was würde auf irgendeinen Vertrag hindeuten! Welche neue Verpflichtung würde er eingehen, wenn er durch die Beschlüsse dieser Gesellschaft nur so weit gebunden wäre, wie er selbst es für angebracht hielte und er ihnen tatsächlich zustimmte.«[346]

Einstimmigkeit als notwendige Grundlage für Regierungshandeln gab es in der Geschichte bisher nur einmal – mit dem »Liberum Veto« im

---

345 Merten, Rechtsstaat und Gewaltmonopol, S. 36-37
346 Locke, Über die Regierung, S. 74

Sejm, ursprünglich die Adelsversammlung Polens, während des 17. und 18. Jahrhunderts. Was mit dem polnischen Staat damals geschah, ist jedermann bekannt – er wurde handlungsunfähig und Beute seiner Nachbarn. Locke hat lange vor der ersten Teilung Polens die Einstimmigkeit richtig charakterisiert:

»Denn wollte man nicht vernünftigerweise die Übereinkunft der Mehrheit als den Beschluß aller annehmen, der jedes Einzelwesen darin mitverpflichtet, so brauchte es die Zustimmung jedes Einzelnen, bis etwas zum Beschluß aller würde. Eine solche Zustimmung jemals zu erhalten ist aber nahezu unmöglich (...) Eine solche Verfassung würde dem mächtigen Leviathan kürzere Lebensdauer als den schwächsten Lebewesen gewähren und würde ihn nicht den Tag seiner Geburt überleben lassen.«[347]

Hobbes schreibt prinzipiell das Gleiche in seinem »Leviathan«.[348]

Ist der Staat durch Stimmenmehrheit errichtet, sind ihm auch jene verpflichtet, die dagegen stimmten – so Hobbes:

»Drittens, wenn durch die Stimmenmehrheit die höchste Gewalt eingesetzt ist, darf keiner, der damit unzufrieden ist, für seine verneinend abgegebene Stimme Zeugen verlangen und fordern, daß man dies aufzeichne. Eine Forderung dieser Art würde anzeigen, daß er den Willen habe, die ganze Handlung rückgängig zu machen, folglich den geschlossenen Frieden aufzuheben, allen übrigen den Krieg zu erklären und in den Naturzustand zurückzukehren, obgleich er sich mit den übrigen dazu versammelt hatte, um sich davon zu befreien.«[349]

Von den Gesetzen für den Bund bis hin zu simplen Verwaltungsakten: Über den Streit bezüglich des »Muslim-Grills« im Bezirk Kreuzberg wurde bereits berichtet. Muslime gaben sich nicht mit einem eigenen Rost zufrieden, sondern beanspruchten eine eigene Grillstelle, da ihnen eine Grillstelle nicht zuzumuten sei, an der auch Schweinefleisch zubereitet wird.

---

347 Locke, Über die Regierung, S. 75
348 Hobbes, Leviathan, S. 156-157
349 Ebd., S. 159-160

Das mutet an wie ein weiteres kleines Mosaiksteinchen im Komplex »Sonderrechte für Muslime«; ist es verfehlt, eine solche Handlungsweise als Ausdruck einer allgemeineren Haltung zu deuten, bei der sofort jeder Verwaltungsakt und jedes Gesetz, das den Vertretern türkischer und muslimischer Interessenverbände nicht gefällt, auf das heftigste kritisiert und niedergemacht wird?

Hobbes hat die staatszerstörenden Auswirkungen einer solchen Dauerkritik bereits im 17. Jahrhundert eingängig beschrieben und sie als »Staatskrankheit« definiert:

»Eine (...) Art von Staatskrankheiten wird durch das Gift aufrührerischer Lehren erzeugt, wohin zuerst folgende gehört: Jeder einzelne Bürger hat das Recht zu entscheiden, was gute und böse Handlungen sind. Im Naturzustand, wo es noch keine bürgerlichen Gesetze gibt, ja auch in Staaten ist diese Behauptung hinsichtlich der in den Gesetzen nicht bestimmten Handlungen allerdings wahr. Andererseits ist offenbar das bürgerliche Gesetz der einzige Erkenntnisgrund für gute und böse Handlungen, und der Oberherr besitzt allein das Recht, darüber zu urteilen. Diese Lehre verleitet nun die Bürger, jeden obrigkeitlichen Befehl erst zu prüfen und zu tadeln und ihm nach eigenem Gutdünken gehorchen oder nicht gehorchen zu wollen, wodurch der Staat entzweit und geschwächt wird.«[350]

»Eigenliebe und ein gar zu hoher Begriff von eigener Weisheit ist des Beifalls des gemeinen Mannes gewiß und bringt über den Zustand und die Verwaltung des Staates und der öffentlichen Religion freie Urteile hervor, welche an sich schon ein großes Verbrechen und der häufigste Anlaß zu Empörungen sind.«[351]

Die größte Gefahr für eine Schwächung und Entzweiung des Staates droht aber von einer Separation, für die meist religiöse Differenzen angeführt werden. Gerade deshalb hatten die blutigen Bürgerkriege des 16. und 17. Jahrhunderts in Europa konfessionellen Charakter. Damals, als das Gewaltmonopol des sich entwickelnden Staates (und der Landesherrschaften) noch nicht gesichert war, wurde die »höchste Gewalt«

---

350 Hobbes, Leviathan, S. 269
351 Ebd., S. 248

aus der Religion abgeleitet – und damit zum Politikum. Denn wie sollte ein (protestantischer) Franzose die »höchste Gewalt« des katholischen Königs von Frankreich anerkennen – oder ein protestantischer Landesherr im Deutschen Reich die Autorität des katholischen habsburgischen Kaisers? In Folge wurde der französische Staat gestärkt, weil er die Hugenotten bis auf geringe Reste vertrieb und damit die Bevölkerung Frankreichs konfessionell gleich machte. In Deutschland war der Protestantismus nicht mehr zu eliminieren, aber er war auch zu schwach, die katholischen Länder zu überwinden. Durch diesen andauernden Dualismus wurde die zentralstaatliche Autorität des Deutschen Reichs an sich geschwächt, während im betont protestantischen Preußen die Keimzelle für die neue Großmacht innerhalb des Reichs gelegt wurde. In Großbritannien konnte der Katholizismus fast vollständig ausgemerzt werden.

Vor allem in Deutschland, in dem bis in das zwanzigste Jahrhundert hinein ein katholisch-protestantischer Gegensatz existierte, entwickelten sich doch Mentalitäten der Ausbalancierung und Verständigung. Anders wäre es nicht möglich gewesen, im 19. Jahrhundert »bikonfessionell« gewordene Länder wie Württemberg und Preußen zu führen. Diese ausgeprägte Kultur der Ko-Existenz ist zu den deutschen Spezifika zu zählen, die einer Etablierung des Islam als quasi-staatlicher Macht eher förderlich sind, etwa im Vergleich zu Frankreich. Die Moderation konfessioneller Unterschiede zählt im deutschen Bewußtsein geradezu als eine Grundbedingung für die Schaffung des Gewaltmonopols.

»Denn aus der Erfahrung blutiger Bürgerkriege, die im 16. und 17. Jahrhundert die Form konfessioneller Auseinandersetzungen innehatten, entstand der Gedanke der Sicherung des Friedenszustands durch die Schaffung eines Gewaltmonopols.«[352]

Für Muslime leitet sich die staatliche Macht nach wie vor aus religiöser Sinngebung ab, bzw. beide Sphären können aus ihrer Sicht nicht strikt getrennt werden. Wer gerade für Türken anderes behauptet, mit Berufung auf den »Laizismus« Atatürkscher Prägung, befindet sich im

---

352 Hofmann, Monopole der Gewalt, S. 211

Irrtum. Denn dieser Laizismus, dessen Existenz in einschlägigen Lehr-
büchern vorausgesetzt wird, postuliert keine *Trennung* von Staat und
Religion, sondern vielmehr eine *Unterordnung* der Religion unter den
Staat. Außerdem fand die Rezeption des türkischen Laizismus in den
westlichen Ländern gerade zu der Zeit statt, als Atatürk und die Türkei
Anerkennung fanden und seine Reformen – oberflächlich – ihren Höhepunkt erreichten. Seit den fünfziger Jahren aber befindet sich die
Türkei in einem steten Prozeß der Re-Islamierung, der mit der erstma-
ligen Regierungsübernahme der islamistischen Partei AKP 2002 einen
vorläufigen Höhepunkt gefunden hat.

Der Konzeption des Atatürkschen Laizismus steht zudem seine betont muslimische Seite entgegen und die Lebens- und Rechtswirklichkeit,
in der er praktiziert wird. Atatürk hat die Armeniermörder 1923 amne-
stiert und bis dahin auch die griechische Minderheit weitgehend aus
dem Land vertrieben. Das Projekt der modernen Türkei fußt insoweit
auf dem Osmanischen Reich, als die Diskriminierung und Schlechter-
stellung von Nichtmuslimen konsequent fortgeschrieben wird. Türkische Staatsbürger nichtmuslimischer Konfession gelten als unzuverläs-
sig für den Staatsdienst, sie können nicht hohe Diplomaten oder Offi-
ziere werden. Bis heute trägt der türkische Staat in die Papiere seiner
Bürger deren Religionszugehörigkeit ein – und eröffnet damit der Diskriminierung von Christen amtliche Hilfestellung. Ein Nachfahre deutscher Siedler im ehemals russischen Kaukasusgebiet, das später an die
Türkei fiel, findet keine Arbeit, weil im Personalausweis der Vermerk
»christlich« steht.[353]

Auch die zweitrangige Stellung der Frau zeugt sich fort. Der Ethnologe Schiffauer berichtet, daß in der Türkei noch Jahrzehnte nach Einführung eines modernen Zivilrechts, das gleiche Erbteile für alle Nachkommen vorschreibt, in anatolischen Dörfern die Erbteilung nach wie
vor gemäß der Scharia stattfindet. Frauen erben nur die Hälfte eines
Mannes, oft sogar noch weniger oder sie werden ganz übergangen.[354]

---

353 »Tagesspiegel« vom 26. Juli 2009
354 Schiffauer, Die Bauern von Subay, S. 132

Der zunehmende Einbruch des Religiösen in die staatliche Sphäre ist das Hauptproblem des deutschen Staates, durch das er zunehmend geschwächt wird, aber es ist nicht die eigentliche Ursache dieser Schwäche. Diese liegt vielmehr in einer Geschichtspolitik begründet, die das Negative herausstellt und quasi zur Negation des eigenen Volkes auffordert. Zusätzlich wird der Staat durch die Parteien geschwächt, die mit ihren Eigeninteressen krebsartig in das Staatsgefüge hineinwuchern, wie es bereits Carl Schmitt für die Weimarer Republik und Ernst Forsthoff für die Bundesrepublik darlegten. So schreibt Voigt über die Parteien in der Bundesrepublik:

»Sie nutzen jedoch ihr in Art. 21 GG gewährtes Privileg aus, um sich gegenseitig alle wichtigen und vor allem die lukrativen Posten im Staat zuzuschanzen. Etwas überpointiert könnte man sagen, sie überziehen den Staat mit einem Netz von gegenseitigen Abhängigkeiten, das sich ständig ausbreitet.«[355]

Indem der Staat darauf verzichtet, das Allgemeinwohl zu definieren und zu erzwingen, läßt er den Sonderinteressen bestimmter gesellschaftlicher Gruppen Raum, die dann den Staat usurpieren und damit schwächen. Liest man etwa Schmitts Aufsatz »Konstruktive Verfassungsprobleme« und »Starker Staat und gesunde Wirtschaft« aus der Endphase der Weimarer Republik, hat man den Eindruck, als ob er schon die Bundesrepublik der Gegenwart mit der Dominanz der Parteien schildert:

»Wir haben keinen totalen Staat, aber wir haben totale Parteien, d. h. politische Parteiorganisationen, die in sich total sind, die nicht nur ihre Mitglieder total von der Wiege bis zur Bahre erfassen und ihnen die nötige Weltanschauung, die nötige richtige Auffassung von Kultur, Wirtschaft, Innenpolitik und Außenpolitik beibringen, sie also total okkupieren, wenn ich einmal so sagen darf, und keine außerparteiliche Sphäre ihres Daseins, weder ihres öffentlichen noch ihres privaten Daseins, freilassen. (...) Die Wirklichkeit ist die totale Partei, die alles mediatisiert hat. Alles, was an Selbstverwaltung, Bundesstaatlichkeit, sozialen Selbstorganisationen vorhanden ist, ist ebenfalls auf diese politischen Parteien angewiesen, solange es keinen selbständigen, starken Staat gibt. (...)

---

355 Voigt, Den Staat denken, S. 319

Der heutige deutsche Staat ist *total aus Schwäche* und Widerstandslosigkeit, aus der Unfähigkeit heraus, dem Ansturm der Parteien und der organisierten Interessen stand zu halten. Er muß jedem nachgeben, jeden zufriedenstellen und den widersprechendsten Interessen gleichzeitig zu Gefallen sein. Seine Expansion ist die Folge, wie gesagt, nicht seiner Stärke, sondern seiner Schwäche.«[356]

Nicht nur der gemeine Bürger auf der Straße, selbst der Verfassungsschutz zweifelt daran, ob die Muslime die Bundesrepublik wirklich als ihren letztgültigen »Oberherrn« anerkennen, der die Gesetze vorgibt, nach denen man sich zu richten hat.

Im Februar 2002 verabschiedete der »Zentralrat der Muslime in Deutschland« (ZMD) eine »Islamische Charta«.[357]

Als zehnter Punkt steht dort »Das Islamische Recht verpflichtet Muslime in der Diaspora«. Erläutert wird das so:

»Muslime dürfen sich in jedem beliebigen Land aufhalten, solange sie ihren religiösen Hauptpflichten nachkommen können. Das islamische Recht verpflichtet Muslime in der Diaspora, sich grundsätzlich an die lokale Rechtsordnung zu halten.«

Der Verfassungsschutz des Landes Nordrhein-Westfalen hat in einer Analyse dieser Charta vom August 2002 deren Schwachstellen sehr treffend erkannt:

»Was heißt dies genau? Mit ›islamischem Recht‹ ist nichts anderes als die Scharia gemeint, deren Erwähnung hier vom ZMD vermutlich bewußt unterlassen wurde, da sie bei Nicht-Muslimen häufig negative Assoziationen weckt. Demnach ist es die übergeordnete, quasi ›universelle‹ Scharia, die nach Ansicht des ZMD die Muslime verpflichtet, sich außerhalb des islamischen Gebietes an die jeweilige, hier: deutsche, Rechtsordnung zu halten. Es ist nicht die ›lokale‹ Rechtsordnung, die eigene Verbindlichkeit beanspruchen kann. Die Scharia steht über jeder anderen Rechtsordnung, sie kann aber unter bestimmten Um-

---

356 Schmitt, Staat, Großraum, Nomos, S. 59-60, 75
357 http://www.zentralrat.de/3035.php
358 http://www.im.nrw.de/sch/688.htm

191

ständen ermöglichen, daß eine ›lokale‹ Rechtsordnung (zumindest zeitweilig) befolgt wird.«[358]

Aber genau das – die vorbehaltlose und genuine, nicht aus einer anderen Rechtsordnung abgeleitete Anerkennung der »lokalen« Rechtsordnung – ist essentiell für das Staatswesen und den Erhalt des Staates und einer friedlichen Gesellschaftsordnung. Denn jede auch nur in Ansätzen erfolgreiche Etablierung einer »Parallel-Obrigkeit« wird dazu führen, die bisherige Obrigkeit zu schwächen und zu minimieren, bis nur noch die neue, geistliche Obrigkeit der Muslime übrigbleibt. Diese wird gemäß der historischen Erfahrung der Türken und Araber nicht nur Sonderrechte und Eigenstaatlichkeit für Muslime postulieren, sondern ebenfalls nicht die geringste Hemmung haben, ihren Herrschaftsanspruch auch über Nicht-Muslime zu unterstreichen! Doch es kann nur *eine* Obrigkeit geben, alles andere führt letztlich zu Verwirrung und Bürgerkrieg. Indem sich muslimische/türkische Interessenverbände Kompetenzen des Staates anmaßen, wollen sie ihren Status von dem einer untergeordneten Vereinigung in den der »höchsten Gewalt« erheben.

»Bei den untergeordneten Vereinigungen muß die Gewalt ihrer Stellvertreter immer der höchsten Gewalt unterworfen sein; sonst käme ihnen diese Benennung nicht zu, sondern sie machten selbst einen Staat für sich aus, dessen Stellvertreter auch der Stellvertreter aller Bürger wäre. Und dennoch kann kein Teil der Bürger durch einen andern seine Stelle vertreten lassen, außer mit Einwilligung des allgemeinen Stellvertreters. Denn wollte der Oberherr erlauben, daß eine untergeordnete Bürgervereinigung in allen Angelegenheiten einen Teil des Volkes darstellen könnte, so würde er praktisch hinsichtlich dieses Teiles der Bürger der Regierung des Staates entsagen und zum Nachteil des Friedens und der Wohlfahrt des Volkes seine Herrschaft teilen. Dergleichen kann aber der Oberherr unmöglich erlauben«[359]

Die quasi-staatliche Verfügungsgewalt über ihr Klientel, die viele Interessenvertreter muslimischer/türkischer Verbände anstreben, hat dabei eine ganz besondere Note. Die schwache Stellung, die der (ver-

---

359 Hobbes, Leviathan, S. 200-201

sorgende) Staat immer noch in allen orientalischen Ländern genießt, hat mit dessen Unfähigkeit zu sozialer Vorsorge und seiner Korruption zu tun. Einzige Korrektive und Ankerpunkte bieten in dieser Misere einerseits der familiäre Zusammenhalt, andererseits die religiöse Bindung, die Ansätze zur Sozialstaatlichkeit zeigt, etwa in der Bestimmung, den Armen zu geben. Das Familienoberhaupt hat in diesem Zusammenhang absolute Rechte, die mehr oder weniger auch von staatlichen Stellen anerkannt bzw. zumeist stillschweigend toleriert werden. Zu ihnen gehört das Recht, Leben zu nehmen, was in dieser Form – durch das Familienoberhaupt entschieden – in Europa bereits verpönt und strafbewehrt war, als alle europäischen Länder noch die Todesstrafe praktizierten. In der Haltung vieler Muslime, »Ehrenmorde« als Teil der eigenen »Kultur« weitgehend hinzunehmen, sichtbar geworden im Fall Sürücü in Berlin, zeigt sich nicht nur die Akzeptanz gräßlicher Verbrechen, sondern auch und gerade ein ungeheurer Angriff auf den europäischen Staat, der dem Familienverband eine solche Rechtsstellung bereits vor der Abschaffung der Todesstrafe vehement bestritt und ahndete.

Locke hat bereits im 17. Jahrhundert darauf hingewiesen, daß die elterliche Verfügungsgewalt über die Kinder in keiner Weise mit der eines Staates über seine Untertanen zu vergleichen ist.

»Die väterliche Gewalt kann (...) nicht den geringsten Teil jener Art von Herrschaft enthalten, die ein Fürst oder die Obrigkeit über ihre Untertanen besitzen.«[360]

»Der Vater aber hat nicht einmal die Spur einer solchen Gewalt. Seine Herrschaft über seine Kinder besteht nur vorübergehend und erstreckt sich nicht auf ihr Leben oder ihr Eigentum.«[361]

»Und obwohl der Vater über seinen eigenen Besitz nach seinem Belieben verfügen kann, wenn die Kinder nicht mehr Gefahr laufen, aus Mangel umzukommen, erstreckt sich seine Gewalt doch weder auf ihr Leben oder auf jene Güter, die entweder durch ihren eigenen Fleiß oder durch die Gunst anderer ihr eigen geworden sind, noch auf ihre Freiheit, sobald sie einmal mit dem Alter der Selbstverantwortlichkeit zu freien Bürgern geworden sind.«[362]

---

360 Locke, Über die Regierung, S. 54
361 Ebd., S. 49
362 Ebd., S. 49

Die muslimischen/türkischen Interessenverbände distanzieren sich zwar formal von solchen Gewalttaten, wie sie in z.B. »Ehrenmorden« sichtbar werden. Da sie sonst aber das Frauenbild des Koran eins zu eins umzusetzen versuchen, ist fraglich, ob diese Verurteilungen nicht nur taktischer Natur sind. Damit kehren wir zum Kernproblem zurück: wo eine religiöse Schrift bzw. die aus ihr gezogenen Ableitungen *verbindlicher* sind als geltendes, »weltliches« Recht, droht dem Staat die Zerstörung!

»Keinerlei Eid, der irgendeiner fremden Gewalt geleistet wurde, und auch keinerlei heimische untergeordnete Gewalt kann irgendein Glied der Gesellschaft von seinem Gehorsam gegenüber der Legislative entbinden (...) Ist es doch lächerlich anzunehmen, man könnte verpflichtet sein, letztlich irgendeiner Gewalt in der Gesellschaft zu gehorchen, die nicht die höchste ist.«[363]

»Das Volk kann auch keinen Gesetzen verpflichtet sein außer denen, die von jenen Männern erlassen wurden, die es gewählt und ermächtigt hat, ihm Gesetze zu geben.«[364]

Das allmähliche Aufbrechen der Allgemeingültigkeit der abendländischen Rechtsordnung wäre nicht möglich, wenn paradoxerweise aus ihr selbst heraus nicht tätig Mithilfe dazu geleistet würde.

Der Niedergang des Weißen Mannes in Europa ist zu einem großen Teil selbst verschuldet. Er begann vor Jahrzehnten damit, sein »eurozentrisches« Terrain aufzugeben – in physischer und psychischer Hinsicht, mit dem Zulassen von Masseneinwanderung aus außereuropäischen Gebieten und der Hinwendung zu US-amerikanischen Denkmustern der »Multikulturalität«.

Im folgenden Text kommt die Selbstaufgabe schön verklausuliert und positiv apostrophiert zur Geltung:
»Grundrechtliche Freiheiten in eurozentristischen Definitionsweisen dürfen nicht zum instrumentalisierten Ausgrenzungs- und Benachteili-

---

363 Ebd., S. 102
364 Ebd., S. 110

gungsmechanismus von »Fremden« werden. Die Deutung, was recht ist und was nicht, obliegt nicht der einzelnen Meinung und deren Exekutive. Entscheidungen, ob, und wann, in welcher Weise und in welcher Intensität Rechtsverletzungen vorliegen oder nicht, muß von rechtsstaatlichen Instanzen in Verbindung mit unabhängigen Beobachtergremien (Vereine, Stiftungen, Institutionen, etc.) getroffen und geprüft werden.«[365]

In knappen Worten wird in diesen Sätzen die Aufgabe hoheitlicher Befugnisse bereits angedeutet. Wer sind denn die »unabhängigen Beobachtergremien (Vereine, Stiftungen, Institutionen etc.«)«, die hier in Verbindung mit rechtsstaatlichen Instanzen Rechtsverletzungen prüfen und Entscheidungen darüber festlegen sollen? Hiermit sind sicher nicht Kaninchenzüchtervereine, Heimatvereine und Posaunenchöre gemeint. Der Text bezieht sich auf die »Integrationspolitik der Landesregierung Nordrhein-Westfalen«. Letztlich können damit also nur Vereine, Stiftungen und Institutionen fremdethnischen Zuschnitts gemeint sein, wie sie gerade in diesem Bundesland schon zuhauf existieren – von der DITIB bis zum »Institut für Türkei-Studien«. Die Suggestion, diese Gremien seien »unabhängig«, ist zutreffender, als den Autoren bewußt sein mag. Sie sind tatsächlich unabhängig vom deutschen Staat und der deutschen Rechtsordnung, sie gehorchen dem Koran und/oder dem türkischen Staat.

Hobbes hat das Nebeneinander zweier Obrigkeiten – wie es diese Sätze als erstrebenswerten Zustand nahelegen – stets als Wurzel des Bürgerkriegs gesehen. Speziell der Dualismus von kirchlicher Obrigkeit, die sich weltliche Macht anmaßt, und weltlicher Obrigkeit ist ihm dabei ein Dorn im Auge:

»Wie es Lehrer gegeben hat, die in einem Menschen drei Seelen annahmen, so fehlte es auch nicht an solchen, welche ein Ähnliches vom Staate behaupteten, daß nämlich mehrere Oberherrn zugleich darin bestehen könnten. *Sie setzen dem Höchsten einen noch höheren, den Staatsgesetzen kirchliche Gesetze und der bürgerlichen Gewalt eine geistliche zur Seite* und versuchten all das durch ihre ihnen

---

365 Gieler/Ehlers, Von der Anwerbung zur Abschottung oder zur gesteuerten Zuwanderung? S. 47

selbst oft unverständlichen Reden anderer beizubringen. (...) Es sollten also in einem Staate zwei Oberherrschaften sein? Wie wäre das möglich? (...) Denn sobald die geistliche Gewalt sich das Recht zu bestimmen, was Sünde sei, anmaßt, maßt sie sich das Recht an, die Gesetze zu bestimmen, weil Sünde nichts anderes als die Übertretung eines Gesetzes ist. Das Recht, Gesetze zu geben, eignet aber auch der bürgerlichen Gewalt; und so müßte auf diese Weise jeder Bürger zwei Herren dienen, was unmöglich ist. Wo also eine zweifache Gewalt in ein und demselben Staate gegeneinander wirkt, da sind ständig Bürgerkriege zu befürchten, wodurch der Staat zugrunde gerichtet wird.«[366]

Auch und gerade in der modernen Demokratie ist es wichtig, Meinungen und Lehren daraufhin zu überprüfen, ob sie Gewalt und Zwietracht in der Gesellschaft säen und damit den Staat selbst bedrohen.

»...ist mit der höchsten Gewalt auch das Recht verbunden zu entscheiden, was zur Erhaltung oder zur Störung des Friedens dienen kann; folglich auch zu bestimmen, zu welcher Zeit, unter welchen Bedingungen und wem es erlaubt sei, das Volk aufzuklären; welche Bücher verboten werden müssen und wer darüber die Aufsicht führen soll. Handlungen haben ihren Grund in Meinungen; folglich müssen diese unter Aufsicht genommen werden, wenn man Frieden und Einigkeit in einem Staat erhalten will.«[367]

Der deutsche Staat hat – angeblich – im Verfassungsschutz ein Mittel gegen solche Bestrebungen errichtet, zusätzlich in besonderen Gesetzen wie zur »Volksverhetzung«. Allerdings tat und tut er dies in stetem Rückbezug auf die Weimarer Republik, der nachträglich eine mentale Nichtverankerung in der Demokratie vorgeworfen wird und die Unfähigkeit, gegen Staatsfeinde in legalem Gewande vorzugehen. Dieser Fokus ist damit eindeutig auf die Deutschen an sich bzw. auf die »Nazis« zentriert; wo Minderheiten, etwa religiöser Natur ins Spiel kommen, wird ihre Beobachtung und Verfolgung mit dem NS-Regime gleichgesetzt und als verwerflich verurteilt. Aber sechs Jahrzehnte nach Ende des Zweiten Weltkriegs, über sieben Jahrzehnte nach der »Machter-

---

366 Hobbes, Leviathan, S. 273-274
367 Ebd., S. 161

greifung« Hitlers befindet sich Deutschland durch Masseneinwanderung von Muslimen in einer völlig anderen Lage. Denn eine konsequente Umsetzung des Koran kann gar nicht anders, als die Menschen in zwei Klassen einzuteilen – in »Rechtgläubige« und alle anderen...

Ob die Verfolgung »schädlicher Lehren« in Moscheen den Vorrang genießt, den er genießen sollte, ist zweifelhaft, da in diesem Kontext erfolgreich mit dem Gesslerhut der Religionsfreiheit gedroht wird. Über zwei Jahrzehnte lang konnte der islamische Fundamentalist Muhammed Metin Kaplan, der »Kalif von Köln« so sein Unwesen treiben und in Deutschland damit argumentieren, daß ihm in der Türkei Verfolgung drohe, bis er 2004 endlich in die Türkei abgeschoben wurde.

Zur Verteidigung des Staates gehört nicht allein »die Beurteilung aller Meinungen und Lehren, weil diese nicht selten Grund und Ursprung von Uneinigkeit und Bürgerkrieg sind.«[368] sondern auch das Vertreten einer bestimmten Richtung, die ebenfalls im modernen Laissez-faire-Staat kaum anzutreffen ist. Man ist gegen etwas, aber nicht mehr für etwas;[369] aber kann man konsequent gegen etwas sein, wenn man keinen richtigen Standpunkt hat? Wenn der Staat keine eindeutige Position bezieht und schleichend immer mehr Rechte an diverse Interessenverbände abgibt, kann er selbstverständlich keine geistige Marschrichtung mehr vorgeben:
»Hört das Recht, Lehrvorschriften zu geben, auf, so wundere man sich nicht, wenn die sich selbst überlassenen Bürger abergläubisch und dem Aufruhr geneigt werden.«

Gerade Religionslehren sind kritisch zu betrachten, weil sie meist einen übergreifenden, den Staat verdrängenden Anspruch auf den Menschen stellen. Zur selben Zeit, als britische Siedler sich anschickten, durch ihre Expansion die Indianer in Nordamerika zu verdrängen, stellte Hobbes eine rhetorische Frage hinsichtlich der Einwanderung von Indianern in England und ihren Glaubensvorstellungen:

---

368 Hobbes, Leviathan, S. 161
369 Ebd., S. 164

»Gesetzt, es käme ein Indianer zu uns und wollte seine Religion, die der unsrigen zuwiderläuft, hier verbreiten, so würde die Wahrheit seiner Lehre nicht in Betrachtung gezogen, sondern die Verletzung unseres Gesetzes als Verbrechen betrachtet und mit den in dem Gesetze bestimmten Strafen belegt werden. Denn man würde es nicht gleichgültig hinnehmen, daß er durch neue Religionslehren seine Mitbürger in Unruhe setzt.«[370]

Und er kommt zudem explizit auf Muslime und Christen zu sprechen: »Es war niemals irgendwo und ist es auch jetzt noch nicht den Bürgern erlaubt, für ihre Handlungen andere göttliche Gesetze, außer denen, die in dem Staate anerkannt werden, als Ursachen anzugeben. Und wie in den nichtchristlichen Staaten gewöhnlich die, welche von ihrer Religion abfallen, gestraft werden, ebenso geschieht es in den christlichen Staaten mit denen, welche vom Christentum abfallen. (...) Es gibt aber nur ein Grundgesetz, nämlich, daß alle Bürger dem jeweiligen Oberherrn Gehorsam leisten müssen.«[371]

Seit der Zeit, als Hobbes dies niederschrieb, ist in Europa einiges geschehen. Muslime können sich dort heutzutage ohne Probleme in Staaten mit überwiegend christlicher Bevölkerung religiös entfalten, während Christen in Staaten mit überwiegend muslimischer Bevölkerung nach wie vor Tod und Vertreibung zu gewärtigen haben bzw. ihre Religionsausübung nur mit strikten Einschränkungen gestalten können. Das nur als Hinweis darauf, daß sich die Bevölkerung dieser muslimischen Länder seit dem 17. Jahrhundert in ihrer religiösen Intoleranz nicht im geringsten gebessert hat.

Was geschieht, wenn der Staat Kompetenzen, die nur in seiner Hoheit liegen, an andere Institutionen abgibt, etwa an Verbände religiösen oder fremdethnischen Charakters? Muß die Bevölkerung dies widerstandslos hinnehmen? Sowohl Hobbes als auch Locke verneinen dies kategorisch. Die Regierung handelt nämlich im Auftrag des Volkes und verwaltet dessen Rechte nur; handelt sie gegen die Interessen des All-

---

370 Hobbes, Leviathan, S. 245
371 Hobbes, Leviathan, S. 242

gemeinwohls, beispielsweise indem sie Rechte an spezielle Gruppen in der Gesellschaft delegiert, verliert sie automatisch das Recht zur Machtausübung:

»Zum vierten kann die Legislative die Gewalt, Gesetze zu geben, nicht in andere Hände legen. Da diese Gewalt ihnen vom Volk übertragen wurde, können sie diejenigen, die sie innehaben, auch nicht an andere weitergeben.«[372]

»Wenn von dem oder den Inhabern der höchsten Gewalt einem oder mehreren Bürgern besondere Vorrechte oder Freiheiten zugestanden werden, wodurch die höchste Gewalt an der Förderung des allgemeinen Wohles gehindert wird, ist die Verleihung solcher Rechte ungültig, wofern nicht zugleich die höchste Gewalt mit deutlichen Worten ganz aufgegeben oder einem andern übertragen wird«[373]

Warum wurde der europäische Staat so schwach? Es handelt sich hier um ein gesellschaftlich-kulturelles Problem, wie schon im vorhergehenden Abschnitt geschildert, und nicht eines der Verfassung, denn die Schwäche gegenüber muslimischen Minderheiten zeichnet faktisch alle Staaten Europas aus, ohne Hinsicht auf ihre spezifischen Besonderheiten in der Verfassung. Nicolas Sarkozy wollte die Vorstädte von Paris mit dem »Kärcher« reinigen, gewann mit solchen Postulaten 2007 die Präsidentschaftswahl – und tat nach Amtsantritt nichts dergleichen, sondern berief eine Frau aus einer maghrebinischen Familie zur Justizministerin. Putin schuf Ordnung in Tschetschenien – indem er dem tschetschenischen Statthalter Kadyrow freie Hand ließ...

Daß in Deutschland die Macht der muslimischen Interessenvertreter besonders stark ist, kann also nicht darüber hinwegtäuschen, daß die meisten europäischen Länder ebenfalls Loyalitätsprobleme primär mit muslimischen Migranten haben. In Frankreich buhen und pfeifen junge Algerier und Marokkaner mit französischen Pässen, wenn die Marseillaise bei Fußballspielen erklingt....

---

372 Locke, Über die Regierung, S. 109
373 Hobbes, Leviathan, S. 197

Französische Soldaten muslimischer Konfession verweigerten den Einsatz in Afghanistan mit der Begründung, nicht auf andere Muslime schießen zu wollen.[374] In Österreich verweigerten Rekruten muslimischer Konfession die Flaggenparade in der Kaserne.[375] In Großbritannien sind pakistanische Muslime unter den Polizisten zehnmal mehr anfälliger für Korruption und Fehlverhalten im Dienst als ihre weißen Kollegen.[376]

Die USA sind nur teilweise in diese Reihe der schwachen Staaten einzugliedern. Noch haben sie nicht darauf verzichtet, den Krieg als ultima ratio der Politik anzuwenden, noch wird im Strafvollzug die Todesstrafe verhängt und ist damit sichtbarster Ausdruck einer rigiden Rechtsauffassung und eindeutigen Standortbestimmung, wie sie in Europa seit Jahrzehnten nicht mehr denkbar ist.

Daß der Staat eine Beute bestimmter gesellschaftlicher Gruppen wird, ist das Grundübel dieses gesellschaftlich-kulturellen Problems. In angelsächsischen Ländern ist das seit jeher weniger ein Problem, weil sie traditionell weniger auf den Staat setzten als auf gesellschaftliche Gruppen innerhalb des Staates. Daß jetzt in den USA Nichtweiße hohe Positionen einnehmen, die früher nur weißen Angelsachsen vorbehalten waren, ist sekundär, weil das zugrundeliegende System mit seinem Machtanspruch gleich geblieben ist. So wie weiße Angelsachsen früher in Puerto Rico und Kuba anlandeten, um US-amerikanische »Interessen« zu vertreten, kämpfen jetzt schwarze GI's – von einem nichtweißen Präsident angeführt – im Irak und in Afghanistan.

In Europa hingegen ist der Unterschied zu früheren Zeiten prinzipieller, nicht gradueller Natur: zeitgleich mit dem Rückzug aus den Kolonien und dem Niedergang des Weißen Mannes wurde der geistige Eurozentrismus zertrümmert, wurden ethnische Minderheiten importiert, die eben nicht in die bestehende Kultur zwangsassimiliert wurden

---

374 »Le Figaro«, 14. Januar 2009
375 »Die Presse«, 18. März 2006
376 »The Guardian«, 10. Juni 2006

wie die Schwarzen in den USA. Hier liegt potentiell die Ursache für territorialen Zerfall und für Bürgerkriege – überall in Europa.

Für Deutschland und Europa gilt generell, daß der Staat immer stärker zum Opfer von Partikularinteressen wurde.

»Ein Staat, der sich im ›Schwitzkasten‹ von – oft genug direkt miteinander verbundenen – Partei- und Verbandsinteressen befindet, ist nicht mehr in der Lage, auf Seiten seiner Bürger in den Kampf einzugreifen. Die Verfechter der Zivilgesellschaft weisen zu Recht darauf hin, daß es einer vermittelnden Instanz zwischen Staat und Gesellschaft bedarf, welche die ›Sprache‹ des einen Bereichs in die des anderen übersetzen kann. Allerdings setzt das etwas voraus, was dabei selten oder gar nicht thematisiert wird, die Existenz eines handlungsfähigen Staates. Solange jedoch die politischen Parteien den Staat ›mediatisiert‹ und damit für sich okkupiert, die Verbände ihn sich gefügig gemacht haben, geht es weniger um Vermittlung und Verständigung als um eine wirksame Kontrolle der Funktionäre und um die Verhinderung bzw. Rücknahme von offensichtlich gemeinwohlwidrigen Entscheidungen.«[377]

Die Tendenz, daß der Staat immer mehr regulierend in jeden Bereich des gesellschaftlichen Lebens eingreift, ist in den letzten Jahrzehnten immer stärker geworden. Nahm sich der Staat früher heraus, dem Bürger in Extremfällen – im Krieg oder bei Kapitalverbrechen – den Einsatz des Lebens abzuverlangen, ist dieses Extrem inzwischen geglättet – zugunsten einer weitaus häufigeren Einflußnahme des Staates in kleinste Alltagsbereiche. Die Farbe der Dachziegel, die Trennung des Mülls, die Haltung bestimmter Hunderassen, die Lautstärke von Auto-Auspuffen – es gibt nichts, was in Deutschland nicht irgendwie vom Staat, den Ländern oder den Kommunen reglementiert ist.

Voigt weist mit Bezug auf Ernst Forsthoff darauf hin, daß man nicht mehr zwischen staatlich-politischen und gesellschaftlich-unpolitischen Sachgebieten unterscheiden kann, wenn alle sozialen und wirtschaftlichen Probleme unmittelbar zu staatlichen Problemen gemacht werden.

---

377 Voigt, Den Staat denken, S. 316

Das ist aber kein Ausdruck der Stärke eines Staates, sondern eines von Schwäche, weil er dann nicht mehr in die Gesellschaft interveniert, sondern im Gegenteil gesellschaftliche Kräfte in den Staat eindringen. Der Staat kann nur so lange Hüter der Ordnung sein, wie er nicht das Beuteobjekt jener Interessen ist, deren Beziehungen er ordnen soll. Gefragt ist die Autonomie des Staates von Sonderinteressen gesellschaftlicher Kräfte, damit er im Interesse aller Bürger handlungsfähig bleibt.

»Diese spezifische Operationslogik, die den Staat nicht nur von den Interessenverbänden, sondern auch von den politischen Parteien unterscheidet, verlangt zumindest Indifferenz, wenn nicht sogar strikte Neutralität gegenüber den Partikularinteressen.«[378]

Forsthoff hat ebenfalls auf das zunehmende Übergewicht einer pluralistischen Gesellschaft auf den Staat hingewiesen. Der Staat agiert nicht mehr als souveräne Macht, sondern ist nur noch Werkzeug der stärksten gesellschaftlichen Organisation.[379]

Je stärker dabei das Parlament in die Politik eingreift – und auf die Bundesrepublik trifft dies im extremen Maße zu, verglichen mit den Präsidialdemokratien der USA und Frankreichs, – desto mehr wirkt dieser Pluralismus der Gesamtgesellschaft unverändert auf den Staat, weil das Parlament den Spiegel des gesellschaftlichen Pluralismus darstellt – es kommt somit zur pluralistischen Auflösung des Staates.[380]

Der Staatstheoretiker Ernst Forsthoff bescheinigte der Bundesrepublik bereits vor vielen Jahrzehnten, eigentlich kein Staat mehr zu sein bzw. statt über »Herrschermacht« nur noch über sozialstaatliche »Verteilermacht« zu verfügen, da ihr die klassischen Merkmale der Souveränität fehlten und sie darauf verzichtete, dezisionistisch in die Gesellschaft zu wirken; sie stimme sich lediglich koordinierend mit gesellschaftlichen Kräften ab.

---

378 Voigt, Den Staat denken, S. 106
379 Storost, Staat und Verfassung bei Ernst Forsthoff, S. 234
380 Storost, ebd., S. 234-235

»Politisch gesehen werden vielmehr umgekehrt der Staat und seine Institutionen weitgehend von den Ordnungskräften der Industriegesellschaft bestimmt und in Form gehalten.«[381]

Daß diese Konstellation wider Erwarten und aller historischen Erfahrung zum Trotz in einer beispiellosen Stabilität mündete und nicht in einen Bürgerkrieg, ist darauf zurückzuführen, daß die gesellschaftlichen Kräfte den Raum des Politischen verlassen haben und sich in ihrem Verhalten den Normen einer »unpolitisch-technischen Sachgesetzlichkeit« unterordneten.[382]

Grundlegend für den zivilen Umgang und das Einhalten der Verhaltensregeln ist nach Forsthoff, daß »die für das reibungslose Funktionieren des Ganzen wichtigen Positionen in den Unternehmen und Verbänden mit Angehörigen einer trotz allen Interessengegensätzen weitgehend homogenen Schicht besetzt sind.«[383]

Storost konkretisiert Forsthoffs Ausführungen:

»Erst diese vorpolitische Homogenität der gesellschaftlichen Machtfaktoren, die diese einvernehmlich davon abhält, ihre jeweiligen Partikularinteressen mit der existentiellen Intensität des Politischen zu verbinden, konnte eine soziale Ordnung ermöglichen, deren Bestand nicht durch staatliche Souveränität, sondern durch die ›Loyalitäten‹ der Beteiligten gegen den Zerfall im Bürgerkrieg gesichert ist.«[384]

Diese vorwiegend auf das Klassengefüge – bzw. ihr Fehlen in der (frühen) Bundesrepublik gemünzte Bestandsaufnahme, man denke an das Konzept der »nivellierten Mittelstandsgesellschaft« Helmut Schelskys von 1953 – konnte über Jahrzehnte weitergeschrieben werden, ist allerdings jetzt im Wanken. Einerseits durch zunehmende Ausdifferenzierung zwischen Arm und Reich in der Bundesrepublik durch eine wirtschaftliche Amerikanisierung, die sich primär an der Privatisierung öffentlicher Dienstleister und der Deregulierung orientierte;

---

381 Storost, ebd., S. 242
382 Storost, ebd., S. 242
383 Forsthoff, Rechtsfragen der leistenden Verwaltung, Stuttgart 1959, S. 16
384 Storost, Staat und Verfassung bei Ernst Forsthoff, S. 243

andererseits durch das stetige Wachsen einer fremdethnischen Gruppe, die sich primär über Religionsfragen definiert und nicht von der Mehrheit ausgegrenzt wird, sondern sich primär selbst von ihr abgrenzt.

Forsthoff starb 1974. Er konnte nicht mehr erleben, wie sich die Bundesrepublik Ende der siebziger Jahre gegen den Terror der »Rote Armee Fraktion« durchsetzte, 1990 die Wiedervereinigung vollzog und ab Ende der neunziger Jahre zweimal außenpolitisch ihre Rolle neu definierte – einmal im Verbund mit einer kriegerischen Aktion der USA (gegen Jugoslawien 1999) und einmal dagegen (Irak-Krieg 2003). Doch sind diese Vorgänge wirklich als Zeichen einer (Wieder-)Gewinnung staatlicher Autorität zu werten? Sind es dezisionistische Meilensteine der Bundesrepublik?

Jene Generation, die in staatlichen Schaltstellen maßgeblich den RAF-Terror bekämpfte und der ersten Terroristen-Generation mit der Erstürmung der entführten Passagiermaschine »Landshut« 1977 in Mogadischu das Genick brach, war eben kein Kind der Bundesrepublik, sondern des Deutschen Reiches. Ihre maßgebliche Sozialisation hatte sie dort erhalten. Der Krisenstab nach der Schleyer-Entführung bestand zu einem großen Teil aus ehemaligen Frontsoldaten, geführt vom ehemaligen Wehrmachtsoffizier Helmut Schmidt.

Diese Generation ist inzwischen abgetreten. Wird die »Nutella-Generation« in entscheidenden Situationen – etwa einer möglichen Forderung nach Autonomie türkischer Siedlungsgebiete in Deutschland – genau so hart und entschlossen handeln? Das können wir mit Fug und Recht bezweifeln.

Die Wiedervereinigung 1990 war kein genuiner Akt der Wiedergewinnung deutscher Souveränität, sondern geschah aus einer übergeordneten Lage heraus, in welcher die USA den Ton bestimmten, die nichts (mehr) gegen eine Wiedervereinigung einzuwenden hatten, da sich die Bundesrepublik über Jahrzehnte als »Musterknabe« im westlichen Lager profiliert hatte. Daß gegen französische und britische Bedenken dann die Wiedervereinigung im Rekordtempo durchgesetzt wurde, war nichts Besonderes, sind diese zwei Staaten doch seit 1945 zu Mittelmächten herabgesunken und ebenfalls dem politischen Willen der USA unterworfen.

Die Teilnahme Deutschlands am Jugoslawien-Krieg 1999 wird allgemein als »Emanzipation« der Bundesrepublik von ihrer Sonderrolle aus dem Zweiten Weltkrieg und seinen Ergebnissen gedeutet. Bis 1999 war Auschwitz die Legitimation, deutsche Soldaten *nicht* ins Ausland zu entsenden – danach war es plötzlich die Legitimation dafür, gerade um ein »neues Auschwitz«, etwa im Kosovo, zu verhindern. Bezeichnend ist, daß diese »Emanzipation« nur auf der Pflichtenseite der Bundesrepublik verlief. Nach wie vor zahlt Deutschland für die Sünden des Zweiten Weltkriegs direkt oder indirekt in unzähligen informellen Wiedergutmachungsprogrammen. Der Krieg gegen Jugoslawien wirkte in Wahrheit kaum emanzipatorisch. Gefordert wird nach wie vor »Scheckbuchdiplomatie« gegenüber Israel, Polen und anderen Staaten, jetzt aber zusätzlich noch das Blut deutscher Soldaten. Von einer eigenständigen militärischen Operation Deutschlands konnte zudem keine Rede sein, da im NATO-Verbund agiert wurde, in dem die USA dominieren.

Die (angebliche) Frontstellung der deutschen Regierung gegen die USA 2003 war in wesentlichen Bereichen reine Augenwischerei. Deutsche Sicherheitskräfte übernahmen die Bewachung von US-Kasernen in Deutschland, damit US-Soldaten für die Invasion des Iraks frei wurden; die Bundesrepublik war unwidersprochen Teil des US-amerikanischen Aufmarschgebiets, deutsche Geheimdienstler unterstützten die US-Truppen bei den Angriffen. Die Oppositionshaltung der Bundesregierung war primär eine rhetorische. Quasi als »Kompensation« verpflichtete sich Berlin, sich dafür um so mehr in Afghanistan zu engagieren. Dort stellt das Kontingent der Bundeswehr seitdem die drittstärkste Kraft nach US-Amerikanern und Briten. Die »Bündnistreue« – man könnte auch sagen »Vasallenhörigkeit« der Deutschen – gegenüber den USA blieb also im wesentlichen erhalten. Die Zahl der Besatzungstruppen der USA auf deutschem Boden hat sich zwar reduziert, aber nur durch eine Verlagerung von Kräften auf den Balkan und nach Asien; nach wie vor gehört die Bundesrepublik dennoch zu den wichtigsten logistischen Drehscheiben des US-Militärs.

Zu viel Nähe: der Polizist als Kumpel

Deutlich wird die Schwäche des Staates und seiner Exekutive in der Kumpanei der deutschen Polizei mit den Migranten. Auch hier ist das Land Berlin Spitzenreiter. Es wird offensichtlich, daß die Stärke der Migrantengewalt in bestimmten Regionen mit den angestrengten Versuchen korreliert, dagegen etwas zu tun, nicht offensiv, sondern »präventiv«. Gerade im Bereich der Kooptation von Migranten in die Polizei ist Berlin extrem bemüht.

Der »Spiegel« vom 1. September 2008 berichtete über ein Programm der Berliner Polizei, nämlich gemeinsames Klettern von Polizisten und Migranten in der sächsischen Schweiz:
»schwitzend zum Gipfel wuchten, sieben Kreuzberger Polizeibeamte und vier Jugendliche aus Neukölln und Kreuzberg, die meisten mit sogenanntem Migrationshintergrund, ein Polizeipfarrer ist als Bergführer dabei. Man hängt am selben Seil, zieht am gleichen Strang, so denkt sich das die Polizei.«

Aus den Augen einer »Streetworkerin«, im Text Sofia genannt, eine Nichtdeutsche, wie der Artikel nahelegt, wird der Anbiederungsversuch der Polizei geschildert – und die Gefühle eben dieser »Streetworkerin« und der Migranten:
»Sie weiß, was die Polizisten wollen. Sie wollen beweisen, daß Polizisten Menschen sind und mit Vornamen nicht ey! heißen, sondern Michael, Wolfram oder Jens. Sie wollen wie Freunde sein und ein bißchen cool vielleicht auch. Aber man findet sie nicht cool, normalerweise. Man findet sie arrogant wie Besatzer und haßt sie und versucht, sie auszutricksen, und manchmal, wenn sie sich zur falschen Zeit in den falschen Straßen zeigen, verprügelt man sie auch. Sofia will nicht eng mit ihnen sein, sie spricht nicht wie ein Polizist, sie denkt nicht wie ein Polizist.«
Aus diesen Zeilen spricht deutlich das Verständnis und die Erfahrungen der Jugendlichen, zumal der Streetworkerin, von der Polizei. Deutsche Polizisten in Deutschland sind also verhaßte »Besatzer«, die ab und an verprügelt werden, wenn sie sich zur falschen Zeit in den fal-

schen Straßen zeigen. Was die genauen Charakteristika dieser »falschen Straßen« sind, darauf geht der Spiegel wohlweislich nicht ein. Wie sich aber der Staat für die Jugendlichen durch dieses Kletterprogramm darstellt, erhellen die weiteren Zeilen:

»Es ist merkwürdig, daß der Staat nicht mehr verbietet, sondern plötzlich angekumpelt kommt und klettern will.«

Das Programm der Verkumpelung betreibt in gleicher Weise das Projekt »Stark ohne Gewalt« im Berliner Bezirk Spandau. Initiiert wurde es von Raed Saleh, der aus dem Westjordanland stammt und seit 2006 für die SPD im Berliner Landesparlament sitzt.

»Stark ohne Gewalt« sieht so aus, daß Jugendliche, »die meisten mit Migrationshintergrund« Polizeistreifen auf ihren Kontrollgängen begleiten. Erklärtes Ziel war es laut Saleh, »daß die Distanz zwischen der Polizei und den Jugendlichen abgebaut wird«. Dies ist durchaus gelungen: da legt ein Jugendlicher dem Polizeihauptmeister Andreas Baur »freundschaftlich den Arm um die Schulter. Baur ist für die jungen Migranten Freund und Respektsperson zugleich.« Miodrag Nikolic bestätigt: »Mittlerweile ist es sogar zu Freundschaften mit den Polizisten gekommen.« Auch die Kriminalität ging zurück, betont Polizeihauptmeister Baur, sind die Begleiter der Polizisten doch oft Anführer von Gangs, die sich früher gegenseitig bekriegten...[385]

Es ist im Prinzip nichts dagegen einzuwenden, wenn bestimmte, dafür vorgesehene Beamte der Polizei zu »Kontaktbereichsbeamten« werden, die praktisch die Aufgabe des »Schutzmanns um die Ecke« wahrnehmen, aber: Selbst ein solcher »Kontaktbereichsbeamter« muß Distanz wahren, um gegebenenfalls neutral und unbefangen seiner Arbeit nachzugehen. Freundschaften von Polizisten zu Straftätern oder solchen die es werden könnten, sind keine Gewaltprävention, sondern eine massive Schwäche des Staates. Damit wird im Zweifelsfall nicht die Identifikation der Migranten mit den Polizisten und der deutschen Staatsmacht gefördert, sondern die der Polizisten mit den Migranten und ihrer Subkultur. Zu viel Verständnis für die Situation des anderen

---

385 »Berliner Morgenpost« vom 10. Juni 2008

führt nämlich nur zu Nachlässigkeit und Kompromißbereitschaft, die in diesen Kreisen generell als Schwäche ausgelegt wird – und das völlig zu Recht. Man ist entweder Freund *oder* Respektsperson – und nicht beides zugleich, wie der Artikel der Morgenpost suggeriert. Sich als Respektsperson den Arm um die Schulter legen zu lassen, zeugt von einer mangelnden Distanz – diese Distanz muß nicht notwendigerweise menschliche Kälte bedeuten. Sie ist aber die notwendige Voraussetzung, um möglichst objektiv zu bleiben, um alle Bürger gleich zu behandeln.

Bedenklich ist bei dem gemeinsamen Streifegehen von Polizisten und Migranten nicht allein, daß beide Parteien eine Symbiose eingehen, sondern daß sie es explizit in der Öffentlichkeit tun, und damit ein Signal geben. Welches Gefühl muß ein deutscher Bürger haben, der vielleicht erst kürzlich von Migranten bedroht wurde und dieselben nun in trauter Eintracht mit Polizisten zusammen sieht?

Fickenscher schrieb in seiner Arbeit über Polizeihelfer, die in manchen Bundesländern die hauptberuflichen Polizeibeamten unterstützen:
»Das Gewaltmonopol hat nicht nur eine physische, sondern auch eine *psychologische* Wirkung. Durch den Einsatz der ehrenamtlichen Polizeihelfer könnte bei den Bürgern der Eindruck erweckt werden, der Staat würde durch den Rückzug von Polizeivollzugsbeamten in der Öffentlichkeit seine Pflichten vernachlässigen, sich unsichtbar machen, hätte seinen allgemeinen Ordnungsanspruch verloren und franse aus. Der Staat wirkt maßgeblich durch seine *Symbole*. Dazu zählen die staatlichen Uniformen und die Präsenz von verbeamteten, »richtigen« Polizisten in der Öffentlichkeit. Die Gegenwart von *Polizeibeamten* manifestiert den *realen Bestand* des staatlichen Gewaltmonopols in der Öffentlichkeit. Hierdurch demonstriert der Staat die Fähigkeit und Entschlußkraft, sein Gewaltmonopol auch durchzusetzen. Zur faktischen Umsetzung des staatlichen Willens ist nicht nur die *Autorität* des Amtsinhabers notwendig. Komplementär zur Amtsautorität ist ein wesentlicher Bestandteil zur Umsetzung des Staatswillens die Bereitschaft der *Bevölkerung*, diese Autorität zu *akzeptieren*. Bedeutsam für den tatsächlichen Bestand des staatlichen Gewaltmonopols ist, daß dieses nicht nur ›von oben‹, d.h. auf staatlicher Seite, als reine Amtsmacht besteht,

sondern diese Macht auch ›von unten‹, d.h. vom Bürger, anerkannt wird.

Der Wille der Bevölkerung, staatliches Handeln zu respektieren und diesem zu vertrauen, ist gegenüber einem Angehörigen des Freiwilligen Polizeidienstes/der Sicherheitswacht deutlich geringer als gegenüber einem hauptberuflich tätigen Polizeibeamten ausgeprägt. (...) Die Bevölkerung sieht in einem Polizeibeamten eher die Gewährleistung für Zuverlässigkeit, Objektivität, Unparteilichkeit und Rechtssicherheit bei der Aufgabenerfüllung als bei einem freiwilligen Polizeihelfer, der nebenbei in seiner Freizeit einige Dienststunden verrichtet.«[386]

Obwohl die Migranten hier nicht die Aufgabe von Polizeihelfern erfüllen, ist ihre Nähe zur Polizei doch so stark – symbolisiert im Arm-über-die-Schulter-legen, gegen welches sich der Polizist nicht wehrte – daß allein schon dadurch der Eindruck entsteht, sie würden helfende Funktionen erfüllen. Das bewirkt einen weiteren massiven Vertrauensverlust der deutschen Bevölkerung in die eigenen Sicherheitsorgane!

Tertilt beschreibt in seinem Buch über eine türkische Jugendbande in Frankfurt/Main den innerhalb der Polizei herrschenden Dualismus zwischen Schutzpolizisten und Kripobeamten: »Die verächtliche und herabwürdigende Verhaltensweise dieser Ordnungshüter und die offen diskriminierenden und von den Jugendlichen als ausländerfeindlich empfundenen Schikanen standen völlig im Gegensatz zum Verhalten der Kripo-Beamten, die einen persönlicheren Kontakt zur Gruppe suchten.«[387]

Damit offenbart er eine frappierende Unkenntnis über die Belastung von Schutzpolizisten, die mit Migrantengewalt viel öfter und intensiver konfrontiert werden als die »nachsorgenden« Kriminalpolizisten. Deren oft väterliches Verhältnis zu Straftätern ist nicht gewollt in dem Sinne, daß sie ein persönliches Verhältnis zum Straftäter suchen, weil sie ihn etwa nett finden; ihnen geht es darum, jenseits amtlicher Neutralität und Autorität einen persönlichen Zugang zum Straftäter zu bekommen, um von ihm leichter Informationen, gegebenenfalls auch über andere Straftäter oder das »Milieu«, zu erhalten. Dieses manchmal

---

386 Fickenscher, Polizeilicher Streifendienst mit Hoheitsbefugnissen, S. 100
387 Tertilt, Turkish Power Boys, S. 71

geradezu freundschaftliche Verhältnis ist bei Schutzpolizisten, die sich viel mehr im Auge der Öffentlichkeit bewegen, nicht anzustreben!

In den Texten ist oft die Rede davon, daß Jugendliche gegenüber Polizisten, die sie kennen, eine »Beißhemmung« entwickeln würden. Ist es nicht so, daß bei großer Nähe beider Parteien diese »Beißhemmung« gleichfalls vom Polizist zum Migranten entsteht? Ist es nicht bezeichnend, daß gerade »Migrantenvertreter« und Lobbyisten – und einknickende Polizeiführer – diese Nähe loben und fördern wollen? Berlins Polizeipräsident Dieter Glietsch erließ nach dem Vorfall im Wrangelkiez Richtlinien, »Einsätze im Wrangelkiez sollten vorrangig durch ortskundige Beamte bewältigt werden. (...) Ortsfremde Beamte sollten für die Besonderheiten des Kiezes sensibilisiert werden.«[388]

Deeskalation und Jugendstrafrecht als Sackgasse

Die Polizeistrategie der Deeskalation hat sich während der Studentenunruhen der Achtundsechzigerzeit entwickelt und wurde während der Großdemonstrationen der achtziger Jahre perfektioniert. Das Vorgehen, mit Demonstranten oder Menschenaufläufen zu reden, auf martialisches Auftreten zu verzichten und nicht sofort mit dem Knüppel loszuschlagen, scheint inzwischen zur Regel geworden, zur unumstrittenen Regel. Doch wenn die Deeskalation das einzige Mittel der Polizei wird, dann schränkt sich die Exekutive nicht nur ohne Not ein, sie macht sich auch erpreßbar. Denn die Polizei hat zwar einen Ermessensspielraum, doch dieser hat Grenzen und darf nicht beliebig ausgedehnt werden. Muß die Polizei das Gesetz verteidigen, kann es unter Umständen notwendig sein, mutwillig zu »eskalieren«, um den Rechtsbrechern vor Auge zu führen: »Bis hierher und nicht weiter!« Genau das ist es, was die Polizeiberichte der letzten Jahre vermissen lassen. Bereits 1996 erkannte ein Dozent der Polizei-Führungsakademie: »Eine Großdemonstration mit einer friedlichen Demonstrantenmehrheit und einer mehr oder weniger unfriedlichen oder gewaltbereiten Minderheit. Das in den 80er Jahren entwickelte Repertoire an deeskalativen Konzepten beruhte

---

388 »taz« vom 12. Dezember 2006

genau auf solchen Szenarien. Wer heute im Protestgeschehen arbeitet, sieht sich jedoch mit ganz anderen Herausforderungen konfrontiert; erinnert sei an (…) die variantenreichen Veranstaltungen und Aktionen ethnischer Gruppen wie der Kurden«[389]

Fernab vom heutigen Problem mit Migrantengewalt hat die Bundesrepublik praktisch seit den Studentenunruhen der Achtundsechziger eine Dauerdiskussion über »Polizeigewalt« einerseits und über die Bedrohung des Staates durch gewalttätige Demonstranten andererseits, versinnbildlicht im »schwarzen Block« der Autonomen, der seit Beginn der achtziger Jahre durch Vermummung und gezielte Angriffe auf Polizisten auffällt. Überhaupt markieren die achtziger Jahre die Hoch-Zeit der durch die Medien vermittelten gewalttätigen Auseinandersetzungen mit der Polizei – Wackersdorf, Gorleben, Startbahn West, und der inzwischen zum Anarcho-Ritual erstarrte 1. Mai in Berlin.

Auch diese, von Linksextremisten ausgeübte Gewalt ist latent gefährlich für den Staat, aber nicht so sehr wie die Migrantengewalt. Denn sie ist hochritualisiert und meist an bestimmte Orte und Zeiten gebunden und damit für die Ordnungsmacht berechenbarer und besser einhegbar als die Migrantengewalt, die aus den nichtigsten Anlässen überall dort entstehen und eskalieren kann, wo eine gewisse kritische Masse von Migranten sich gerade aufhält.

Die Deeskalation ist ein Kind der späten Kultur des Abendlandes, geboren aus dem Niedergang des Weißen Mannes. Es ist bezeichnend, daß in den USA Polizeigewalt nach wie vor zum (weithin akzeptierten!) Alltag der Bürger gehört – wohl deshalb, weil Deeskalation in einem Land mit freiem Waffenverkauf und viel höherer Gewaltkriminalität von Anfang an zum Scheitern verurteilt wäre. Die rigide Rechts- und Ordnungspolitik, die seit der Ära Reagan in den USA gefahren wird, ist von der Mehrheit der Bevölkerung gewollt – denn diese wählt nicht nur die Politiker, sondern auf unteren Ebenen auch Richter und Polizisten!

---

389 Hans Peter Schmalzl: »Deeskalation – Entstehungsgeschichte, Irrungen und Versuch der Klärung eines schwierigen Begriffs«, in: Die Polizei, 10/1996, S. 257

Die Deeskalation mag berechtigt sein, wenn sie im westlichen Kulturkreis als eine Strategie unter vielen angewandt wird. Dort gehört das Aushandeln von Kompromissen auf allen Ebenen seit jeher zum kulturellen Erbe, vor allem in der Bundesrepublik Deutschland, in der der *harmonische Konsens* so hochgehalten wird. Sie wird zum stumpfen Schwert, wenn sie gegenüber Angehörigen eines Kulturkreises praktiziert wird, der jedes Kompromißaushandeln als Schwäche deutet; der Nahost-Experte Scholl-Latour betont nicht ohne Grund, daß im Orient »jede Nachgiebigkeit als Schwäche ausgelegt wird«.[390] Deeskalation kann aber nur funktionieren, »wenn alle Seiten an einer Eskalationsvermeidung wirklich interessiert sind.«[391]

Gleiches gilt für die Anwendung des Jugendstrafrechts. So schildert die in Neukölln tätige Jugendrichterin Heisig in ihren Erfahrungen mit kriminellen Migranten, »daß viele Jugendliche bloße Bewährungsstrafen als eine Art Freispruch auffassen.«[392]

Wenn sie dann nach wiederholten Straftaten endlich einmal in das Gefängnis kommen, ist selbst dieser unfreiwillige Schritt oft kein Anlaß zur Läuterung. Der Berliner Oberstaatsanwalt Reusch schreibt, daß bei türkisch-kurdisch-libanesischen Großfamilien in Berlin die »Knasterfahrung« als normaler Teil des Lebens gilt:

»Bei diesen Familien wird somit als völlig normale Gegebenheit vorausgesetzt, daß ihre Männer früher oder später Haftstrafen zu verbüßen haben, dies ist Teil des ›Geschäftskonzepts‹.«

Er bescheinigt den Tätern aus diesem Milieu zudem »völlig fehlende Unrechtseinsicht und weitgehende Resistenz gegen polizeiliche und justizielle Maßnahmen (...) so ist nunmehr in zahlreichen Fällen durch Erstellung der Lebensläufe bewiesen, daß weder polizeiliche Vorladungen und Vernehmungen noch gerichtliche Hauptverhandlungen für sich genommen auch nur den geringsten Eindruck auf diese Täter machen. Selbst kurzzeitige Freiheitsentziehungen wie vorläufige Festnahmen und Arreste gehen scheinbar spurlos an ihnen vorbei.« Nur mehrmonatige

---

390 Scholl-Latour, Allahs Schatten über Atatürk, S. 295
391 Hans Peter Schmalzl: »Deeskalation – Entstehungsgeschichte, Irrungen und Versuch der Klärung eines schwierigen Begriffs«, in: Die Polizei, 10/1996, S. 256
392 »Welt« vom 18. September 2008

Untersuchungshaft führt bei manchen Tätern dazu, daß bei gegebenenfalls auftretender Rückfälligkeit weniger und leichtere Straftaten verübt werden. Reusch zieht das Fazit, daß das Jugendstrafgesetz »bei dieser Zielgruppe schlicht nicht wirkt; will man bei ihnen erzieherische Wirkungen erzielen, muß man sie hierfür erst durch Vollzug mehrmonatiger Haft bereit machen.«[393]

Heisig konstatiert Ähnliches über die Bildungslaufbahnen von Migranten. Über die Praxis, daß Migrantenjugendliche für das Schuleschwänzen kaum sanktioniert werden, obwohl das Schulamt theoretisch ein Bußgeld gegen die Eltern verhängen könnte, sagt sie: »Deeskalation wird als Zurückweichen interpretiert.« Die »Süddeutsche Zeitung« erklärt die Gründe für die »Deeskalation« der Schulbehörden – nämlich simple Angst: »Staatliche Normen lassen sich in der Welt der Clans offenbar nur noch mit Zwang durchsetzen. Die Berliner Behörden, so heißt es, scheuten jedoch die Konfrontation, gerade dann, wenn es um Kinder aus arabischen Familien gehe und deshalb mit Widerstand gerechnet werden müsse.«[394]

Somit wurde inzwischen sogar in einer betont linksliberalen Zeitung offen dargelegt, daß die Deeskalation nicht mehr ein Mittel des Staates und seiner Behörden ist, seine Anliegen letztlich friedlich durchzusetzen, sondern zumindest partiell aus Angst geboren wird – man praktiziert Deeskalation, um größere Auseinandersetzungen mit Menschen aus dem islamischen Kulturkreis zu vermeiden.

Solche Vermeidungsstrategien können aber nicht ohne langfristige Auswirkungen bleiben. Merten beschreibt die fatalen Folgen, wenn sich der Staat zurückzieht und seine Gewalt auf ein Minimum beschränkt; damit wird die Aggression der Gegenseite oft noch mehr angestachelt:

»Die staatliche Zurückhaltung führt auch keineswegs zu einer Verminderung, sondern zu einer Verstärkung der Aggression unter Einnahme des preisgegebenen Terrains. Die Rechtswirklichkeit belegt die These, daß die Minimierung staatlicher Gewalt zur Maximierung außerstaatlicher, gesellschaftlicher Gewalt führt.«[395]

---

393 w w w . h s s . d e / f i l e a d m i n / m i g r a t i o n / d o w n l o a d s /
071207_VortragReusch.pdf
394 »Süddeutsche Zeitung« vom 20. Juli 2009
395 Merten, Rechtsstaat und Gewaltmonopol, S. 48-49

Deeskalation ist zur Sackgasse geworden, weil sie Parallelgesellschaften (die korrekt »Gegen-Gesellschaften« heißen müßten), verfestigt, anstatt sie aufzulösen.

Die Tragödie der Kirsten Heisig

Kirsten Heisig war eine Jugendrichterin in Berlin, die aufgrund der Konfrontation mit der Migrantengewalt in Neukölln 2008 das sogenannte »Neuköllner Modell« initiierte. Auf Straftaten sollte die Verurteilung zügig folgen und nicht erst nach vielen Monaten; zudem sollten sich Jugendhilfe, Polizei, Justiz und Schule besser vernetzen, um gefährdeten Jugendlichen erfolgreicher zu helfen. Daß sie relativ ungeschminkt die desolaten Zustände ansprach und dabei auch ethnische und religiöse Zugehörigkeiten der »Intensivtäter« nicht ausklammerte, machte sie schnell zu einer populären Figur, die stark in den Medien präsent war.

Eine oft gehörte Charakterisierung als »Richterin Gnadenlos«[396] ist dagegen unangebracht, da sie sehr wohl zu den Richtern gehörte, die Jugendliche, die in einer Bewährung Straftaten begingen, erneut nur zu Bewährungsstrafen verurteilte.

Ende Juni 2010 beging Kirsten Heisig Selbstmord – dieser Suizid wurde sofort in vielen Internetforen angezweifelt und Verschwörungstheorien machten die Runde, in denen ihr Tod mit ihrer beruflichen Tätigkeit in Verbindung gebracht wurde: sie sei Opfer der von ihr drakonisch verfolgten kriminellen Migranten geworden. Das Vorgehen der Behörden ließ allerdings diese Verschwörungstheorien erst richtig aufblühen. In der Tat ist es nicht zu verstehen, warum die Polizei mit Leichenspürhunden in größter Sommerhitze tagelang eine Tote im Wald nicht auffinden kann und die Berliner Justizsenatorin quasi vorauseilend noch vor der Obduktion von einem Selbstmord ausgeht.[397]

Der Herder Verlag beschloß, das Erscheinen des von ihr geschriebenen Buchs vorzuziehen, so daß nur kurz nach ihrem Tode das Buch »Das Ende der Geduld – Konsequent gegen jugendliche Gewalttäter« erschien und sofort in die Bestsellerlisten schoß.

---

396 Heisig, Das Ende der Geduld, S. 205
397 »Der Tagesspiegel« vom 3. Juli 2010

Zu der Tragödie ihres Selbstmordes kommt noch hinzu, daß ihr Buch nicht in ihrem Sinne rezipiert wird. Heisig resümiert eindeutig, ganz gegen den Tenor vieler Rezensenten: »Weder frühere noch höhere Strafen werden sich langfristig als hilfreich erweisen.«[398] Sie sieht nur in einem Verbund der Justiz mit sozialarbeiterischen Maßnahmen den Königsweg – und hier fragt sich, was denn so neu an diesem Konzept sein soll, das seine Erfolglosigkeit bereits gezeigt hat…

Heisigs Buch enthält durchaus Warnungen vor der Migrantengewalt und ihrer den Staat destabilisierenden Auswirkungen, sie warnt ausdrücklich vor einer Spaltung der Gesellschaft »in ›muslimisch‹ und ›nichtmuslimisch‹«[399], spricht die Tendenz an, daß muslimische Migranten den Rechtsstaat umgehen und Streitigkeiten unter sich regeln, »denn das Recht wird aus der Hand gegeben (…) oder in ein paralleles System verschoben, indem dann ein Imam oder andere Vertreter des Korans entscheiden, was zu geschehen ist.«[400] An anderer Stelle wurde bereits erwähnt, daß sie den deutschen Behörden Angst vor kriminellen orientalischen Großfamilien unterstellt. Aufgrund dieser Passagen wird das Buch in vielen Darstellungen und Rezensionen als einzige Anklage gegen Migrantengewalt wahrgenommen. Dabei wird der weitaus größte Teil des Textes und der Falldarstellungen deutschen und nichtmuslimischen Tätern gewidmet.

Das Buch könnte sich aufgrund dieser Mißverständnisse in der Rezeption als Bumerang erweisen, und nicht aufrüttelnd wirken, sondern im Gegenteil als Beruhigungspille und Placebo enden. Zu viele könnten nämlich zur Schlußfolgerung kommen, daß eine verstärkte »law-and-order«-Politik genüge, um der Mißstände wieder Herr zu werden. Das trügt aber. Mit früheren oder härteren Strafen wird man allenfalls einen kurzfristigen Effekt erreichen, die fatalen gesellschaftspolitischen Folgen einer verfehlten Einwanderungspolitik werden sich dadurch nicht beheben lassen. Gegen Landnahme und Islamisierung helfen keine Gefängnisstrafen für Kriminelle.

---

398 Heisig, Das Ende der Geduld, S. 196
399 Ebd., S. 203
400 Ebd., S. 142

Kooptation als Sackgasse

»Kooptation« bezeichnet die nachträgliche Aufnahme neuer Mitglieder in eine bereits bestehende Körperschaft, oft beschlossen durch die Spitze dieser Körperschaft selbst und nicht durch die Gesamtheit aller bisherigen Mitglieder.[401] Kooptation auf allen Ebenen ist das grundlegende Rezept, mit dem in Deutschland und anderen europäischen Staaten der Islam als Institution und die muslimische Bevölkerungsgruppe integriert werden soll.

Kooptation wurde vermehrt angemahnt, seitdem vor allem die rot-grüne Bundesregierung 1998 Masseneinbürgerungen vornahm. Darüber darf nicht vergessen werden, daß mit der Neufassung des Staatsbürgerrechts unter der CDU/FDP-Regierung 1990 bereits die Weichen für eine erleichterte Einbürgerung gestellt wurden.

Schon diese Masseneinbürgerungen waren in gewisser Weise eine von oben verfügte Kooptation; denn es ist so selten nicht, daß inzwischen Migranten über deutsche Pässe verfügen, die nur schlecht oder kaum die deutsche Sprache beherrschen, von ihrer mangelnden staatsbürgerlichen Loyalität gar nicht zu reden. Die Einbürgerungskampagne von Rot-Grün trug alle Züge der »monistischen Integration durch vorzeitige Einbürgerung«, vor der Helmut Quaritsch bereits 1981 warnte:

»Die Einbürgerung nicht assimilierter ethnischer Gruppen schlägt unmittelbar durch auf Innen- wie Außenpolitik. Wir haben aber in der Bundesrepublik schon Schwierigkeiten genug, um uns Konflikte leisten zu können, die sehr wahrscheinlich größer sein und länger dauern würden als jene, die man glaubt, auf diesem Wege beseitigen zu können.«[402]

Der Gedanke der Kooptation ist kein neuer, die Forderung nach großzügiger Einbürgerung beispielsweise von Türken erhoben linke Kreise bereits Ende der siebziger Jahre. Später sollten sich die Ansprüche noch steigern, Migranten gezielt in öffentliche Posten gehievt werden. Nach dem Anschlag in Solingen 1993 formulierte der SPD-Bezirksbürgermeister von Berlin-Kreuzberg folgende Sätze:

---

401 Loewenstein, Kooptation und Zuwahl, S. 19, 201
402 Quaritsch, Einwanderungsland Bundesrepublik Deutschland?, S. 64-65

»Lassen Sie uns nicht von Integration reden, sondern etwas dafür tun. Öffnen wir unsere Verwaltungen in allen Ebenen und allen Berufen für nichtdeutsche Bewerberinnen und Bewerber.«[403]

Bezeichnend sind die Aussagen höchster Regierungsmitglieder. So sagte Bundeskanzlerin Angela Merkel zu deutschen und türkischen Schülern bei einer Veranstaltung nach dem Brand in Ludwigshafen: »Es ist unser gemeinsames Land«.[404]

Daß viele Türken das so verstehen können, daß sie glauben, die Bundesrepublik sei im gleichen Maße türkisch wie deutsch, hat sie wahrscheinlich nicht bedacht.

Vor allem der für die innere Sicherheit zuständige Innenminister Wolfgang Schäuble wird nicht müde, in immer neuen Variationen die Zugehörigkeit der Muslime zur Bevölkerung Deutschlands zu betonen, etwa wenn er konstatiert, der Islam sei »ein Teil unseres Landes, ein Teil Europas«[405]; »Muslime (...) sind (...) für uns alles andere als eine Bedrohung, sie sind eine Bereicherung, machen unsere Ordnung vielfältiger, sie sind erwünscht und gewollt«[406]

Ende 2008 krönte er seine Aussagen damit, daß es nur noch »eine Frage der Zeit« sei, bis ein eingebürgerter Türke ins Kanzleramt einziehe.[407]

Was all diese Aussagen fragwürdig macht, ist das betont Demonstrative. Das Selbstverständliche hat es nämlich in der Regel nicht nötig, ausgesprochen zu werden. Schäubles Aussagen stellen keine Tatsachen fest, sondern sie offenbaren vielmehr Wunschvorstellungen der Regierenden. Sie erinnern in vielem an Gesundbeterei – man weiß zwar um die Mißstände, will sie aber durch beschwörende Worte beseitigen. Noch nie hielt es ein Innenminister für nötig, demonstrativ über Italiener, Griechen oder Spanier zu sagen, sie seien ein Teil Europas, oder sie seien erwünscht – ganz einfach deshalb, weil die Konflikte dieser Gruppen mit den Deutschen im Vergleich zu Muslimen entweder gar nicht existieren oder minimal sind. Daß diese Nationen historisch und kultu-

---

403 Bezirksamt Kreuzberg, Trauer nach Solingen in Kreuzberg, S. 8
404 »Tagesspiegel« vom 9. Februar 2008
405 »Frankfurter Allgemeine« vom 27. September 2006
406 Fernsehsender »Phoenix« am 8. Februar 2009.
407 »Focus« vom 19. November 2008

rell ein Teil Europas sind, ist so offensichtlich, daß es nicht ausgesprochen zu werden braucht. Die Debatte um den EU-Beitritt der Türkei dagegen kommt früher oder später immer auf den Kernpunkt zu sprechen – ob die Türken zumindest geistig Europäer sind. Die Kemalisten sehen diese Fragen mit Verweis auf die Atatürkschen Reformen positiv beantwortet. Die Skeptiker hingegen verweisen auf die jahrhundertelange Frontstellung zum Abendland und darauf, daß der Kemalismus die geistig-kulturelle Substanz der Türken nur überdeckt, aber nicht strukturell verändert hat. Die gegenwärtigen politischen Verhältnisse in der Türkei mit ihrer stetigen Re-Islamisierung geben den Skeptikern Recht.

Diese schwerwiegenden Fakten scheinen die deutsche Regierung nicht zu bekümmern – in der Kooptation auf allen Ebenen, in allen Behörden sieht sie unbeirrt das Zaubermittel, mit dem angeblich langfristig alle Probleme gelöst werden. Dabei fällt ein massiver Etikettenschwindel auf: zwar heißt es oft, »Migranten« sollten bevorzugt werden, bei genauer Analyse reduziert es sich dann doch auf eine ganz bestimmte Zielgruppe – nämlich die Muslime bzw. Türken. Es ist bezeichnend, daß in diesem Zusammenhang oft von einer Absenkung des Anforderungsniveaus berichtet wird.

Die Berliner Feuerwehr beispielsweise will gezielt Türken anwerben; dafür möchte sie ihre Vorschriften ändern, in denen bisher neben körperlicher Leistungsfähigkeit auch eine abgeschlossene Lehre in einem Handwerksberuf festgelegt war – etwas, über das die ganz überwiegende Mehrheit jugendlicher Migranten vor allem aus orientalischen Ländern nicht verfügt.[408]

Weiterhin berichtete der »Tagesspiegel« vom 9. Januar 2009, daß im Einstellungsverfahren für die Berliner Polizei Migranten kein Diktat mehr schreiben müssen. »Anstatt fehlerfrei Deutsch schreiben zu können, soll in Zukunft nach Auskunft der Polizei stärker darauf geachtet werden, daß die Bewerber mehrere Sprachen sprechen und sich mit anderen Kulturen auskennen. Dies soll auch für deutsche Bewerber gelten. Wer sich für die Polizeiausbildung interessiert, müsse keine perfekten Deutschkenntnisse haben, aber er müsse mindestens so gut Deutsch können, daß er der Ausbildung folgen könne, heißt es bei der Polizei.«

---

408 »Tagesspiegel« vom 20. Oktober 2008

Kooptation ist durchweg ein Elitenprojekt, aber sie soll als demokratisch legitimiert erscheinen. Bisher wurden aber noch keine Demonstrantenmassen gesichtet, die Schilder »Wir wollen Arbeitsplätze im Öffentlichen Dienst« hochhielten – bei der Demonstration gegen den Gazakrieg Israels dagegen war die Mobilisierung der Muslime in Berlin außerordentlich stark...

So bleibt es bei deutschen Amtsträgern und interessierten Türken-Lobbyisten, gebetsmühlenhaft den im Vergleich zur Gesamtbevölkerung geringeren Anteil der Migranten in diversen Behörden anzuprangern, um damit ihre forcierte Kooptation zu rechtfertigen. Auch nach dem Vorfall im Wrangelkiez machte sich die Spitze der Polizei für eine verstärkte Einstellung von Migranten stark; Polizeipräsident Dieter Glietsch kündigte an, die Proportion von Polizisten nichtdeutscher Herkunft deutlich zu erhöhen, denn nur 150 von 17 000 Polizisten in Berlin seien Nichtdeutsche. »Angesichts der großen Zahl von Migranten, die in Berlin leben, sind es viel zu wenig.«[409]

Inzwischen sind viele Bundesländer dazu übergegangen, die Anforderungen auch an staatliche Loyalität so weit zu senken, daß nunmehr Polizisten ausgebildet, eingestellt und in höhere Ränge befördert werden können, die nicht einmal über die deutsche Staatsangehörigkeit verfügen!

Es besteht also jetzt schon die Möglichkeit, daß türkische Staatsbürger in deutscher Polizeiuniform auf deutschem Boden deutsches Recht durchsetzen sollen!

Mit einer solchen Konstellation gibt der deutsche Staat seine »höchste Gewalt« teilweise auf – denn diese Polizisten werden automatisch zur Türkei als neuem »Oberherrn«, in Hobbes' Diktion, tendieren.

So wurde in den achtziger Jahren, als der Erwerb der deutschen Staatsbürgerschaft für Ausländer im Polizeidienst noch zwingend war, von den Türken befürchtet »Das jedoch berge die Gefahr, daß der zukünftige Polizist sich selbst doch mehr als Deutscher denn als Türke verstehe.«[410]

---

409 »taz« vom 2. Januar 2007
410 Autorengruppe Ausländerforschung, Zwischen Getto und Knast, S. 318

Nun denn, diese »Gefahr« ist seit den neunziger Jahren gebannt...

Solche Verordnungen, seien sie auch von noch so vielen »Experten« als »integrationsfördernd« empfohlen, und von noch so vielen Juristen formal abgesegnet, versetzen die Landesregierungen nach Hobbes theoretisch in den Status nichtlegitimierter Regierungen. Denn sie sind durch nichts befugt, die »höchste Gewalt« – die ihnen vom Bürger ja nur *verliehen* wurde – an bestimmte Gruppen im Staat oder indirekt an andere Staaten abzugeben!

»Weil nun der höchsten Gewalt diese Rechte wesentlich und untrennbar zukommen, folgt: wenn diese voneinander getrennt und jemandem überlassen zu werden scheinen, mit welchen Worten auch immer, so ist diese Übertragung ungültig, wenn nicht auch ausdrücklich auf die höchste Gewalt zugleich verzichtet wurde. Vielmehr bleibt alles, was abgetreten worden ist, untrennbar beieinander, wenn die höchste Gewalt oder die Stellvertretung des Staates weiter gilt.«[411]

Daß die Einstellung von Migranten, insbesondere Orientalen, in den Polizeidienst innerhalb der Kooptationsbemühungen ein Lieblingsprojekt der Regierenden ist, weist darauf hin, daß ihnen das Problem der Migrantengewalt, wenn es auch medial kaum aufscheint, doch bewußt sein muß. Denn gerade mit der Einstellung von Türken und Arabern will man die Konflikte, die aus diesen Kulturkreisen kommen und evident sind, besonders effektiv bekämpfen und neutralisieren.[412]

Erklärtes Ziel ist, daß keine Konflikte entstehen, bzw. daß diese dann besser, mit mehr Fingerspitzengefühl und weniger Gewalt geregelt werden können.[413]

Ein türkischstämmiger Stuttgarter Polizist, der im Drogenmilieu ermittelt hat und unter anderem Jugendcliquen kontrollieren muß, bestätigt: »Schwelende Aggressionen verpuffen sofort, wenn man die Jungs türkisch anspricht.«[414]

Und genau darin liegt der größte Denkfehler bei der Kooptation in die Polizei!

---

411 Hobbes, Leviathan, S. 164-165
412 »Frankfurter Allgemeine« vom 23. August 2008
413 »taz« vom 17. November 2006
414 »Stuttgarter Nachrichten«, 1. Juli 2008

Die natürlichste Regung und die offenkundigste Reaktion der orientalisch-muslimischen Bevölkerung ist nämlich die Einstellung »das ist einer von uns«. Mit dieser Rezeption ist eine enorme Erwartungshaltung verbunden – nämlich daß der Beamte, der ja eigentlich »einer von ihnen ist«, sie anders behandeln wird als ein Beamter deutscher Ethnie. Damit ist – wenn der Beamte dieser Erwartungshaltung folgt – das Recht verletzt, weil er die betreffenden Personen besser als Deutsche behandelt. Versteift er sich jedoch korrekt auf seine Pflicht, wird ihm der Haß seiner orientalischen Landsleute um so stärker und heftiger entgegenschlagen – der Konflikt somit stärker eskalieren, als es bei einem Beamten deutscher Ethnie der Fall gewesen wäre.

So berichtet eine Lehrerin türkischer Herkunft von Loyalitäts- und Distanzproblemen mit Schülern türkischer Herkunft an deutschen Schulen: »erwarten türkischsprachige Schüler oft von ihr, daß sie nachsichtiger mit ihnen umgeht.«

Eine Haltung »Sie ist ja eine von uns, also wird sie uns eine bessere Note geben« sei besonders bei türkischen Jungs verbreitet.

Sie bereut, einem türkischen Elternpaar das »Du« vorschnell angeboten zu haben, weil nun die Gefahr besteht, von diesen vereinnahmt zu werden.[415]

Klose berichtet in ihrer Untersuchung über türkische Gefangene im Jugendstrafvollzug des Landes Nordrhein-Westfalen über die Ergebnisse einer Befragung, wie die türkischen Insassen zu Gefängnispersonal türkischer Herkunft stehen würden. Fast die Hälfte (49,5%) war dafür, als Stationsbeamte und Gruppenbetreuer auch Türken einzusetzen, nur 7,2% sprachen sich dagegen aus – dem Rest war es egal oder er hielt es für nicht durchführbar.

Unter den genannten Gründen für die Einstellung eines solchen Betreuers nannte fast ein Fünftel eine »Bessere Behandlung«, über ein Drittel der befragten türkischen Insassen ein »besseres Verständnis«, was wohl auf das gleiche hinausläuft. Die Problematik, die sich – aus Sicht der Gefangenen – ergibt, wenn sich ein türkischer Vollzugsbediensteter korrekt verhält, schildern zwei Insassen übereinstimmend:

---

415 »Spiegel« vom 4. April 2006

dieser Beamte sei strenger als die deutschen Kollegen. »Türkische Beamte sind noch schlechter für uns«.[416]

Es gab bereits Fälle, in denen Polizisten türkischer Herkunft, die bei Streitereien und Straftaten von Türken intervenierten, als »Verräter« beschimpft und tätlich angegangen wurden. So 1999 in Kreuzberg, als eine türkischstämmige Polizistin krankenhausreif geprügelt wurde. Und zwar von ihren Landsleuten, die sie dabei beschimpften: »Du Schlampe, was mischst du dich ein, du arbeitest mit deutschen Schweinen zusammen!«[417]

In vielen Fällen dürfte das Mißtrauen noch größer sein als gegenüber deutschen Beamten, weil die türkischstämmigen Polizisten die Sprache verstehen.

»...türkische Bullen – das wollen die nur, damit sie endlich auch verstehen können, was wir untereinander reden.«[418]

Die Hoffnung, durch Einsatz von Polizisten der gleichen Ethnie Konflikte entschärfen zu können, dürfte sich deshalb in Wirklichkeit meist in ihr Gegenteil verkehren – wenn die Beamten korrekt vorgehen. Drükken sie aber für ihre Landsleute beide Augen zu, vergewaltigen sie das Recht, das sie doch durchsetzen sollten...

Ein anderes Problem, das den Gedanken der potentiellen Konfliktentschärfung durch Polizisten mit Migrationshintergrund widerlegt, ist die zum Teil massive Konfliktsituation zwischen nichtdeutschen Ethnien innerhalb Deutschlands; diese Lage läßt es sehr wohl geraten sein, möglichst nur ethnische Deutsche bzw. Personen aus dem europäischen Kulturkreis in den Polizeidienst aufzunehmen. Daß Demonstrationen von Kurden auf deutschem Boden in den neunziger Jahren zu schwerster Gewalttätigkeit eskalierten, ist bekannt. Aber würden türkischstämmige Polizeibeamte ihre Pistolen im Holster lassen wie ihre deutschen Kollegen, wenn sie von einem Mob enthemmter Kurden angegangen werden? Und um wie viel mehr würde der Konflikt dann eskalieren?

---

416 Klose, Deskriptive Darstellung der subjektiv empfundenen Haftsituation männlicher türkischer Inhaftierter im geschlossenen Jugendstrafvollzug in Nordrhein-Westfalen, S. 239
417 »Berliner Zeitung«, 19. Januar 2006
418 Autorengruppe Ausländerforschung, Zwischen Getto und Knast, S. 318

Bereits 1981 wurde diese Problematik offenbar, als in (West-)Berlin die Idee vom »türkischen Polizisten« aufkam. Wie stark vergewaltigt dieses Konzept die Ansprüche und Rechte anderer Ethnien in Deutschland? Der Spanier Santos beklagte sich »Die Türken behandeln uns Spanier sowieso schon wie Maulesel. Für die sind wir doch der letzte Dreck. Und jetzt noch türkische Polizei....«[419]

Die Forcierung der Kooptation insbesondere in den Polizeidienst macht deutlich sichtbar, daß der deutsche Staat bereits eine Teil-Kapitulation vollzogen hat. Wenn nicht mehr die Polizeiuniform entscheidend für die erstrebte Durchsetzung des Rechts wirkt, sondern nur noch die Person türkischer Ethnie in der deutschen Polizeiuniform, dann ist faktisch das Gewaltmonopol vernichtet bzw. latent an Ankara übergegangen. Und es ist bezeichnend, daß in der ganzen Literatur zu diesem Komplex eine Frage *nie* gestellt wird: Wenn es der türkisch-arabischen Bevölkerungsgruppe nicht zuzumuten ist, den Befehlen eines ethnisch-deutschen Polizisten zu gehorchen, warum in aller Welt sollte einem Deutschen zugemutet werden, einem türkischstämmigen Polizisten zu gehorchen, der eventuell nicht einmal die deutsche Staatsangehörigkeit besitzt?

Dazu gesellt sich ein verhängnisvoller Signalcharakter auf andere, verwandte Bereiche. Wenn nur türkische Polizisten türkisch-türkische oder türkisch-deutsche Streitfälle objektiv regeln können, werden weitergehende Forderungen auf anderen Ebenen und Bereichen früher oder später nicht ausbleiben – nur der türkische Richter kann türkische Delinquenten verurteilen (aber selbstverständlich auch Deutsche!), nur der türkische Staatsanwalt darf türkische Delinquenten anklagen (aber selbstverständlich auch Deutsche!), nur der türkische Rechtsanwalt kann türkische Delinquenten verteidigen. Nur der türkische Professor kann türkische Studenten prüfen. Letztlich kann eigentlich auch nur ein türkischer Mandatsträger die türkische Bevölkerung in Deutschland angemessen vertreten,,,.

Erste Signale in diese Richtung gibt es bereits. So postulierte die designierte Sozialministerin Niedersachsens (die von der dortigen CDU-Führung ins Amt gehievt wurde, obwohl sie in Hamburg lebte), daß es in Deutschland mehr Richter mit Migrationshintergrund brauche. Be-

---

419 Autorengruppe Ausländerforschung, Zwischen Getto und Knast, S. 318

gründung? »Damit die Betroffenen auch sehen, hier entscheidet nicht eine fremde Autorität (...)«[420] Die Rechtssprechung durch ethnische Deutsche in Deutschland wird von Aygül Özkan also als »fremde Autorität« angesehen...

Kooptation wird von der deutschen Bevölkerung nicht gewünscht. Sie ist ein reines Kopfprodukt der Eliten, das von diesen ohne wirkliche demokratische Legitimation praktiziert wird – mit unabsehbaren, möglicherweise katastrophalen Folgen. Wenn ein Ministerpräsident Wulff eine Türkin zur niedersächsischen Sozialministerin ernennt, hat er vielleicht allerlei Experten konsultiert, die der CDU wachsenden Zuspruch unter Türken für diesen Schritt attestieren. Er hat ganz sicher nicht die Basis der CDU in Niedersachsen befragt. Gleiches gilt für die Protektion eines Bülent Arslan durch den Ministerpräsidenten Rüttgers in Nordrhein-Westfalen, der von der Basis heftig abgelehnt wurde.[421]

Diese Kooptation ist zudem im Kern verlogen – denn bisher waren es immer deutsche Alphatiere, die sich türkisch-muslimische Gefolgschaft nachzogen. Es wird diesen Migranten »(...) ein Anteil an der Macht, aber nicht die Macht selbst eingeräumt.«[422] Selbst einem Cem Özdemir, der innerhalb der deutschen Parteihierarchien mit dem Posten des Parteivorsitzenden den höchsten Rang erklomm, wurde 2008 von der grünen Basis ein sicheres Bundestagsmandat auf der Landesliste verweigert.

Allerdings müssen sich die deutschen Parteien fragen lassen, ob ihnen die langfristigen Folgen ihrer Kooptationsstrategie bewußt sind. Sind erst einmal so viele türkisch-muslimische Funktionsträger in hohe Posten gehievt, daß sie unter sich ein tragfähiges Netzwerk bilden können, werden deutsche Funktionäre zweitrangig oder ganz verzichtbar. Diese Tendenz könnte sich verstärken, wenn die Masse der Muslime in Deutschland stark anwächst (z.B. durch einen EU-Beitritt der Türkei) und auch an der Parteibasis erhebliche Veränderungen eintreten. Die Wulffs und Rüttgers der Zukunft werden dann nur mehr Wasserträger

---

420 »Berliner Morgenpost«, 24. April 2010
421 »Welt« vom 9. Oktober 2008
422 Loewenstein, Kooptation und Zuwahl, S. 193

der Arslans und Özkans sein. Ob das wirklich in ihrem Sinn war, ist zu bezweifeln.

In Delmenhorst schwelte seit 2008 ein Kampf in der Funktionärsriege der FDP. Der langjährige FDP-Fraktionschef im Delmenhorster Rat, Uwe Dähne, trat 2010 mit mehreren anderen Mitgliedern aus der Partei aus. Die Vorwürfe dieser Gruppe gegen den FDP-Vorstand um den Vorsitzenden Tamer Sert waren eindeutig: »Mafiastrukturen«[423] Sert habe planmäßig Türkischstämmige in die Partei geschleust, für die er zum Teil sogar die Mitgliedsbeiträge bezahle; diese Mitglieder wiederum stünden eigentlich nicht hinter der FDP, sondern hätten als einzige Aufgabe, Sert in Funktionen zu wählen.[424]

Als Variante der direkten Kooptation von Türken/Arabern/Muslimen in die Polizei wird auch das Modell einer engen Zusammenarbeit von Polizei und Moscheegemeinde propagiert. Selbiges wird im Essener Stadtteil Katernberg schon betrieben, ohne daß diese schleichende Aushebelung des Gewaltmonopols hinterfragt wird, man empfiehlt es im Gegenteil als Modell![425]

Zur Aufrechterhaltung der Ordnung wird dort die »natürliche Autorität der muslimischen Vorbeter« für die Polizei genutzt, denn »Was im deutschen Strafrecht verboten ist, ist auch vom Koran untersagt.«, so Halit Pismek, der Imam der türkischen Ayasofya-Moschee in Katernberg.[426]

Wenn sich deutsches Recht aber nur noch deshalb durchsetzen läßt, weil es vom Koran gedeckt wird, dann ist eine bedenkliche Situation eingetreten. Denn was geschieht, wenn dem Imam, der Pismek nachfolgt, eine andere Auslegung in den Sinn kommt? Etwa: daß deutsches Strafrecht belanglos ist, weil es dem Koran widerspricht? Einmal mehr beweist sich Hobbes' Devise, in staatsrechtlichen und Loyalitätsfragen nicht die geringste Intervention kirchlicher Stellen zuzulassen, als richtig, denn solche Intervention trägt den Keim des Bürgerkrieges in sich:

423 »Weser-Kurier« vom 26. März 2010
424 http://www.pi-news.net/2008/11/tuerkische-uebernahme-der-fdp-delmenhorst/
425 »Tagesspiegel«, 25. Oktober 2007
426 http://de.quantara.de/webcom/show_article.php./_c-469/_nr793/i.html

»Wer zweitens die göttlichen Gesetze, sowohl die natürlichen als die schriftlich verfaßten, so verdreht und auslegt, daß sie mit den bürgerlichen Gesetzen und mit der Ruhe des Volkes nicht vereinbar sind, der gibt den Bürgern beständig einen scheinbaren Vorwand an die Hand, sich gegen ihre Oberherren aufzulehnen; mag dieser Vorwand nun aus der Religion oder aus dem natürlichen oder bürgerlichen Recht hergenommen sein.«[427]

»Eine andere dem bürgerlichen Gehorsam schädliche Lehre ist: *Was der Bürger wider sein Gewissen tut, ist Sünde*; diese entsteht aus der vorigen, denn das Gewissen kann so gut wie das Urteil, von welchem es nicht unterschieden ist, leicht irregeführt werden. Obgleich daher der, welcher unter keinem bürgerlichen Gesetz steht, sündigt, sobald er wider sein Gewissen handelt, indem er außer seiner Vernunft keine andere Regel bei seinen Handlungen kennt, so verhält es sich doch mit denen ganz anders, welche sich bürgerlichen Gesetzen unterwarfen. Denn nun muß nicht das eigene Urteil, sondern das öffentliche Gesetz von einem jeden Bürger als Richtschnur seiner Handlungen angenommen werden. Sonst würde bei der Mannigfaltigkeit des Gewissens und der privaten Meinungen der Staat notwendig in Uneinigkeit geraten und keiner dem Oberherrn weiter gehorchen, als er selbst es für gut findet.«[428]

Die Kooptation von Türken bzw. Muslimen in die Polizei wäre dann besonders gefährlich, wenn geschlossene türkisch-muslimische Einheiten entstehen. Denn ein türkischstämmiger Polizeibeamter in einer mehrheitlich deutschen Einheit könnte notfalls noch isoliert und neutralisiert werden, wenn er die deutsche Rechtsordnung hinterginge, um Landsleute zu bevorteilen. Bei geschlossenen Einheiten, die nur noch aus Türken bestehen, ist dies unmöglich.

Das »Deutsch-Türkische Forum« in der CDU hat bereits solche geschlossenen Einheiten gefordert – selbstverständlich sollen diese nur dazu dienen, den Islamismus besser zu bekämpfen...

»Das deutsch-türkische Forum sieht die Arbeit der Polizei mit den Moscheegemeinden als gescheitert an. (...) Nach Ansicht des DTF

427 Hobbes, Leviathan, S. 247
428 Ebd., S. 269

muß die Polizei eine Kehrtwende in ihrer Beziehung zu den Moscheen in Deutschland vollziehen.

Mit der Einrichtung einer muslimischen Polizeieinheit in NRW will das Deutsch-Türkische Forum daher die Zusammenarbeit zwischen den islamischen Gemeinden und der Polizei effizienter gestalten. Das DTF sieht in einer muslimischen Polizeidienststelle in einer Gesamtstärke von 150 bis 200 Beamten, die auf die verschiedenen Kreispolizeibehörden verteilt werden, den entscheidenden Schritt hin zu einem Netzwerk von Polizei, Gemeinden und Bürgern. Die muslimischen Polizeibeamten sollen zu Vertrauenspersonen und Ansprechpartnern innerhalb des Moschee-milieus werden. »Der gleiche kulturelle Hintergrund wie auch die gleiche Religion schaffen einen wichtigen gemeinsamen Nenner. Polizisten, die auch zum Freitagsgebet in die Moschee kommen, werden ein Teil der Gemeinde.«, so Arslan. Hinweise auf mutmaßliche extremistische Einzelpersonen können so einfacher kommuniziert werden und das Bild der Polizei in den Moscheegemeinden wird stark aufgewertet. »Zugleich sollten diese Polizisten auch im normalen Bezirksdienst eingesetzt werden.«, fordert Arslan.[429]

Aus diesen Zeilen gehen vielerlei nützliche Informationen über die Anspruchshaltung des Deutsch-Türkischen Forums (das faktisch ein türkisches Forum in der CDU ist) hervor. Diese Anspruchshaltung deckt sich mit der Lebenswirklichkeit in allen islamischen Ländern, inklusive der Türkei, wo die Verfolgung nichtmuslimischer Gruppen eine durchgehende Linie bis in die Gegenwart bildet, trotz des »Säkularismus« und des »Laizismus«, der so gerne von Kemalisten betont wird.

Wir können daraus schließen, daß es für viele Türken bzw. Muslime unerträglich ist, von Deutschen bzw. Christen kontrolliert und überwacht zu werden. Explizit werden also türkisch-muslimische Polizisten für Türken bzw. Muslime gefordert. Die Erwähnung »extremistische Einzelpersonen« suggeriert zudem noch, daß eine ganze Moscheegemeinde an sich niemals islamistisch-extremistisch sein kann.

Es ist interessant, daß trotz des propagierten Einsatzes der »muslimischen Polizeidienststelle« in Moscheen die Polizisten weiterhin zu-

---

429 http://dtf-online.de/

sätzlich normalen Bezirksdienst absolvieren sollen. Damit würde vermieden, daß sich die Kontrollfunktion nur über die eigene Ethnie bzw. Religionsgemeinschaft erstreckt; es sollen sich demgemäß auch Deutsche bzw. Nichtmuslime daran gewöhnen, von Türken bzw. Muslimen als Polizisten kontrolliert zu werden!

Dieses enorme Mißverhältnis in den Ansprüchen türkischer Interessenvertreter – einerseits Polizisten deutscher Ethnie nicht ertragen zu können, andererseits aber einen türkischstämmigen Bundeskanzler für wünschenswert, ja sogar notwendig zu halten[430], ist nur in abendländischen Augen widersprüchlich. Es löst sich in Luft auf, wenn man die Mentalität der Orientalen und die historische Erfahrung der Muslime speziell in der Türkei zugrunde legt. Selbst als Minderheit stellten sie immer die Spitze des Staates, sie repräsentierten das Gesamtwesen, das Allgemeinwohl – ein Nichtmuslim hingegen kann niemals an verantwortlicher Stelle des Staates stehen!

Das mangelnde Vertrauen postuliert auch der Vorsitzende der »Türkischen Gemeinde in Deutschland«, Kenan Kolat, wenn er aufgrund einer Reihe von (angeblichen) Brandanschlägen in Deutschland Ende Februar 2008 eine zehnprozentige Migrantenquote in den »Sicherheitskräften« forderte.[431]

Als Gründe nannte er die »Stärkung des Vertrauens der türkeistämmigen Bevölkerung«. Deutlich wird zudem, daß er die Organisationen der Türken-Lobby praktisch in die Exekutive einbinden will, wenn er davon spricht, daß die »Zusammenarbeit der Sicherheitskräfte mit Organisationen der türkischstämmigen Community ausgebaut werden« muß.

Wenn man diesem Verlangen nachkommen würde, bestätigte man einerseits das mangelnde Vertrauen und würde den Teufelskreis noch verschärfen, der da lautet: »Ich bin Türke, und darf nur von Polizisten türkischer Herkunft kontrolliert/gemaßregelt werden«.

Nötig wäre allein, daß Türken Vertrauen in deutsche Polizisten gewinnen; falls dies nicht machbar ist, ist nicht zu fragen, ob die deutschen Polizisten, sondern ob die Türken am falschen Ort sind...

---

430 »Frankfurter Rundschau« vom 12. September 2008
431 http://www.tgd.de/index.php?name=News&file=article&sid=787

Die Kooptation ist selbstverständlich außerdem geeignet, demokratische Verfahren auszuhebeln; in diesem Sinne wird sie von vielen türkischen Interessenvertretern überall dort eingefordert, wo sie sich unterrepräsentiert sehen, wo es – und das ist bezeichnend – für sie unerträglich ist, sich von Deutschen beurteilt und gemaßregelt zu sehen. Das ist in der Sportgerichtsbarkeit ebenfalls so. In einem Interview mit der »Frankfurter Allgemeinen« formulierte Mehmet Matur, Integrationsbeauftragter des Berliner Fußballverbandes, folgende Sätze:

»In Berlin zum Beispiel gibt es keinen ausländischen Sportrichter. Aber mindestens 25 Prozent der Fußballer verfügen über einen Migrationshintergrund, im Jugendbereich sogar noch mehr. Wenn dann deutsche Sportrichter gegenüber Migranten Sportrecht sprechen, kommt doch der Verdacht der Benachteiligung automatisch hoch.«

Die »Frankfurter Allgemeine« schlug daraufhin vor, daß sich doch einfach ausländische Sportler selbst zur Wahl stellen sollten, um Sportrichter zu werden. Matur antwortete daraufhin:

»Ja, und das tun sie auch vermehrt. Aber sie werden von den mehrheitlich deutschen Vereinsvertretern nicht ins Amt gewählt. So wie erst kürzlich in Berlin. Da fehlten einem Türken elf Stimmen. Wir müssen prüfen, ob wir in die Sportgerichte nicht Leute berufen können ohne formale Wahl.«[432]

Wenn viele Türken sich auf allen Ebenen der Gesellschaft nur durch Angehörige der eigenen Ethnie bzw. Religionsgemeinschaft repräsentiert sehen können, ist es kein Wunder, daß die Kanzlerin Angela Merkel kaum Anerkennung findet: 85% der deutschen Staatsangehörigen türkischer Herkunft fühlen sich nicht von ihr vertreten.[433]

Hiermit kommen wir zum Problem der Repräsentation, wie es Schmitt beschrieben hat.

»Es gibt also keinen Staat ohne Repräsentation, weil es keinen Staat ohne Staatsform gibt und zur Form wesentlich Darstellung der politischen Einheit gehört. In jedem Staat muß es Menschen geben, die sa-

---

432 »Frankfurter Allgemeine« vom 5. März 2008
433 »Frankfurter Allgemeine« vom 13. März 2008

gen können: L'Etat c'est nous. Darstellung braucht aber nicht Herstellung der politischen Einheit zu sein. Es ist möglich, daß die politische Einheit durch die Darstellung selber erst bewirkt wird.«[434]

Es ist deutlich geworden, daß ein maßgeblicher Teil der Türken/ Muslime heftig die Vorstellung ablehnt, durch jemand repräsentiert zu werden, der nicht Teil ihrer Ethnie und Religionsgemeinschaft ist. Dadurch unterscheiden sie sich von allen anderen Ethnien und Religionsgemeinschaften in Deutschland, die diesen Anspruch offensichtlich nicht stellen. Dabei stellen sie gegenwärtig als Muslime gerade mal 5% der Gesamtbevölkerung des Staates, wie einführend festgestellt wurde, als Türken ungefähr 3%. Die Tatsache, daß Stimmen aus dieser Gruppe mit diesen geringfügigen Anteilen bereits Anspruch auf höchste Ämter erheben, zeigt, wie stark selbst vorgeblich aufgeklärte, säkulare Vertreter der Türken-Lobby wie Cem Özdemir im muslimischen Anspruchsdenken verhaftet sind. Daß in Zukunft die Repräsentation des deutschen Staates nach Vorstellungen vieler Funktionäre der Türken-Lobby praktisch zwangsläufig einen Türken beinhalten muß, enthüllt, daß diese Funktionäre eine Repräsentation ihrer Gruppe durch Deutsche bzw. Nichtmuslime nicht zugestehen wollen. Entscheidend ist also nicht die *gute Ordnung* – die ja auch eine Person herstellen könnte, die nicht der eigenen Ethnie oder Glaubensgemeinschaft zugehört – sondern die *eigene Ordnung*. Unterstrichen wird dies durch einen Aufruf des Vorsitzenden der »Türkischen Gemeinde in Deutschland« im September 2009. Kolat rief dazu auf, bei der anstehenden Bundestagswahl taktisch zu wählen – also primär Kandidaten türkischer Herkunft, ungeachtet ihrer Parteizugehörigkeit![435]

Besonders pikant wird die Sache, wenn man weiß, daß Kolat selbst SPD-Mitglied ist und seine Frau für diese Partei im Berliner Landesparlament sitzt. Daß seine Partei ihn deswegen nicht maßregelte bzw. ausschloß, offenbart eine besondere Langmut gegenüber Mitgliedern mit (türkischem) Migrationshintergrund, gehören sie doch zu den heftig umworbenen neuen Wählerschichten der SPD.

---

434 Schmitt, Verfassungslehre, S. 207
435 »Welt«, 10. September 2009

Je identischer bzw. homogener eine Nation, so Schmitt, desto mehr agiere sie politisch praktisch aus sich selbst heraus, brauche keine starke Widerspiegelung der eigenen Identität in der Repräsentation.

»Durchführung des Prinzips der Identität bedeutet Tendenz zu dem Minimum von Regierung und persönlicher Führung. Je mehr dieses Prinzip sich durchsetzt, um so mehr vollzieht sich die Erledigung der politischen Angelegenheiten ›von selbst‹, dank einem Maximum natürlich gegebener oder geschichtlich gewordener Homogenität. Das ist der Idealzustand einer Demokratie, wie ihn Rousseau im ›Contrat social‹ voraussetzt.«[436]

»Aber das Volk kann auf zwei verschiedene Weisen den Zustand politischer Einheit erreichen und halten. Es kann schon in seiner unmittelbaren Gegebenheit – kraft einer starken und bewußten Gleichartigkeit, infolge fester natürlicher Grenzen oder aus irgendwelchen anderen Gründen – politisch aktionsfähig sein. Dann ist es als realgegenwärtige Größe in seiner unmittelbaren Identität mit sich selbst eine politische Einheit. Dieses Prinzip der Identität des jeweils vorhandenen Volkes mit sich selbst als politischer Einheit beruht darauf, daß es keinen Staat ohne Volk gibt und ein Volk daher als vorhandene Größe immer wirklich anwesend sein muß. Das entgegengesetzte Prinzip geht von der Vorstellung aus, daß die politische Einheit des Volkes als solche niemals in realer Identität anwesend sein kann und daher immer durch Menschen persönlich repräsentiert werden muß.«[437]

Wer sich selbst schon kennt, braucht nicht mehr in den Spiegel zu schauen, um sich seiner selbst zu vergewissern. Die Lage ist anders, wenn die Identität keine quasi natürliche, sondern eine konstruierte ist. Daß sie konstruiert ist, heißt nicht, daß sie schwach sein muß, aber sie muß dann beständig durch Repräsentation neu hergestellt werden. Den Deutschen, über Jahrhunderte staatlich zersplittert, genügte die gemeinsame Sprache und Kultur und das Bewußtsein der gemeinsamen Abstammung von germanischen Stämmen, um eine übergreifende deutsche Identität zu bewahren. In den USA war es anders: zwar galt von Anfang an der angelsächsische Rahmen, der aber mit Einwanderern

---

436 Schmitt, Verfassungslehre, S. 214
437 Schmitt, Verfassungslehre, S. 205

aus allen Teilen Europas modifiziert wurde, die zwar die englische Sprache übernahmen, aber oft Eigenheiten ihrer Kultur, z.B. in den Eßgewohnheiten, behielten. Früh schon waren Schwarze in diesen Rahmen mitintegriert, wenn auch nicht als vollwertige Bürger. Die Nation USA ist weitaus weniger ethnisch mit sich selbst identisch als die deutsche, deshalb ist sie wesentlich mehr auf Repräsentation angewiesen als diese. Die beständige Präsenz der »Stars and Stripes« im Alltagsleben, der demonstrative Patriotismus, der das Abspielen der Nationalhymne selbst vor so banalen Ereignissen wie Sportwettbewerben ohne internationalen Charakter zur Regel macht, zeugt davon.

Daß das historisch hierzulande ähnlich war, auch in Deutschland Flaggen zum Alltag gehörten, widerlegt diese These nicht. Denn wir haben die bewußte Minimierung der Repräsentation des Nationalen seit 1945 bzw. 1968 als Volk überdauert, wie die Fußball-WM 2006 bewies, weil die Deutschen sich nach wie vor und trotz jahrzehntelanger Masseneinwanderung als Volk empfinden; bei den US-Amerikanern hätte ein solcher jahrzehntelanger Mangel bzw. Ausfall an nationaler Repräsentation zum tatsächlichen Auseinanderfallen der Nation geführt.

Daß Barack Obama als erster Nichtweißer das höchste Amt erklomm und damit die USA repräsentiert, ist kein substantieller Bruch mit der Geschichte des Landes, wie es so gerne suggeriert wird. Er hatte eine US-amerikanische Mutter, er wuchs mit der englischen Muttersprache auf und er ist Christ. Damit befindet er sich voll im »Mainstream«. Noch ist es unmöglich, trotz des Zuwachses der nichtweißen Bevölkerung, gegen die Mehrheit der Weißen gewählt zu werden – mit den Stimmen der Weißen ist Obama ins sein Amt gekommen. Das wäre ihm unmöglich gewesen, wenn er ihnen nicht glaubhaft vermittelt hätte, die Schwarzen eben nicht zu bevorzugen, sondern Repräsentant *aller* US-Amerikaner zu sein.

Der Bundeskanzler wird nicht vom Volk gewählt. Der US-Präsident zwar auch nur indirekt, über Wahlmänner, aber dafür ist die Kandidatenkür in den USA viel demokratischer als in Deutschland. Ein türkischstämmiger Bundeskanzler stellte, so willkommen er den Türken/ Muslimen wäre, eine Vergewaltigung der deutschen Mehrheit dar.

Ein türkischer Bundeskanzler wäre in den Augen der meisten Deutschen nicht mehr als ein Vertreter einer bestimmten Klientel, und würde dadurch eben den Bruch der politischen Einheit der Nation symbolisieren und nicht deren andauernde Einheit wie im Falle Obamas:

»Was nur Privatsache und nur privaten Interessen dient, kann wohl vertreten werden; es kann seine Agenten, Anwälte und Exponenten finden, aber es wird nicht in einem spezifischen Sinne repräsentiert. Es ist entweder real gegenwärtig oder es wird durch einen abhängigen Beauftragten, Geschäftsträger oder Bevollmächtigten wahrgenommen. In der Repräsentation dagegen kommt eine höhere Art des Seins zur konkreten Erscheinung. Die Idee der Repräsentation beruht darauf, daß ein als politische Einheit existierendes Volk gegenüber dem natürlichen Dasein einer irgendwie zusammenlebenden Menschengruppe eine höhere und gesteigerte, intensivere Art Sein hat. Wenn der Sinn für diese Besonderheit der politischen Existenz entfällt und die Menschen andere Arten ihres Daseins vorziehen, entfällt auch das Verständnis für einen Begriff wie Repräsentation.«[438]

Der potentielle Bruch, den eine Kooptation auf höchster Regierungsebene symbolisieren würde, manifestiert sich ebenfalls in der Verwaltung, für die gegenwärtig massiv Programme aufgelegt werden, um den Migranten-Anteil zu steigern. Wie im Bereich der Polizei ist das deshalb besonders heikel, weil die Verwaltung Teil des staatlichen Herrschaftsapparates ist. Die Herausbildung eines Verwaltungsapparates korrelierte in Europa nämlich nicht zufällig mit der Herausbildung des Nationalstaates. »Eine fremdethnische Mameluken- oder Janitscharenschicht in Verwaltung oder Militär ist in modernen Nationalstaaten ebensowenig denkbar wie die mittelalterliche Herrschaft französischsprachiger Adeliger über deutsche Bauern und Bürger.«[439]

Eine Verwaltung, die nicht nur »gemischt« ist, sondern bereits beginnt, speziell für türkische Belange zugeschnitten zu werden, wie türkischsprachige Ausfüllhilfen und Beschilderungen in deutschen Behörden beweisen, ist deshalb kein Beweis für »interkulturelle Öffnung«, sondern erst einmal für den Zerfall des – europäischen – National-

---

438 Schmitt, Verfassungslehre, S. 210
439 Wicker, Das Fremde in der Gesellschaft, S. 187

staates. Was höchstwahrscheinlich folgt, ist entweder Leistungsverfall, oder, noch schlimmer, eine »Türken-Verwaltung« auch für Deutsche.

In Großbritannien führte die Öffnung der Verwaltung und der Polizei für pakistanisch-muslimische Bewerber (»Asians«) dazu, daß Blutrache und Ehrenmorde in der Folge erleichtert wurden!

»Weil in Behörden längst viele Einwanderer arbeiten, werden geflohene Opfer über Versicherungs- oder Mobiltelefonnummern ausfindig gemacht und an ihre Familien verraten. Übersetzer in Sozialämtern oder auf Polizeiwachen lügen und spielen Gewalttaten herunter. Sozialarbeiter haben Angst, mit ihren Schützlingen zur Polizei zu gehen: ›Wir müssen vorsichtig sein mit den Polizisten, besonders den asiatischen, weil manche von ihnen Täter sind.‹«[440]

Wieso sollte es in Deutschland anders kommen, wenn vermehrt Türken und Araber in Verwaltung und Polizei arbeiten? 2005 verriet ein türkischstämmiger Angestellter der Polizei in Hessen bevorstehende Razzien an Islamisten[441], im gleichen Bundesland wurde 2010 ein weiterer Fall bekannt: ein eingedeutschter Marokkaner hatte Informationen aus der Polizei-Datenbank an »ehemalige Landsleute« weitergegeben![442]

Es kommt erschwerend hinzu, daß diese Kooptationsprogramme ein Lieblingsprojekt der politischen Linken sind. Sie bugsieren dort, wo sie angewandt werden, nicht nur vermehrt Migranten in den öffentlichen Dienst, sondern auch und gerade Parteigänger der Linken.

»In einem parlamentarisch regierten Staat erhält die Forderung einer Demokratisierung der Verwaltung leicht die Bedeutung, daß die Funktionäre der Verwaltung durch die jeweiligen Mehrheitsparteien bestimmt werden. Das staatliche und kommunale Beamtentum verwandelt sich auf diese Weise in eine Parteigefolgschaft, wobei die leitenden Beamten zu Parteifunktionären und Wahlagenten werden.«[443]

---

440 »Frankfurter Allgemeine« vom 7. Juli 2008; es sei nochmal darauf hingewiesen, daß der dem Terminus »asiatisch« im britischen Englisch entsprechende Begriff in diesem Kontext keine Chinesen bezeichnet, sondern in der Regel auf (muslimische) Pakistanis angewendet wird.
441 »Frankfurter Allgemeine«, 29. September 2005
442 »Frankfurter Allgemeine«, 28. Mai 2010
443 Schmitt, Verfassungslehre, S. 271-272

Größter Schwachpunkt beim Konzept der Kooptation bleibt jedoch die Eingliederung in bewaffnete Verbände, beispielsweise der Polizei. Daß die »Türkische Gemeinde in Deutschland« die Migrantenquote bei »Sicherheitskräften« fordert, läßt vermuten, daß sie früher oder später auch eine Migrantenquote bei der Bundeswehr einklagen wird, natürlich möglichst in eigenen Muslim-Einheiten, wie bereits durch das »Deutsch-Türkische Forum« für die Polizei gefordert. Damit wären wir an dem Punkt angelangt, daß das Gewaltmonopol, wenn nicht formal, doch schon de facto geteilt wird.

Nur ein schwacher Staat hat es nötig, auf externe bewaffnete Verbände zurückzugreifen, um im Notfall damit Konflikte zu lösen. Das war mit der Weimarer Republik der Fall, als sie Freikorps und Studentenbataillone zu Hilfe rufen mußte, um die Machtergreifung kommunistischer Bewegungen im Reich 1918-1921 zu verhindern.

Das traf ein Jahrzehnt später zu, bevor SA-Leute nach der Machtergreifung reihenweise zu Hilfspolizisten ernannt wurden, als paramilitärische Kampfverbände verschiedener Parteien wie SA, Rotfrontkämpferbund und Reichsbanner zu Hunderttausenden die Straßen Deutschlands beherrschten und die Polizei zu Statisten degradierten. Damals herrschten bürgerkriegsähnliche Zustände, aber es kämpften nur Deutsche gegen Deutsche.

Wenn der Staat auf solche Verbände zurückgreifen muß, macht er sich erpreßbar, denn er liefert sich dann der politisch-ideologischen Ausrichtung dieser Verbände aus. »Reichswehr schießt nicht auf Reichswehr« lautete die Devise des führenden Reichswehrmilitärs von Seeckt, als es um das Niederschlagen des Kapp-Putsches ging.

Heute besteht erstens die Gefahr, daß eine Kooptation fremdethnischer bzw. muslimischer Gruppen in der Bundesrepublik diese Entwicklung wieder in ähnlicher Weise vollziehen könnte, weil die deutsche Regierung einen Kontrollverlust nicht zugeben will.

Zusätzlich besteht die besondere Gefahr, daß Parteienapparat, Justiz und Verwaltung, Sicherheitsorgane wie Bundeswehr und Polizei von fremdethnischen Personen infiltriert werden könnten, die in Wirklichkeit nicht loyal zu Deutschland stehen.

Diese Entwicklung könnte dann in einer formellen Legitimierung polizeilicher Gewalt bestehen, die sich in Zukunft speziell gegen Deutsche richten würde, die sich der Türkisierung/Islamisierung widersetzen. Die Gefahr hier liegt sowohl in einem möglichen Tun als auch in einem möglichen Unterlassen. Denn die formale staatliche Gewalt kann durch Unterlassen das Gewaltmonopol genauso verletzen wie durch ein Tun. »Reichswehr schießt nicht auf Reichswehr« – würden türkischstämmige Polizisten auf Türken einprügeln, die in Kreuzberg Türkisch als Amtssprache einfordern, gegebenenfalls bei gewalttätigen Demonstrationen? Türkisch- und arabischstämmige Polizisten könnten im Alltag darauf verzichten, Jugendliche ihrer Ethnie zu verfolgen, die Straftaten begangen haben.

Kooptation hat in der Geschichte des deutschsprachigen Raumes oft funktioniert, etwa wenn Wilderer von den Forstbehörden eingestellt wurden, und diese sich dann zu besonders erfolgreichen Verfolgern von Wilderern mauserten, weil sie deren Methoden kannten.

Doch die Kooptation in der gegenwärtigen Konstellation – Deutsche Institutionen kooptieren Türken/Muslime – kann nicht funktionieren, weil die ethnische Trennlinie und das »türkische Hinterland« vorhanden ist, die im Falle der Wilderer nicht gegeben war. Der Wilderer war ethnisch nicht von der Gesamtbevölkerung getrennt, er war ein Teil von ihr und hat mit seiner kriminellen Tätigkeit nach Meinung der überwältigenden Mehrheit der Dorfbevölkerungen richtig gehandelt. Es gab aber keine »Wilderer-Republik«, die sein Verhalten protegierte und ihn unter ihren Schutz stellte. Von der Mehrheitsmeinung getragen ist auch das Tun jener Migranten, die sich gegen die Polizei stellen – aber nur in ihren Bezirken. Ein Vorfall wie im Wrangelkiez wird zwar von der türkischen Bevölkerung offenbar weitgehend akzeptiert, aber nicht von der deutschen Bevölkerung in Kreuzberg, von der Gesamtbevölkerung Berlins ganz zu schweigen.

Weil diese ethnische und religiöse Trennlinie da ist, wird sich die Kooptation von Türkischstämmigen langfristig in einer Verstärkung all jener Faktoren niederschlagen, die zu bekämpfen sie doch eigentlich eingestellt wurden.

Die Segregation wird verstärkt durch die Bestätigung der türkischen Bevölkerung in ihrer Haltung »Deutsche dürfen uns nicht maßregeln«;

zudem wird sich geistig immer mehr die Vorstellung breitmachen, dem deutschen Staat keine Loyalität zollen zu müssen – deshalb, weil die Polizisten nicht notwendig deutsche Staatsbürger sein müssen und weil der türkische Staat und die türkischen Interessenverbände die Kooptationsbemühungen begrüßen; das würden sie ganz sicher nicht tun, wenn sie glaubten, daß solches ihren langfristigen Absichten zuwiderliefe.

Ein zusätzliches Risiko besteht in der Weitergabe von Insider-Wissen und Fähigkeiten durch Ausbildung und Tätigkeit bei der Polizei. So wie der gute Wilderer einen guten Jäger abgab, konnte sich der gute Jäger in einen perfekten Wilderer verwandeln, wenn er in Zwist mit der Forstbehörde geriet. Wer garantiert, daß vertrauliche Informationen aus der Polizei nicht an Migranten weitergegeben werden – und welche verheerenden Folgen könnte das haben? In Hamburg gab es bereits den Fall, daß der anfangs medial beklatschte erste türkischstämmige Polizist inzwischen entlassen und verurteilt wurde – unter anderem, weil er Drogen aus der Asservatenkammer entnahm und verkaufte und das »Milieu« vor bevorstehenden Razzien warnte.[444]

Das betraf nur die rein kriminelle Ebene. Was passiert, wenn so etwas auf der Ebene der politischen Kriminalität, des Terrorismus, geschieht? Sind Muslime im Polizeidienst wirklich die besten Mitarbeiter im Kampf gegen Islamisten oder sind sie vielleicht das größtmögliche Sicherheitsrisiko, das aufgrund seiner Einsicht in Strukturen und Abläufe polizeilichen Handelns das islamistische Milieu besonders gut abschirmen und decken kann – *gegen* die polizeiliche Aufklärung?

Spracherwerb und Bildung als Ausweg?

Von der offiziellen Politik wird Spracherwerb und Bildung geradezu als Mantra heruntergebetet, um die »Integration« voranzutreiben. Dahinter versteckt sich wohl der Wunsch, die potentiell sezessionistischen Bestrebungen der Türken-Lobby abfedern zu können. Doch hinsicht-

---

444 »Welt« vom 30. Oktober 2003, »Hamburger Abendblatt« vom 30. Oktober 2003

lich des Spracherwerbs ist überhaupt nicht gewährleistet, ob solches zutrifft.

Denn in der Geschichte gibt es einige Beispiele dafür, daß trotz sprachlicher Assimilation der Separationswille letztlich doch stärker war. Im Laufe des 19. Jahrhunderts gelang es den Engländern, die gälische Sprache in Irland weitgehend zurückzudrängen; dennoch identifizierten sich die Iren weiterhin als Iren und nunmehr verstärkt über andere Differenzen zu den Engländern, etwa durch ihren katholischen Glauben. So hat die faktische Verdrängung der gälischen Sprache durch das Englische das irische Unabhängigkeitsbestreben in keiner Weise gebrochen. Die protestantischen »Nordiren« sind übrigens mehrheitlich Nachfahren von schottischen Siedlern, die Cromwell nach der Unterwerfung der Insel im 17. Jahrhundert ins Land holte.

Es genügt demgemäß bereits ein Unterschied in der Religion, um blutige Bürger- und Sezessionskriege auszulösen bzw. aufrechtzuerhalten. Gerade die Deutschen sollten das durch den Dreißigjährigen Krieg wissen. Wird der religiöse Unterschied zur alles entscheidenden Trennlinie, wird selbst innerhalb des eigenen Volkes kein Pardon mehr gegeben. Um wie viel mehr muß dieser Faktor wirken, wenn die religiöse Trennlinie durch eine ethnische verstärkt wird?

Das immer wieder angemahnte Deutschlernen der Türken wird dabei in keiner Weise erzwungen, im Gegenteil setzt die Politik in Bund, Ländern und Kommunen immer wieder gegenteilige Signale. So wurde unter Schirmherrschaft der Staatsministerin Maria Böhmer, Beauftragte der Bundesregierung für Integration, eine »Service-Hotline« eingerichtet, auf der man sich in türkischer Sprache über Gesundheitsfragen informieren kann.[445]

Die Stadt Duisburg unterstützte die Einrichtung eines von der Türkischen Gemeinde eingerichteten türkischsprachigen Bürgerbüros. Der Oberbürgermeister Adolf Sauerland begleitete diesen Vorgang mit dem Satz »Hier passiert was in Sachen Integration.«[446]

Unabhängig davon tut die Türken-Lobby alles, um Bildung und Erziehung primär in türkischer Sprache möglich zu machen. Beispielswei-

---

445 Presse- und Informationsamt der Bundesregierung, Pressemitteilung Nr. 338 vom 29. August 2009
446 »Westdeutsche Allgemeine Zeitung« vom 1. März 2009

se gibt es in Berlin einen »türkischen Bildungsträger, der inzwischen eine komplette Bildungslaufbahn von der Kita bis zur Hochschule anbietet. Mit Nachhilfe und allem Drum und Dran. Das nenne ich Separierung.« – so Angelika Klein-Beber, die vom Bezirk Kreuzberg daran gehindert wird, eine Privatschule für eine deutsche Klientel zu gründen.[447]

Allein schon daß die Türken den Erwerb der deutschen Sprache inzwischen selbst propagieren, aber nur im Verbund mit der Errichtung einer türkischsprachigen Bildungs-Infrastruktur auf deutschem Boden – also der Erhaltung der türkischen Muttersprache –, sollte all jenen Träumern zu denken geben, die glauben, mit einer verstärkten sprachlichen Einbindung würden die Türken sich automatisch zugleich auf anderen Ebenen besser einfügen. Im Gegenteil ist der Erwerb der deutschen Sprache, so wie er vielen Türken und insbesondere dem türkischen Staat vorschwebt, rein instrumentell gedacht; sie wollen nämlich Türken bleiben, aber das Deutschsprechen soll sie in die Lage versetzen, ihre Forderungen noch besser zu artikulieren zu können und in der Gesellschaft Deutschlands in einflußreiche Posten aufzusteigen.

»Die türkische Diplomatie geht davon aus, daß auf längere Sicht mit der Erweiterung der Zugangsmöglichkeiten zu sozialen Ressourcen, d.h. mit der Anhebung des Bildungsstandes der nachfolgenden Generationen, mit ihrer Partizipation am gesellschaftspolitischen Leben der Bundesrepublik und der Wahrnehmung leitender Funktionen der politische Einfluß der türkischen Bevölkerungsgruppe steigen wird. In den außenpolitischen Entscheidungsprozeß kann sie nur dann effektiv eingreifen, wenn sie politische Macht besitzt. Unweigerlich werden die Deutschland-Türken mit der Annahme der deutschen Staatsbürgerschaft allein quantitativ zu einer einflußreichen politischen Kraft im gesellschaftlichen System der Bundesrepublik.«[448]

So schildern es also türkische Akademikerinnen in Deutschland, die professionell über dieses Thema forschen, so hat es der türkische Mini-

---

447 »taz« vom 26. August 2009
448 Atilgan, Türkische Diaspora in Deutschland, S. 175

sterpräsident Erdogan in seiner berüchtigten Kölner Rede ausgesprochen:

»Diese Kinder werden mit der deutschen Sprache erst dann konfrontiert, wenn sie mit dem Schulbesuch beginnen. (...) Doch würde es für Sie und für Ihre Kinder in jeder Hinsicht vorteilhaft sein, wenn Sie die Möglichkeiten, die das qualitativ gute und organisierte Schulsystem Ihnen bietet, maximal ausschöpfen. Sie werden einen Beruf ausüben, Sie werden öffentliche Dienste in Anspruch nehmen. Wenn Sie die Sprache des jeweiligen Landes nicht beherrschen, nicht lernen, so fallen Sie unweigerlich in eine Situation der Benachteiligung.«[449]

Weiterhin muß die Fähigkeit der Bildung zur sozialen Befriedung in Frage gestellt werden. Das funktioniert nämlich nur, wenn dem hochwertigen Abschluß auch ein hochwertiger Arbeitsplatz mit hohem Einkommen folgt. Ist das nicht der Fall, ist Bildung eher dazu geeignet, quasi-revolutionäre Unruhen anzufachen. Unter den Aktivisten der Schwarzenbewegung der fünfziger Jahre in den USA befanden sich sehr viele ehemalige Soldaten des Zweiten Weltkrieges, die von der sogenannten »GI Bill« profitiert hatten. Um die Demobilisierung von Millionen Soldaten nach 1945 sozial abzufedern und den Arbeitsmarkt nicht zu sehr zu belasten, hatte die US-Regierung beschlossen, Veteranen bei Studium und wirtschaftlicher Selbständigkeit zu unterstützen. In nie gekanntem Ausmaß öffneten sich deshalb die US-amerikanischen Universitäten nach 1945 für Angehörige von Minderheiten wie Schwarzen und Juden. Aber den Schwarzen blieb selbst nach erfolgreichen Studienabschlüssen meist der Weg in hochdotierte Stellen versagt – das förderte ihre Unzufriedenheit und Frustration.

Daß Bildung der Generalschlüssel zur Integration sei, gehört zur festen Glaubensüberzeugung der gegenwärtig herrschenden Elite, deren Mitglieder zu einem großen Teil der Studentengeneration der Achtundsechziger-Bewegung entstammen. Diese hatten trotz quantitativer Zunahme der Studienabschlüsse von der Ausweitung des öffentlichen Dienstes in den siebziger Jahren profitiert oder konnten sich als erfolgreiche Freiberufler etablieren. Sie selbst haben es erlebt, daß Bildung zu Auf-

---

449 »Frankfurter Allgemeine« vom 14. Februar 2008

stieg führt, aber es ist sehr zweifelhaft, inwiefern dieser Mechanismus noch immer funktionieren soll. Seit den achtziger Jahren hat die Arbeitsplatzgarantie für deutsche Akademiker beständig abgenommen, feste Stellen und gutbezahlte Posten sind rarer geworden. Innerhalb des Universitätssystems ist ein Verdrängungswettbewerb ausgebrochen, der sich in »Rankings«, Gliederung nach »Bachelor/Master« und Dotierung von Spitzenuniversitäten nach amerikanischem Vorbild äußert. Das ist ein Indiz dafür, daß nicht mehr der Hochschulabschluß an sich zählt, sondern innerhalb der Hochschulabschlüsse eine stärkere Differenz geschaffen werden soll – auf gut Deutsch: Bildung erster und zweiter Klasse. Damit verändert sich die Hochschullandschaft in Deutschland nach angelsächsischem und französischem Muster, wobei in Deutschland mit seiner relativ geringen Akademikerquote lange galt, daß es geschafft hatte, wer überhaupt einen Hochschulabschluß besaß – diese Regel gilt nun nicht mehr.

Vielmehr ist zu konstatieren, daß selbst hohe Bildung heutzutage weder eine Jobgarantie noch eine Garantie auf eine gute Bezahlung darstellt. Letztlich kann Bildung aber nur dann revolutionäres Potential kanalisieren, wenn sie Zugang zu Wohlstand verschafft. Wahrscheinlich hätte die »Rote Armee Fraktion« ein viel stärkeres Echo bekommen, hätte sich in der Bundesrepublik in den siebziger Jahren ein großes akademisches Proletariat gebildet, wie es viele anhand der ausufernden Studentenzahlen anfänglich befürchteten.

Für die Bildungslandschaft unterhalb der Hochschulabschlüsse sieht es nicht viel besser aus. Der wohlfeile Ruf nach Abschaffung der Hauptschule verwechselt Ursache und Wirkung. So lange es gutbezahlte Arbeit auch für Minderqualifizierte gab, hat sich niemand am Hauptschulabschluß gestört, weil jeder beruflich unterkam. Nur weil diese Arbeitsplätze im Laufe der zunehmenden Rationalisierung abgebaut wurden, kam die Hauptschule in Verruf.

Bessere Qualifikationen der Türken/Muslime werden also keineswegs soziale Randlagen entschärfen, die zur kulturell-ethnischen Trennlinie erschwerend hinzukommen. Solche Bildungserfolge werden langfristig eher dazu führen, daß die Anspruchshaltung – und die darauf folgende Frustration – auf dieser Seite noch mehr wächst, obwohl die berufliche Misere eine allgemeine ist und Deutsche in gleichem Maße trifft.

Weiterhin ist Bildung überhaupt keine Kategorie in weiten Kreisen der anvisierten Zielgruppe, den türkisch-arabischen Jugendlichen männlichen Geschlechts. Ihr Ideal ist der medial vermittelte »Gangster-Rapper«, der praktisch aus der Gosse kommend, sich gerade *ohne* Bildung den Weg zum Wohlstand verschafft. Der Berliner Oberstaatsanwalt Roman Reusch bringt die Einstellung der in Kriminalität verstrickten orientalischen Großfamilien seiner Stadt plastisch zum Ausdruck: »Jugendliche aus solchen Familien dazu anzuhalten, zu lernen und zu arbeiten, kommt dem Versuch gleich, Wasser mit einem Sieb aufzufangen. Sie erleben schließlich, daß ihr Vater, die älteren Brüder, Cousins, Onkel etc. ebenfalls kaum lesen und schreiben können und trotzdem ›dicke Autos‹ fahren (...) Ihre Taten dienen in erster Linie der Finanzierung eines aufwendigen Lebensstils, den sie sich bei ihrem Bildungs- und Ausbildungsstand durch Arbeit nie leisten könnten. Außerdem erlangen sie durch ihr ›Gangstertum‹ in ihrem Umfeld ein durch Arbeit ebenfalls nicht erlangbares Sozialprestige.«[450]

Macht wird zu Recht – das Prinzip der (Gewalt-)Legalisierung

Es wurde im ersten Teil dieser Untersuchung geschildert, wie sich Unrecht in Recht verwandeln kann, strafbares Verhalten in normgemäßes Verhalten. Ob eine Handlung oder ein bestimmtes Verhalten vom Staat als kriminell verfolgt oder auch nur als kriminell definiert wird, ist in vielen Bereichen lediglich eine Machtfrage. Wenn ein bestimmtes Verhalten in sehr breiten Kreisen der Bevölkerung als legitim galt/gilt – so etwa das Wildern für Bewohner von Alpendörfern, so das Haschischrauchen in der Bundesrepublik seit den siebziger Jahren – dann kommt der Staat in Zugzwang. Entweder er geht mit aller Härte gegen breite Bevölkerungskreise vor, was meist weder logistisch machbar ist und selbst in autokratischen Regimen Furcht vor einer Stimulierung der Widerständigkeit hervorruft. Oder er toleriert das Verhalten der Vielen stillschweigend und/oder geht dazu über, es sogar zu legalisieren. Die Macht der Masse wird zu Recht, weil machtloses Recht den Staat mehr

---

450 w w w . h s s . d e / f i l e a d m i n / m i g r a t i o n / d o w n l o a d s / 071207_VortragReusch.pdf

delegitimieren würde als die Umwandlung von Straftaten in norm-
gerechtes Verhalten.

Dieser Mechanismus muß nun eingehend hinsichtlich der Migrantengewalt untersucht werden. Kann diese ebenfalls ein Recht konstituieren, wenn sie erst einmal genügend Macht errungen hat? Tatsache
ist, daß der Haschischkonsum eines Kiffers im stillen Kämmerlein die
Rechtsgüter von Menschen an anderen Plätzen nicht beeinträchtigt,
genausowenig wie das Wildern von Hochwild die körperliche Integrität
ihrer »Besitzer« – der Landesfürsten – beeinträchtigt hat.

Die gegen »Ungläubige« gerichtete Migrantengewalt von Muslimen
wird diese Schadlosigkeit nie erreichen können, da ihr Charakter ja gerade darin liegt, den anderen massiv zu schädigen oder wenigstens zu
demütigen.

Dennoch ist es möglich, daß diese Migrantengewalt langfristig in
gewisser Weise eine anerkannte Stellung einnimmt – nämlich dann, wenn
sich die Machtlosigkeit des deutschen Staates in den »Türken-Ghettos«
noch verstärken sollte und türkische/muslimische Interessenverbände
im Gegenzug noch mehr Macht erhalten und diese konsolidieren.

Hofmann schildert am Beispiel der Mafia in Süditalien, daß die Errichtung rechtsfreier Räume im Extremfall zur Etablierung von »Schat-
ten-Staaten« mit eigenem Rechtskodex führen, ihnen parallel gehen
Korruption und Einschüchterung von Politikern und leitenden Beamten
und die Erringung wirtschaftlicher Macht.[451]

Macht wird primär durch die Macht über den Raum definiert. Jede
Kolonialisierung beginnt mit der Etablierung von Siedlungsinseln. So haben
die Engländer den nordamerikanischen Kontinent von der Ostküste her
aufgerollt, so haben die Spanier die karibischen Inseln als Sprungbrett
für das amerikanische Festland benutzt. Sie haben in diesen Siedlungsinseln ihre eigene, mitgebrachte Ordnung installiert und von den Indianern nur das übernommen, was ihnen selbst nützlich und angenehm
erschien – beispielsweise den Tabak.

---

451 Hofmann, Monopole der Gewalt, S. 75-76

Kann man bei der Siedlung der Türken in Deutschland von einer Kolonisierung sprechen? Jeder Mainstream-Politiker, jeder Mainstream-Historiker würde sehr vorsichtig mit diesem Begriff in solchem Kontext umgehen, ihn möglichst vermeiden. Doch ist unübersehbar, daß Prozesse ablaufen, die denen einer Kolonisierung durch Ansiedlung sehr ähnlich sind, wenn man als Kern der Kolonisierung die Etablierung einer fremden Ordnung betrachtet, die Errichtung von ethnischen Brückenköpfen. Die Anwerbung der türkischen Gastarbeiter hat über die Jahrzehnte eine unabsehbare Eigendynamik entwickelt. Und es ist kein rechtsextremistischer deutscher Politiker, der fordert, daß die Führer der türkischen Vereine aufhören sollen, so zu tun, als befänden sie sich hierzulande in Feindesterritorium – dieses offene Wort stammt von Cem Özdemir und wurde in der »taz« abgedruckt![452]

Da vor allem die Türken eine ethnische »Infrastruktur« in Deutschland kultiviert haben, haben sie die Basis für Siedlungsinseln geschaffen (ähnlich wie Algerier in Frankreich und Pakistanis in Großbritannien). Ethnische Kolonien, in denen diese Gruppen perfekt ohne die deutsche Sprache zurechtkommen, weil die gesamte Infrastruktur in Türkisch zu haben ist – Einkaufen, Behördengänge, selbst die Führerscheinprüfung kann in Türkisch abgelegt werden. Siedlungsinseln, in denen zunehmend auch deutsches Recht und deutsche Herrschaftsordnung außer Kraft gesetzt wird. Sei es, daß sich unterlegene deutsche Polizeikräfte zurückziehen, weil sie der geballten Aggressivität nicht mehr Herr werden; sei es, daß, um dieser Problematik zu entgehen, verstärkt Polizisten mit »Migrationshintergrund« eingestellt werden – ohne zu wissen, ob diese wirklich loyal zum deutschen Staat stehen.

Es ist bezeichnend, daß dieser Raum konsequent und bewußt als »eigener Raum« betrachtet wird. Legion sind die Berichte, in denen Migrantengewalt geschildert wird, bei der die Polizisten explizit mit dem Verweis auf das eigene »Hoheitsgebiet« bedroht wurden oder es durch die Handlung der Migranten – zumeist Türken und Araber – überdeut-

---

452 »Dazu gehört auch, dass die Führer der türkischen Vereine aufhören müssen, so zu tun, als befänden sie sich hier in einer Art Feindesterritorium.« »taz« vom 25. Januar 2008

lich wurde, daß sie ihre Wohngebiete quasi als exterritorial betrachten, dem Zugriff der deutschen Staatsgewalt entzogen. Ein Berliner Polizeibeamter drückt es so aus: »Vor allem bei einer bestimmten Gruppe von Migranten – insbesondere arabische Großfamilien – habe sich eine ›Das-ist-unser-Kiez‹-Einstellung verfestigt. Die Polizei habe dort nichts zu sagen. Probleme wolle diese Klientel ausschließlich ›untereinander‹ lösen. Das paßt ein wenig zu dem, was in Mariendorf ein arabischer Passant zu den jüngsten Vorfällen sagt: Es seien arabische Landsleute bei den Tumulten gewesen – sie wollten ›ihr Revier verteidigen.‹«[453]

In Essen sieht es wie in vielen anderen deutschen Großstädten (oder sollte man sagen: Großstädten auf deutschem Boden?) keinen Deut besser aus:

»Verpißt euch hier, das ist unsere Straße« wurde Polizisten bei einer Autokontrolle entgegengeschleudert.[454]

Siedlungsinseln sind folgerichtig gleichfalls die Basis für ein Einsikkern in die deutsche Herrschaftsordnung und damit deren allmähliche Veränderung. Dann stellen die Parteien einen Landtags-/Bundestags/Gemeinderats-Kandidaten mit Migrationshintergrund auf, um ihre Chancen zu erhalten. So sickern Personen mit Migrationshintergrund in die Legislative ein und können auf Landes- und Bundesebene die Politik mitbestimmen.

Wie gestaltet sich nun die Korruption und Einschüchterung von Politikern, von der Hofmann in Bezug auf Süditalien schrieb, in Deutschland? Mit »mediterranen Verhältnissen« auf breiter Ebene ist in Deutschland sicher nicht so schnell zu rechnen, Korruption in dieser Eindeutigkeit auszuschließen. Selbstverständlich sind aber Politiker und Parteien beeinflußbar, wenn es um ihre Stimmenanteile bei Wahlen geht. Diese entscheiden über politische Macht, die in Deutschland weitgehend »Verteilermacht« geworden ist. Abgeordnete verteilen Referentenstellen und sonstige Posten an ihre Klientel, sie verteilen soziale Wohltaten an bestimmte Gruppen, sie verteilen das von anderen erwirtschaftete Steuergeld an ihre Klientel.

---

453 »Tagesspiegel« vom 13. September 2009
454 »Süddeutsche Zeitung« vom 20. Juli 2009

Durch jene Wahlkreise, in denen besonders viele Migranten türkisch-arabischer Herkunft leben, ergibt sich eine spezielle Konstellation. Deutsche Abgeordnete in Wahlkreisen mit hohem eingedeutschten Migrantenanteil sind in ihrer Funktion vergleichbar mit Indianerhäuptlingen in der Frühzeit des spanischen Kolonialismus, die ihre Macht zu einem bestimmten Grad behielten, dafür aber als ausführendes Organ der Spanier auftraten. Solche Szenarien sind inzwischen möglich, weil sich eine Mehrheit für eine *deutsche* Politik in solchen Wahlkreisen nicht mehr ergibt, obwohl die deutsche Bevölkerung rein zahlenmäßig noch die Mehrheit stellt. Das rührt daher, weil deutsches Prekariat links wählt, um seine Lage zu verbessern oder zumindest nicht weiter zu verschlechtern, und die linken Parteien zugleich jene sind, die Sozialleistungen und multikulturelle Gesellschaft im Doppelpack anbieten, untrennbar miteinander verbunden. Damit erhalten sie ihre Macht und ihre Mandate, was das Hauptanliegen jeder politischen Partei ist. Inzwischen ist auch die CDU zumindest an der Parteispitze mehrheitlich auf diesen multikulturellen Kurs eingeschwenkt.

Deutsche, die damit nicht einverstanden sind, verlassen letztlich diese Viertel, weil sie die Politik nicht ändern können, oder sie führen eine geradezu schizophrene Existenz, wenn sie Multi-Kulti zwar prinzipiell gut finden, aber bei der Bildung ihrer Kinder darauf achten, daß diese möglichst nicht mit Türken in Kontakt kommen:

»Die Grünen mit Kindern denken und handeln exakt wie das Kreuzberger Bürgertum. Die wissen, die graue Multikulti-Theorie ist nicht sonderlich nützlich, wenn die eigenen Kinder in die Schule kommen. Integration finden die gar nicht gut – wenn es die eigenen Kinder sind, die sich auf einem türkisch sprechenden Schulhof integrieren sollen.«[455]

Diese »deutschen Häuptlinge« stechen dann hervor, wenn sie nicht nur ihrer »restdeutschen«, sondern auch und gerade der fremdethnischen Klientel möglichst weit entgegenkommen, um deren Stimmen zu erhalten. So plädierte der Bundestagsabgeordnete des Wahlkreises Kreuzberg, Hans-Christian Ströbele, für eine deutsche Nationalhymne in türkischer Sprache[456] , für die Einführung eines islamischen Feiertags[457]

---

455 »taz« vom 26. August 2009
456 »Spiegel« vom 2. Mai 2006
457 »Frankfurter Allgemeine« vom 13. Oktober 2009

und findet zur Fußball-WM deutsche Fähnchen nur dann gut, wenn auf der anderen Seite auch die türkische Flagge prangt;[458] so setzt sich Oberbürgermeisterin Petra Roth (CDU!) für den Bau der dritten Moschee im kleinen Frankfurter Stadtteil Hausen ein – Frankfurt am Main gehört zu den deutschen Großstädten mit dem höchsten Anteil von »Migranten« in der Einwohnerschaft. Letztlich führt aber eine solche Politik dazu, daß in Zukunft die Fremdethnischen ihre eigenen Leute zur Wahl aufstellen, genauso wie die spanische Herrschaft in Lateinamerika die Indianerhäuptlinge letztlich assimiliert hat. Es ist sehr unwahrscheinlich, daß nach Ströbeles Abgang in Berlin-Kreuzberg noch mal ein Deutscher von den Grünen oder anderen Parteien links der CDU zur Wahl aufgestellt wird – selbst bei der CDU kann man nicht mehr mit Sicherheit behaupten, ob sie sich für einen Kandidaten deutscher Herkunft aussprechen wird.

Wenn Ströbele mit seinen Aussagen die türkische Sprache und die türkischen Hoheitszeichen aufwertet, dann gibt er eindeutige Signale an die eingebürgerte türkische Bewohnerschaft Kreuzbergs, die zu einem großen Teil die Grünen wählt. Somit vollzieht sich ein schleichender Machtwandel von der deutschen zur türkischen Seite, der nicht verwunderlich ist, da er die Veränderung der Lebenswelt spiegelt. Der Lebensraum mit seinen Orientierungspunkten wird immer stärker turkisiert:

»Läden und Straßenbild, Zeitungen und Fernsehen verdichten sich zur deutsch-türkischen Lebenswelt, die sich immer mehr dem türkischen Original annähert.«[459]

Wenn man diese Entwicklung konsequent weitertreibt, wird nicht nur das Viertel mit seinen Dönerständen und Halal-Supermärkten optisch entdeutscht, es soll zusätzlich und demonstrativ in seiner Benennung entdeutscht werden, inhaltlich und im Klang. In Köln-Kalk, dem Kreuzberg Kölns, wurde im September 2009 auf Initiative des Freundschaftsvereins Köln-Istanbul eine neue Straße »Istanbulstraße« benannt. Die »Türkische Gemeinde in Deutschland« forderte bereits im Juli 2006 in

---

458 »Welt« vom 5. Dezember 2008
459 Raddatz, Die türkische Gefahr?, S. 221

einem Positionspapier bei »Straßenum- bzw. neubenennungen Persönlichkeiten aus den Migrationsländern« auszusuchen, um »das Zugehörigkeitsgefühl von Menschen mit Migrationshintergrund zu steigern«.[460] Wir dürfen solcher Logik entnehmen, daß etwa eine »Atatürkstraße« das Zugehörigkeitsgefühl der Türken zu Deutschland steigern würde?

Die »Frankfurter Allgemeine« berichtete, daß der Bahnhof Görlitzer Straße in Kreuzberg von den Türken des Bezirks »Gülizar« genannt wird. Eine irgendwie geartete inhaltliche Übereinstimmung dieses türkischen Frauennamens oder ein Zusammenhang mit der Stadt in Schlesien besteht in keiner Weise – es geht allein darum, die Umgebung lautmalerisch zu turkisieren.

Was aber geschieht, wenn der fortschreitenden Separation der türkisch-muslimischen Minderheit weiterhin im wahrsten Sinne des Wortes noch mehr Raum gegeben wird und sich allmählich parallel-staatliche Strukturen herausbilden oder der türkische Staat in wichtigen Belangen auf deutschem Boden mitregieren will? Für beide Szenarien existieren bedenkliche Präzedenzfälle und nichts deutet darauf hin, daß sich diese Tendenz umkehren wird. Bei der faktischen Durchsetzung wird die Migrantengewalt eine wesentliche Rolle spielen. Denn so kultur- und religionsbasiert diese Sezession auch von ihren akademischen Vertretern interpretiert werden möchte, in der Realität kann sie in dieser Konsequenz nur durchgeführt werden, weil der deutsche Staat in diesen Gebieten immer mehr die tatsächliche Hoheitsgewalt verliert. Hierin liegt die größte Gefahr der Migrantengewalt: daß sie indirekt durch die Vertreter der Islam- und Türkenlobby hoffähig gemacht wird! Ansätze bestehen bereits dann, wenn die weitere Ausdehnung türkisch-muslimischer Machtzonen beschönigend mit einer Regulierung der Migrantengewalt gerechtfertigt wird, wenn Moscheen und muslimische Kulturzentren angeblich die Kriminalität mindern, weil sie jungen Leuten (angeblich) Halt und Sinn geben.[461]

---

460 Tükische Gemeinde in Deutschland, Gleichstellungs- und Partizipationspolitik statt Ausländerpolitik – Vorlage beim Integrationsgipfel der Bundesregierung am 14.7. 2006
461 http://de.quantara.de/webcom/show_article.php./_c-469/_nr793/i.html

Dadurch wird der Machtverlust des deutschen Staates nicht abgemildert, sondern im Gegenteil zementiert. Denn mit jeder Etablierung einer »Neben-Souveränität« wird das Gewaltmonopol und die Souveränität des deutschen Staates aufgeweicht und untergraben:

»Begriffliches Merkmal für die Souveränität ist die Fähigkeit, innerhalb eines abgegrenzten Herrschaftsbereichs Gesetz und Befehl gegenüber den Untertanen durchzusetzen. Diese Durchsetzung verlangt, daß der Souverän keine andere Befehls- und Zwangsgewalt neben sich duldet. Denn jede andere, von ihm unabhängige Befehlsmacht könnte seine Souveränität in Frage stellen und die Durchsetzung von Gesetz und Befehl gefährden. *Die tatsächliche Herrschaftsgewalt ist daher unabdingbare Voraussetzung der Souveränität.* (...)

Hier zeigt sich die enge Verknüpfung von staatlicher Souveränität und Herrschaftsgewalt. Staatliche Souveränität besteht nur soweit und solange der Staat das Staatsgebiet beherrscht und Gesetze – notfalls zwangsweise – durchsetzen kann. *Verliert er die alleinige Zwangsgewalt und bilden sich unabhängige Träger eigener Befehlsmacht, so sind diese gleichgeordnet und souverän mit der Folge, daß sich die innerstaatlichen Beziehungen in völkerrechtliche verwandeln.*

Das Gewaltmonopol gehört daher zu den vitalen Lebensinteressen des Staates. Jede Beeinträchtigung ist mit einer Gefährdung der Staatlichkeit verbunden. Die höchste unabgeleitete und ungeteilte Herrschaftsgewalt macht das Wesen des neuzeitlichen Staates aus.«[462]

Mertens Bemerkung, daß sich durch die Etablierung »unabhängiger Träger eigener Befehlsmacht« innerstaatliche Beziehungen in völkerrechtliche verwandeln, verweist auf das politische Kernproblem Deutschlands in den nächsten Jahrzehnten: die mögliche Gefahr eines Autonom- oder sogar Souverän-Werdens der türkischen Siedlungsgebiete auf deutschem Boden und/oder einem politischen Mitgestaltungswillen der türkischen Minderheit, der – verglichen mit ihrem Anteil an der Gesamtbevölkerung – unangemessen hoch ist. Es wäre dies kein Mitgestaltungswille im eigentlichen Sinne mehr, sondern gemäß muslimischer Herrschaftstradition ein Alleingestaltungswille....

---

462 Merten, Rechtsstaat und Gewaltmonopol, S. 31-33, Hervorhebungen von S.H.

Wer das als bizarres Hirngespinst abtut, sei auf die Entwicklung der letzten Jahrzehnte verwiesen. Hätte ein Deutscher 1961 prophezeit, daß in Folge des Anwerbeabkommens mit der Türkei langfristig tausende von Moscheegemeinden auf deutschem Boden entstehen würden, die zunehmend dazu übergehen, auch den Muezzinruf als ureigenes, von der Religionsfreiheit gedecktes Recht einzufordern, hätte man ihn als »Spinner« bezeichnet. Hätte noch ein Innenminister unter Kohl auch nur angedacht, nach den Brandanschlägen in Mölln oder Solingen zu Beginn der neunziger Jahre türkische Ermittler auf deutschem Boden zuzulassen, wäre er ebenfalls als Spinner abgetan worden. 2008 konnten türkische Polizisten in Ludwigshafen ungehindert nach den Ursachen eines Brandes forschen und schufen damit einen Präzedenzfall.

Die Krux besteht darin, daß die deutschen Politiker die potentiellen Träger dieser Sezession zu Hunderttausenden eingebürgert haben und damit aus einem möglichen Aufstand von Ausländern de facto einheimische »Massen-Kriminalität« gemacht hat, deren Forderungen legitim sind. Hätten 1985 tausende von Türken in Kreuzberg für die Einführung von Türkisch als offizieller Amtssprache demonstriert und in Folge revoltiert, hätte eine Massenausweisung dieses Problem in kürzester Zeit erledigt. Da es sich aber heute um deutsche Staatsbürger handelt, würde aus solchen Forderungen und solcher Widerständigkeit ein Problem, das nicht mehr durch Ausweisung gelöst werden kann.

Selbst die »Frankfurter Allgemeine«, eines der Leitmedien in Deutschland, spricht das Problem an, das für normale Bürger mit wachen Sinnen schon seit Jahren virulent ist: »Was, wenn die Mehrheit der Türken sich gar nicht integrieren will? (...) Wenn sie, von Erdogan dazu angespornt, türkische Schulen und Universitäten in Deutschland verlangt? Wenn sie eigene Parteien fordert und das Türkische als Amtssprache in Berlin-Kreuzberg?«[463]

---

463 »Frankfurter Allgemeine« vom 12. Februar 2008

IN WELCHE GESELLSCHAFT FÜHRT DIE MIGRANTEN-GEWALT?

Türkische Wähler als Königsmacher

Auf der politischen Ebene hat die Einbürgerung hunderttausender von Türken das Phänomen hervorgebracht, daß dieser Klientel zunehmend eine wahlentscheidende Qualität zugesprochen wird.[464]

Dabei üben sie, gemessen an ihrer Zahl, unverhältnismäßig viel Einfluß aus. Die faktische Rolle türkischer Wähler als »Königsmacher« erinnert dabei an die FDP in der Bundesrepublik, die über viele Jahre einem geflügelten Wort zufolge »mit 5% der Wählerstimmen 50% der Politik machte«.

Schon 1998 galten vielen die Wähler türkischer Herkunft als entscheidendes Zünglein an der Waage, bei der Bundestagswahl 2002 hat sich dieser Trend noch einmal verstärkt, wobei eine eindeutige Neigung der Türken zu linken Parteien festzustellen war und ist.[465]

Die CDU-Führung verstand das als Signal, vermehrt um Türken zu werben, womit sie sich immer stärker von der Parteibasis entfernte.

Die Ergebenheitsadressen deutscher Spitzenpolitiker betreffend die zukünftige Präsenz türkischstämmiger Politiker im politischen Leben Deutschlands scheinen sich in den letzten Jahren fast zu überschlagen: so prognostizierte Wolfgang Schäuble, Innenminister der CDU, einen türkischstämmigen Bundeskanzler.[466]

Gerhard Schröder, ehemaliger SPD-Bundeskanzler, sah zu Beginn des Jahres 2009 mindestens einen türkischstämmigen Minister im nächsten Kabinett.[467]

Die Grünen glänzen seit November 2008, der Wahl Cem Özdemirs, bereits mit einer zur Hälfte türkischen Spitze ihres doppelköpfigen Parteivorsitzes.

---

464 »Süddeutsche Zeitung« vom 4. September 2009
465 »Süddeutsche Zeitung« vom 4. September 2009
466 »Focus« vom 19. November 2008
467 »Süddeutsche Zeitung« vom 28. Januar 2009

Die Linkspartei duldet die Relativierung des Genozids an den Armeniern durch ihr Mitglied, den Bundestagsabgeordneten Hakki Keskin.[468]

Die FDP wirbt zwar nicht speziell um türkische Migranten, weitet aber ihren Liberalismus so weit aus, daß sie inzwischen nichts mehr gegen den EU-Beitritt der Türkei einzuwenden hat.

Hat diese FDP einstmals als Partei der Zahnärzte und Rechtsanwälte mit 5% der Wählerstimmen 50% der Politik gemacht, deutet sich bei der türkischen Minderheit ein noch krasseres Mißverhältnis an. Dadurch, daß fast alle Parteien explizit um sie buhlen, können sie im Zweifelsfall 100% der Politik mit weniger als 3% der Gesamtbevölkerung bestimmen, wobei in diesen 3% die nichtdeutschen, türkischen Staatsbürger mit eingerechnet sind. Die Bildung einer türkisch/muslimischen Partei, von vielen als »worst-case«-Szenario an die Wand gemalt, wäre dagegen nur halb so schlimm. Eine solche Partei stünde einzig als Indiz dafür, daß die Türken bereits in solchen Massen vorhanden sind, daß sie sich – neben der Einflußnahme auf deutsche Parteien – eine »eigene« Partei leisten könnten. Der schlimmste aller Fälle ist aber bereits mit der Einflußnahme auf eigentlich alle deutschen Parteien im Bundestag längst eingetreten...

Diese fatale Entwicklung war klar vorhersehbar. Schon zu Beginn der achtziger Jahre warnte der Rechtswissenschaftler Quaritsch vor einer Masseneinbürgerung von Ausländern, ohne diese zuvor ausreichend assimiliert zu haben.

»Gäbe es aber (...) eine relevante Wählergruppe türkischer Abstammung, dann stiege dieses Problem[469] zu einem Wahlkampfthema von hohem Rang auf. Da das bürgerliche und das sozial-liberale Lager fast gleich stark sind, würde der Mechanismus der Entscheidung durch Nichtentscheidung in Gang gesetzt, den wir aus allen Ländern nördlich der Alpen kennen, in denen die Wähler ebenso gleichgewichtig verteilt sind. Wo 300 000 Stimmen die Frage beantworten können, wie der nächste Regierungschef heißt, dürfen auch kleine Minderheiten nicht vor den

---

468 »junge welt« vom 9. März 2006
469 (der Autor bezieht sich auf die Freizügigkeit von Türken innerhalb Europas)

Kopf gestoßen werden. Objektiv notwendige Entscheidungen oder programmatische Aussagen dieser Art werden unterlassen, um die Macht zu erhalten oder die Macht zu erwerben. (...) welche Partei riskierte dann den allfälligen Verdacht der Türken- und Fremdenfeindschaft (...)? Vor allem: welche Partei riskiert den Verzicht auf die Wähler dieser Gruppe? (...) Wie dem auch sei: Die Einbürgerung nicht assimilierter ethnischer Gruppen schlägt unmittelbar durch auf Innen- wie Außenpolitik.«[470]

Jahrhunderte vor Quaritsch konstatierte Locke, daß eine Änderung (und De-Legitimation) der Regierung eintritt, »wenn ohne die Zustimmung und entgegen dem gemeinen Interesse des Volkes kraft der willkürlichen Gewalt des Fürsten der Kreis der Wähler oder die Art der Wahlen geändert wird. Wenn nämlich andere wählen als diejenigen, welche die Gesellschaft dazu ermächtigt hat, (...) sind die Gewählten nicht die vom Volke bestimmte Legislative.«[471]

Die gigantische Zahl von fünf Millionen Unterschriften, welche die CDU 1998/99 gegen die doppelte Staatsbürgerschaft sammelte, waren ein eindrucksvolles Votum des Volkes gegen die unbedachte, von einer kleinen Clique favorisierte Politik der Masseneinbürgerung.

Die Präsenz türkischstämmiger Politiker in der deutschen Politik soll nach Ansicht von »Integrationsexperten« und der türkischen Interessenverbände die Gleichberechtigung und Emanzipation der türkischen Volksgruppe in der Bundesrepublik symbolisieren, in den Augen der (noch) deutschen Führungselite steht sie stellvertretend für die »multikulturelle Gesellschaft« an sich. Daß diese Kooptation zwar die Repräsentation innerhalb der Politik verändert, jedoch keine wirkliche Basis bei den Deutschen hat, wird nicht begriffen. Der Akt der Kooptation selbst läßt sich als Alibi der Eliten verstehen und ist für diese nicht weiter gefährlich, wenn die Zahl und die Macht der Kooptierten einen gewissen Grad nicht überschreitet. Selbst die Grünen verweigerten Özdemir ein sicheres Bundestagsmandat und lassen damit erkennen, daß sie außer dem Vorstandsvorsitz für ihren »Vorzeige-Türken« keine weitere Partizipation türkischer Personen in ihrem Machtgefüge dulden.

---

470 Quaritsch, Einwanderungsland Bundesrepublik Deutschland?, S. 64-65
471 Locke, über die Regierung, S. 163

Anders als die USA haben wir in der Bundesrepublik kein Amalgam, das verschiedene Völker und Rassen zusammenschweißt, wie es der beständige Verweis auf den sozialen Aufstieg und die beständige Beschwörung der Nation im Alltag jenseits des Atlantik konkretisiert. Durch Repräsentation – etwa der »Stars and Stripes« oder der Heroisierung des Präsidenten – wird in den USA eine Nation geschaffen, nach Schmitt mit einem »Maximum von Repräsentation«:

»ein Maximum von Repräsentation würde ein Maximum von Regierung bedeuten; solange es wirksam vorhanden ist, könnte es mit einem Minimum von Homogenität des Volkes auskommen und aus national, konfessionell oder klassenmäßig verschiedenartigen Menschengruppen eine politische Einheit bilden. Die Gefahr dieses Zustandes liegt darin, daß das Subjekt der politischen Einheit, das Volk, ignoriert wird und der Staat, der niemals etwas anderes ist als ein Volk im Zustand politischer Einheit, seinen Inhalt verliert. Das wäre dann ein Staat ohne Volk, eine res populi ohne populus.«[472]

Die Führung der Bundesrepublik ist genau auf diesem Wege: im krampfhaften Versuch, US-Muster zu kopieren, das eigene Volk zu vergessen, einen Staat ohne Staatsvolk zu repräsentieren. Dabei spricht das Grundgesetz explizit und nur vom »deutschen Volk«, von keiner anderen Volksgruppe. Sollten die Eliten der Bundesrepublik der Meinung sein, dieses vermischen zu können oder auch nur dem deutschen Volk eine »türkische Volksgruppe« beizugesellen, sei ihnen empfohlen, dies schnellstmöglich in das Grundgesetz einzubringen – um so mehr, da ja inzwischen in allen Parteiführungen, selbst der Union, ein Konsens dafür zu bestehen scheint. Ein solcher Schritt würde jenen Deutschen, die anderer Meinung sind, die Gelegenheit geben, sich eindeutig zu positionieren.

Der überproportionale Einfluß der Wähler türkischer Herkunft wird dadurch gesichert, daß die Parteien in der Bundesrepublik den politischen Willensbildungsprozeß monopolisiert haben, obwohl sie laut Grundgesetz diesen nur *mit*bestimmen sollten. Dazu gesellt sich weiterer Parteien-Einfluß, etwa in den Medien oder in den Spitzen der Judikative.

---

472 Schmitt, Verfassungslehre, S. 215

Die Konzentration auf den Machterhalt setzt eine Auseinandersetzung mit Sachthemen, etwa die Bewahrung des deutschen Volkscharakters, auf die hinteren Ränge. Der Orientalist Raddatz hat die Machtausdehnung und inneren Mechanismen der deutschen Parteien (oder sollte man besser sagen: der Parteien in Deutschland?) zutreffend analysiert und spricht von einer Verdrängung der Loyalität gegenüber Staat und Volk:

»Da die Parteien Legislative, Exekutive und Judikative gemeinsam besetzen, hebeln sie die Gewaltenteilung aus und haben – einer vormodernen Feudalklasse nicht unähnlich – den Staat faktisch in Besitz genommen.

Diese Machtergreifung hat sich über mehrere Jahrzehnte vollzogen und unterliegt generellem Schweigen. Die Ämterpatronage setzt eine innerparteiliche Loyalität voraus, welche die Loyalität gegenüber Staat und Volk weitgehend verdrängt. Demgemäß steht nicht sachbezogenes Denken im Vordergrund, das ein Problem objektiv löst, sondern machtbezogenes Denken, das es dem subjektiven Parteiengeist unterstellt.«[473]

Ankara regiert mit

Der überproportionale politische Einfluß einer ethnisch-religiös definierten Wählergruppe ist nur eine Seite des Problems. Verschärfend kommt hinzu, daß ein türkischer Staat existiert, der diese Gruppe immer noch als seine Untertanen ansieht, selbst wenn sie die deutsche Staatsbürgerschaft besitzt – so äußerte sich der türkische Ministerpräsident im Interview mit der »Frankfurter Allgemeinen« dahingehend, daß auch die Türken mit deutschem Paß der Türkei gegenüber loyal sein sollen.[474]

In diesem Interview lud er zudem die Bundeskanzlerin Merkel ein, mit ihm zusammen auf einer Veranstaltung wie in der Köln-Arena, in welcher Erdogan seine berüchtigte Rede hielt, aufzutreten. Süffisant schrieb die »Frankfurter Allgemeine« dazu: »Erdogan lädt Merkel nach Deutschland ein.«[475]

---

473 Raddatz, Die türkische Gefahr?, S. 160-161
474 »Frankfurter Allgemeine« vom 12. März 2008
475 »Frankfurter Allgemeine« vom 13. März 2008

Wie die Staatsführung der Türkei die türkische Minderheit in Deutschland betrachtet, darüber geben folgende Sätze Auskunft:

»Angesichts der bestehenden Interessengegensätze in den Beziehungen zu Deutschland muß die Türkei ein selbstverständliches Interesse daran haben, die türkische Bevölkerungsgruppe als strategisches außenpolitisches Instrument einzusetzen. Dies erfordert unausweichlich das Ziel, die Gruppe zu mobilisieren und zu politisieren, die dann als organisierte Minderheit in die Politik der Bundesrepublik eingreift.«[476]

Der türkische Ministerpräsident Erdogan hat diese Analyse einer »deutsch-türkischen« Akademikerin in seiner Kölner Rede bestätigt und einen Machtanspruch der Türken in Deutschland zugunsten der Türkei geradezu eingefordert und indirekt auf die armenische Lobby in den USA als Vorbild angespielt:

»Jahrelang hat eine Haltung vorgeherrscht, die durch eine Distanz gegenüber der Politik in diesem Lande, gegenüber der Außenpolitik, der Innenpolitik, der Sozialpolitik geprägt war. Doch sollte die türkische Gemeinschaft mit ihren drei Millionen Menschen in der Lage sein, in der deutschen politischen Landschaft Einfluß auszuüben, Wirkungen zu erzielen. (...) Warum sollten wir im deutschen Parlament, im EU-Parlament nicht noch mehr Vertreter haben? Warum sollten unsere Ansichten bei der Formulierung der Sozialpolitik der Länder, in denen wir leben, nicht zur Kenntnis genommen werden? Schauen Sie sich die amerikanischen Wahlen an. Achten Sie darauf, wie die Menschen aus unterschiedlichen Ländern während den Wahlen und nach den Wahlen auf die Formulierung der Politik Einfluß ausüben. Leider leidet unser Land seit Jahren darunter. Manche Gemeinschaften sind in der Lage, auch wenn sie nur aus einer Handvoll Menschen bestehen, basierend auf ihrem intensiv betriebenen Lobbyismus, die Politik eines jeden Landes, in dem sie sich befinden, zu beeinflussen. Sie können Druck ausüben, um Beschlüsse der Parlamente in den jeweiligen Ländern zu erwirken. Warum sollten auch nicht wir Lobbyismus betreiben, um unsere Interessen zu schützen?«[477]

---

476 Atilgan, Türkische Diaspora in Deutschland, S. 169
477 »Frankfurter Allgemeine« vom 14. Februar 2008

Das türkische Staatsoberhaupt spricht also gegenüber den in Deutschland lebenden, zu einem nicht geringen Teil über deutsche Pässe verfügenden Türken von »unseren Interessen«. Dieser klar ausgesprochenen Vereinnahmung kommt eine zunehmende »Hüter-Stellung« des türkischen Staates seit den neunziger Jahren hinzu. Indem er sich in vielen praktischen Dingen als Fürsprecher der türkischen Minderheit einsetzt, will er die Türken auf deutschem Boden, auch die mit deutschem Paß, dauerhaft an sich binden.

»In der Tat hat die türkische Politik und Diplomatie in den Verhandlungen mit der deutschen Regierung in den letzten Jahren die Belange ihrer Staatsangehörigen verstärkt thematisiert. Die türkischen Forderungen konzentrierten sich vor allem auf Themen wie Staatsangehörigkeitsfrage, wachsende Ausländerfeindlichkeit und Bildungspolitik. Für die politischen Verantwortungsträger in Ankara ist ein resoluter Einsatz für die vielschichtigen Probleme ihrer Bürger nicht nur eine moralische Verpflichtung, sondern sie liegt auch im staatlichen Eigeninteresse. Die Fähigkeit der Türkei, den Erwartungen der Deutschland-Türken entsprechende Dienstleistungen zu erbringen, werden die Bindung an sie stärken und folglich die Motivation und die Bereitschaft steigern, sich in der bundesdeutschen Politik für die Türkei einzusetzen.«[478]

Die staatliche Führung der Türkei mischt sich immer stärker und ungenierter in die deutsche Innenpolitik ein. Irrig ist die Vorstellung, sie täte das erst seit kurzem, um ihre Staatsbürger auf deutschem Boden vor Anfeindungen zu schützen. Bereits in den achtziger Jahren gab es Vorstöße aus Ankara, kurdischen Vereinen in Deutschland den Gebrauch der kurdischen Sprache zu verbieten!

Im Jahre 1998 rief Mesut Yilmaz, der damalige türkische Ministerpräsident, dazu auf, bei der anstehenden Bundestagswahl *nicht* die CDU zu wählen. Diese dreiste Einmischung in innere Angelegenheiten Deutschlands fand leider kein gebührendes Echo und bezeugte unter der noch amtierenden Kohl-Regierung die fehlende dezisionistische Haltung der Bundesrepublik. Ein sofortiger Abbruch der diplomatischen Kontakte wäre eine angemessene Antwort darauf gewesen, doch es geschah nichts in dieser Hinsicht.

---

478 Atilgan, Türkische Diaspora in Deutschland, S. 172-173

Die Einmischungen zeugten sich im Gegenteil unverändert fort, denn ein Staat, der solchen Interventionen keine klare Grenze setzt, muß sich nicht über immer weitergehendere Forderungen wundern. Im Bundesland Brandenburg ist seit 2002 der Völkermord der osmanischen Führung an den Armeniern im Jahr 1915 Teil des Lehrplans in Geschichte – wobei das Thema nicht einmal Pflicht ist, sondern nur fakultativ. Zu Beginn des Jahres 2005 nahm die Regierung in Potsdam aufgrund eines Vorstoßes des türkischen Generalkonsuls den Genozid aus dem Lehrplan. Sogar die linke »taz« empörte sich darüber und bezeichnete dies als feigen und servilen Akt der Selbstzensur des brandenburgischen Ministerpräsidenten Matthias Platzeck.[479]

Aufgrund des starken Protests aus armenischen Kreisen, der evangelischen Kirche in Brandenburg, aber auch von Personen des öffentlichen Lebens wie dem Schriftsteller Ralph Giordano, wurde der Schritt rückgängig gemacht und der Völkermord wieder in den Lehrplan aufgenommen.

Doch die Türken-Lobby läßt nicht locker und zeigt, wie das Muster in Zukunft aussehen wird: nicht mehr der türkische Staat selbst, sondern Mitglieder der (eingedeutschten) Türken-Lobby melden sich zu Wort und werden über ihre Vertretungsmacht den türkischen Staat wirken lassen. Der Vorsitzende der »Türkischen Gemeinde in Deutschland«, Kolat, forderte 2009 erneut die Streichung des Genozids aus dem brandenburgischen Lehrplan, unter anderem mit der Begründung, das Thema setze die türkischstämmigen Schüler unter »psychologischen Druck«. Wie viele bzw. wie wenige türkischstämmige Schüler es in diesem mitteldeutschen Bundesland überhaupt gibt, erwähnte er nicht. Die »Frankfurter Allgemeine« schrieb dazu, daß es Kolat »wohl weniger um das Wohlergehen der türkischen Schüler, als vielmehr um die Interessenwahrung des türkischen Staates geht.«[480]

Die Einflußnahme steigert sich, wenn die deutsche Exekutive – quasi in vorauseilendem Gehorsam – in die Türkei reist, um den Zuspruch der türkischen Regierungsstellen auf Türken in Deutschland zu erbit-

---

479 »taz« vom 26. Januar 2005
480 »Frankfurter Allgemeine« vom 7. August 2009

ten. Was sich wie eine Verschwörungstheorie anhört, ist Realität und geübte Praxis! 2008 reiste der Arbeitsminister Nordrhein-Westfalens, Karl-Josef Laumann, nach Ankara. Einziger Zweck seines Besuchs: er wollte die jungen Türken in seinem Bundesland dazu animieren, Berufsausbildungen zu machen, um so der Arbeitslosigkeit entgegenzuwirken. Warum er sich dafür in die Türkei begab, sich mit seinem türkischen Amtskollegen traf und sein Anliegen nicht vor Ort an der Ruhr propagierte? »Viele türkische Familien bei uns hören eben immer noch mehr auf die türkische Obrigkeit als auf die deutsche.«[481]

Wieso sollte sich die offen ausgesprochene und praktizierte Politik der Türkei, türkische Volksangehörige in fremden Staaten massiv zu bevorteilen und zu instrumentalisieren bzw. zu »schützen«, nicht auch auf die Bundesrepublik erstrecken? Nur, weil Deutschland historisch nicht zum Siedlungsraum des Osmanischen Reiches gehörte? Durch die Intervention türkischen Militärs wurde 1974 die Insel Zypern geteilt und seitdem eine massive Ansiedlung von Festlandtürken betrieben; die türkische Staatsführung hat 2003 im Norden des Irak Truppen stationiert nicht allein mit der Begründung, kurdische Separatisten zu bekämpfen, sondern auch turkmenische Minderheiten in diesem Gebiet zu schützen. Ankara hat über viele Jahrzehnte die Diskriminierung der türkischen Minderheit im griechischen Thrakien beklagt, im eigenen Land aber eine weitaus härtere Verfolgung der griechischen Minderheit betrieben, so daß diese in den fünfziger und sechziger Jahren größtenteils auswanderte.

Die nach dem Ende des Kommunismus 1989 in Bulgarien entstandene »Bewegung für Rechte und Freiheiten« fungiert praktisch als Partei der türkischen Minderheit in Bulgarien und Gerüchte wollen nicht verstummen, daß sie über versteckte Kanäle vom türkischen Staat subventioniert wird.

Die deutschen Politiker denken wahrscheinlich immer noch, daß sie in Ankara einen Sonderstatus besitzen. Das trifft zwar zu, aber in völlig anderer Hinsicht, als sie es begreifen – der politische und ökonomische

---

481 »WAZ«, 28. November 2008

Status der Bundesrepublik ist nämlich weitaus höher einzuschätzen als der von kleinen und korrupten Balkanstaaten.

In keiner Weise wird die Türkei deshalb davon absehen, ihre Minderheit hierzulande nicht für ihre Zwecke zu instrumentalisieren – dazu ist das Potential des möglichen Gewinns viel zu verlockend. Die Türkei wird eher danach trachten, ihre Landsleute auf deutschem Boden noch viel stärker zu vereinnahmen als jene in ihren unmittelbaren Nachbarstaaten – *das* ist der besondere Status Deutschlands in den Augen der türkischen Regierungen gleich welcher Couleur!

Eine militärische Intervention ist nicht möglich, deshalb spielt man unter anderem virtuos auf der Klaviatur der Geschichtspolitik, um Druck auf die Deutschen und indirekt auch auf die Türken auf deutschem Boden auszuüben. Ein türkischer Generalkonsul in Nordrhein-Westfalen warnte 2008 im Gespräch mit oppositionellen türkischen Gruppierungen davor, auf den Schutz der Türkei zu verzichten – die Deutschen hätten braunes Blut in ihren Adern und würden im Zweifelsfall die Türken so behandeln wie die Juden im Dritten Reich.[482]

Hat die Regierung Kohl noch de facto den Zugang der Türkei nach Europa verschleppt, aber gegenüber Ankara das Gegenteil behauptet, bietet sich nun mit der zunehmenden Präsenz türkischstämmiger Politiker in Deutschland die Gelegenheit, über das wirtschaftsstarke Deutschland positiv auf die Beitrittsverhandlungen der Europäischen Union Einfluß zu nehmen. Gerade in dieser Frage gibt es keine streng nach Parteien gegliederte Meinungsvielfalt der türkischstämmigen Funktionäre, sondern einen quasi »alltürkischen« Konsens. So sprechen sich Bülent Arslan und Emine Demirbüken-Wegner, beide Funktionsträger innerhalb der CDU, vehement gegen die (noch) propagierte »Privilegierte Partnerschaft« ihrer Partei aus und befürworten uneingeschränkt den Beitritt der Türkei!

Der türkische Staat als hineinregierender und mitregierender Faktor in Deutschland wird weiter an Bedeutung wachsen. Beide Seiten – Ankara und die sogenannten »Deutsch-Türken« bzw. deren Interessenvertreter – arbeiten darauf hin. Ein maßgeblicher Teil der »Deutsch-Türken« betrachtet die Türkei nach wie vor als hauptsächlichen Be-

---

482 »Frankfurter Rundschau« vom 28. April 2009

zugspunkt ihres Lebens, selbst bei langdauerndem Aufenthalt in Deutschland. Vor allem vom Beitritt zur Europäischen Union versprechen sich beide Seiten ungeheure Vorteile. Für die »Deutsch-Türken« ohne deutschen Paß hierzulande würde sich mit dem Status als EU-Bürger einiges verbessern, sie könnten z.B. frei innerhalb der EU reisen. Die Türkei sähe sich außenpolitisch aufgewertet und einen uralten Minderwertigkeitskomplex besänftigt, da sich ihre Führungsschicht seit Atatürks Zeiten geistig zu Europa zählt – allerdings nimmt die islamische Orientierung zur Zeit deutlich zu. Für die Pragmatiker in Ankara ist dies kein Widerspruch, sie schielen neben der symbolischen Aufwertung vor allem auf die materiellen Vorteile etwa in Form von Wirtschaftshilfen. So oder so: wie mit einer Nabelschnur ist die türkische Minderheit in Deutschland mit der Türkei verbunden, und alles deutet darauf hin, daß die Nabelschnur zukünftig nicht durchtrennt, sondern von zusätzlichem Blut durchpulst wird. Der Orientalist Raddatz bringt es auf den Punkt: »Sprache, Familiennachzug, Reisen in die Heimat, türkisches Fernsehen, Besuche türkischer Politiker verdichten sich zu einer mentalen – und finanziellen – Nabelschnur. Durch sie schiebt sich die Türkei biologisch und geistig nach Deutschland vor und macht aus einer simplen Anwesenheit eine politische Einheit.«[483]

Es sind im wesentlichen zwei Punkte, die ein beständiges und fast direktes Mitregieren Ankaras in der deutschen Politik möglich und wahrscheinlich machen. Erstens ist es nach wie vor Strategie des türkischen Staates, die doppelte Staatsbürgerschaft von »Deutsch-Türken« möglich zu machen bzw. als anerkannte Praxis zu etablieren. Die Hinnahme der doppelten Staatsbürgerschaft ist in der Bundesrepublik zwar bei vielen anderen Staaten akzeptiert, wird aber zum Ausnahmefall, wenn allein die Zahl der möglichen Doppelstaatler aus der Türkei die Doppelstaatler aller anderen Nationen in der Bundesrepublik weit übersteigt – und weil viele dieser Doppelstaatler in ihrer Loyalität faktisch der Türkei den Vorrang geben. Das Problem ist uralt, bereits Hobbes wollte generell die Bindung an zwei Staaten verbieten.[484]

---

483 Raddatz, Die türkische Gefahr? S. 224-225
484 Hobbes, Leviathan, S. 157

Zweitens existiert die DITIB, die letztlich nichts anderes ist als eine staatliche Behörde der Türkei, ursprünglich geschaffen in der Absicht, islamistische Bestrebungen zu unterbinden, spätestens mit der Machtergreifung der AKP in der Türkei aber selbst Islamisierungstendenzen Vorschub leistet. Würde Hobbes heute leben und die Zustände in der Bundesrepublik betrachten, würde er die DITIB mit Sicherheit unter die »Unerlaubten Gemeinschaften« einreihen:

»die Abteilungen und Brüderschaften, welche von einer auswärtigen Macht errichtet sind, um entweder gewisse Lehren zu verbreiten oder Parteien zum Nachteil der höchsten Gewalt zu schaffen.«[485]

Minderheitenstatus und Türkisch als Amtssprache

Die Türken haben sich bereits »Türken-Ghettos« auf deutschem Boden geschaffen, aber die Träume ihrer Funktionäre und Fürsprecher gehen noch weiter. Sie wollen für die Türken den Status einer *anerkannten* Minderheit erreichen, also *Volksgruppenrechte* für die Türken auf deutschem Boden. So drückt es Atilgan aus:

»Für den Status der Türken in Deutschland ist die Definition des Hohen Kommissars der OSZE für Nationale Minderheiten als eine Gruppe ›mit eigener Identität, die sich deutlich von der Identität der Mehrheit der Bevölkerung unterscheidet, darüber hinaus den dringenden Wunsch hat, die Identität zu behalten oder sogar zu festigen‹ und/oder die Empfehlung der Parlamentarischen Versammlung des Europarates Nummer 1201 aus dem Jahr 1993 am aussagekräftigsten. Allerdings ist dieses Dokument nicht juristisch bindend, da die Versammlung nur empfehlen kann. Dieser Text definiert eine Gruppe dann als nationale Minderheit, wenn sie eigenständige ethnische, kulturelle, religiöse oder sprachliche Merkmale aufweist, wenn sie hinreichend groß ist sowie den Willen hat, ihre Identität zu erhalten. Zusätzlich heißt es, die Angehörigen dieser Gruppe müßten mit dem betreffenden Staat langdauernd, fest und bleibend verbunden sowie dessen Staatsbürger sein.

---

483 Raddatz, Die türkische Gefahr?' S. 224-225
484 Hobbes, Leviathan, S. 157
485 Hobbes, Leviathan, S. 208-209

Nach dieser Definition befindet sich die türkische Bevölkerungsgruppe in Deutschland auf dem Weg zur Bildung einer Minorität. Sie hat die erforderlichen ›spezifischen Eigenschaften‹ und ihr Vereinsleben zeigt den Willen zu ihrer Erhaltung. Ebenso ist die Gruppe hinreichend groß. Das letzte Kriterium der langdauernden Präsenz ist zwar nicht genau definiert, wird sich aber im Laufe der Zeit selbst erfüllen. Die relativ geringe Einbürgerungsquote der Türken in Deutschland war u.a. in der rechtlichen und konzeptionellen Geschlossenheit der deutschen Staatsangehörigkeit begründet, mit der Änderung des Staatsangehörigkeitsgesetzes wird die Zahl der Einbürgerungen von türkischen Staatsbürgern jedoch voraussichtlich erheblich steigen. Das Zentrum für Türkeistudien rechnet auf der Grundlage von Hochrechnungen im Jahre 2003 mit 900 000 deutschen Staatsbürgern türkischer Abstammung. Es ist also durchaus davon auszugehen, daß es auf lange Sicht in Deutschland eine türkische Minderheit geben wird.«[486]

Betrachtet man die gegenwärtig existierenden Minderheitenrechte in Deutschland, dann stellt man fest, daß es sich sowohl zahlenmäßig als auch gesamtpolitisch um marginale Erscheinungen in der Bundesrepublik handelt. Sorben in Brandenburg/Sachsen und Dänen in Schleswig-Holstein stellen selbst in ihren jeweiligen Bundesländern nur einen kleinen Teil der Bevölkerung; Schleswig-Holstein, Brandenburg und Sachsen sind zudem Länder mit zahlenmäßig schwacher Bevölkerung – deswegen auch geringer Bedeutung im Bundesrat – und ohne großes ökonomisches Gewicht. Sie beherbergen außerdem keine repräsentativen Millionenmetropolen.

Wenn den Türken in Deutschland in absehbarer Zeit, nur auf Grund ihres drängenden Forderns und aus Angst vor einem Bürgerkrieg, Minderheitenrechte zugestanden würden, hätte dies dagegen unabsehbare Folgen für die territoriale Integrität der Bundesrepublik. Das sind keine Horrorszenarien von Rechtsradikalen, sondern logische Folgerungen aus der Geschichte jener Länder, in denen sich eine große türkische Minderheit befindet, die die Gesamtpolitik des Landes beeinflussen will – so etwa in Zypern vor 1974. Jeder anfangs höflich ausformulierte Anspruch auf »Partizipation« wird aufgrund der historischen Er-

---

486 Atilgan, Türkische Diaspora in Deutschland, S. 95

fahrung und dem Anspruchsdenken vieler Türken/Muslime – Herrschaft über Christen auszuüben – langfristig zumindest in der Forderung nach einem Sonderstatus für die eigene Volksgruppe, wahrscheinlich aber in bürgerkriegsähnlichen Zuständen enden. So prophezeit es Peter Scholl-Latour für Deutschland bei einer weiteren Zunahme der Zahl der Muslime und einem Beitritt der Türkei zur Europäischen Union: »Die ›multikulturelle‹ Utopie weltfremder Ideologen liefe Gefahr, in Mord und Totschlag, in offenen Bürgerkrieg einzumünden.«[487]

Es sei daran erinnert, daß die Türken auf Zypern in den sechziger Jahren ca. 30% der Sitze im Parlament zugestanden bekamen, obwohl sie nur 20% der Bevölkerung der Mittelmeerinsel stellten, zusätzlich garantierte die Verfassung ihnen ein Vetorecht, welches sie so exzessiv nutzten, daß Zypern unregierbar wurde.

Da es im Gegensatz zu Dänen und Sorben keine historisch abgegrenzten Siedlungsgebiete von Türken in Deutschland gibt, würde die Türken-Lobby selbstverständlich versuchen, diese Volksgruppenrechte auf breitestmöglicher Ebene, nämlich bundesweit, zu verankern. Selbst wenn dies scheitern würde, wäre eine Verwurzelung von Sonderrechten in bestimmten Bundesländern und eine starke Beeinflussung der Bundespolitik immer noch möglich. Die zahlenmäßig größte türkische Gruppe lebt in Nordrhein-Westfalen, einem Land mit ökonomischer Potenz und Stärke im Bundesrat, da es über die höchste Einwohnerzahl aller Bundesländer verfügt. Die Zentrale der DITIB befindet sich ebenfalls dort. Dazu gesellen sich die besonders rührigen Gruppen der Türken-Lobby in solchen Metropolen wie Berlin und Hamburg und Köln, das ebenfalls in Nordrhein-Westfalen liegt.

Voigt hat in seiner Analyse großer Staatstheoretiker ein Resumee verfaßt, in welchem er die prägenden Merkmale der Staatlichkeit herausstreicht, die sich durch die Jahrhunderte als unverzichtbar erwiesen haben. Dazu zählt er nach wie vor das Staatsgebiet:

»Der moderne Staat ist nach wie vor durch sein Staatsgebiet definiert (...) Für jeden Staat ist es aber überlebenswichtig, sich auf eine Nation als Schicksalsgemeinschaft stützen zu können. Die Bildung von ›Enklaven‹ aus sprachlichen, religiösen oder kulturellen Minderheiten muß verhindert werden.«[488]

---

487 Scholl-Latour, Allahs Schatten über Atatürk, S. 308
488 Voigt, Den Staat denken, S. 313

Die sich jetzt deutlich abzeichnenden Tendenzen in den »Türken-Ghettos« weisen darauf hin, daß diese Enklaven einen prinzipiell anderen Charakter besitzen, als etwa das sorbisch und dänisch besiedelte Gebiet. In Bautzen, Lübbenau und Flensburg käme niemand auf die Idee, die Hoheit des deutschen Staates in Frage zu stellen oder das Gewaltmonopol deutscher Polizisten anzuzweifeln. Mit einer staatsrechtlichen Emanzipation der »Türken-Ghettos« hätten wir tatsächlich Enklaven in Deutschland, die sich nicht nur sprachlich, sondern auch religiös und kulturell gravierend vom deutschen Siedlungsgebiet unterscheiden würden – mit einer Tendenz zur Ausbreitung durch zunehmende Einwanderung aus Anatolien und zur »Protektion« durch Ankara.

Die mögliche Einführung von Türkisch als Amtssprache muß nicht unbedingt mit der Einführung von Volksgruppenrechten einhergehen, sondern hat einen eigenständigen Charakter. Seit Jahren versuchen Funktionäre der Türken-Lobby und ihre Parteigänger unter den Deutschen, die türkische Sprache aufzuwerten, obwohl diese international keinen Stellenwert besitzt. Die Absicht ist klar: das Manko der Türken, eine im weltweiten Maßstab unbedeutende Sprache als Muttersprache zu haben, soll durch die Anerkennung des Türkischen im deutschen Schul- und Bildungsbetrieb kompensiert werden.

Bereits 1993 sprach sich der SPD-Bezirksbürgermeister von Kreuzberg für die Einrichtung von »Europaschulen« mit Türkisch als Fremdsprache aus.[489]

Eine Einführung von Türkisch als Amtssprache, von einer allgemeinen Einführung von Türkisch in Schulen befördert, würde aber die Chance einer jetzt schon ungewissen Integration durch Spracherwerb massiv verschlechtern. Es bestünde dann nicht mehr der geringste Anreiz, die deutsche Sprache zu erlernen und gut zu beherrschen. Die Bildung türkischer Exklaven würde zementiert, was der SPD-Bezirksbürgermeister Neuköllns, Heinz Buschkowsky, treffend kommentierte, als der türkische Ministerpräsident Erdogan 2010 türkischsprachige Schulen in Deutschland forderte: »Es kann nicht die Aufgabe der deutschen Gesellschaft sein, den Jugendlichen Türkisch beizubringen (…) Wir sind keine Exklave der Türkei.«[490]

489   Bezirksamt Kreuzberg: Trauer nach Solingen in Kreuberg, S. 8
490   »Welt« vom 28. März 2010

Latent gefördert wird ein solcher Schritt aber dadurch, daß Türkisch de facto bereits in vielen Kommunen zur Amtssprache erhoben wurde. Es gibt innerhalb vieler Behörden Beschilderungen auf Türkisch, türkischsprachige Ausfüllhilfen für Formulare und türkischsprachige Mitarbeiter. Mit Berufung darauf könnten die Funktionäre der Türken-Lobby drängen, aus einem »Gewohnheitsrecht« einen formal anerkannten Status zu machen.

Es ist bezeichnend, daß sich nicht nur die CDU-Spitze, sondern auch Türken- und Islam-Verbände dagegen aussprachen, als von der CDU-Basis ein Vorstoß gemacht wurde, Deutsch als Sprache der Bundesrepublik im Grundgesetz zu verankern. Daß die Türken-Lobby dagegen Sturm lief[491], obwohl sie direkt nicht davon tangiert wäre, läßt nur einen Schluß zu: sie befürchtet, daß ein solcher Schritt zum gegenwärtigen Zeitpunkt Signalcharakter hätte und eine spätere Einführung des Türkischen erschweren bzw. verhindern würde. Es ist in ihren Augen taktisch besser, erst abzuwarten und dann nach Zuzug von weiteren Millionen Türken gegebenenfalls Deutsch *und* Türkisch im Grundgesetz zu verankern.

Der Bürgerkrieg beginnt mit der Angst vor dem Bürgerkrieg

Ein Bürgerkrieg ist generell das Schreckensszenario par excellence für einen Staat, dessen Führung, und dessen Bevölkerung. In der Bundesrepublik wird diese berechtigte Furcht noch durch die offizielle Geschichtspolitik gesteigert. Das in dieser Geschichtspolitik dargestellte absolut Böse, der Nationalsozialismus, wird in seinem Heraufkommen unter anderem mit den bürgerkriegsähnlichen Zuständen zu Beginn der dreißiger Jahre begründet. Ohne Bürgerkrieg kein Nationalsozialismus – so ist es zum Credo der Bundesrepublik geworden, nicht nur den Nationalsozialismus, sondern gleichfalls den ihn begünstigenden Bürgerkrieg unter allen Umständen zu verhindern. Praktiziert wurde dies auch mit einer exzessiven Sozialpolitik, die in den letzten Jahren allerdings an die Grenzen ihrer Möglichkeit gestoßen ist. Der Grundgedanke, daß wirtschaftliche Nöte die Bevölkerung politisch radikalisieren

---

491 »Süddeutsche Zeitung« vom 3. Dezember 2008

und deshalb abgemildert werden müssen, ist in diesem Kontext nicht von der Hand zu weisen.

Dennoch muß gefragt werden, ob das Schreckensszenario »Bürgerkrieg« in der Deutung der deutschen Eliten eins zu eins von der Weimarer Republik auf die Bundesrepublik übertragen werden kann – vor allem hinsichtlich der Feindbestimmung. Denn zum Bürgerkrieg gehören immer zwei Lager. Die radikale Rechte konnte sich in der Weimarer Republik nur deshalb durchsetzen, weil sie vom Bürgertum als einziges Mittel angesehen wurde, die radikale Linke effektiv zu bekämpfen. Entscheidend für die Machtergreifung extremer Kräfte – schließlich wuchs nicht nur die NSDAP, sondern auch die KPD an Wählerstimmen und Parteimitgliedern kontinuierlich an – war nicht ein klassischer Bürgerkrieg, denn selbst von 1930-1932 verblieben die Auseinandersetzungen im Reich auf einem relativ niedrigen Stand, der es erlaubt, nur von bürgerkriegsähnlichen Zuständen zu sprechen. Dennoch ist es nicht übertrieben, daß der Bürgerkrieg als Szenario allen vor Augen stand und als *Angst vor dem Bürgerkrieg* die Politik in der Endphase der Republik wesentlich bestimmte. Die Angst vor dem Bürgerkrieg gehört somit zum Vorfeld des Bürgerkriegs – wenn nämlich die Konfliktlinien zwischen den Lagern, welchen Charakters auch immer, eine solche Intensität annehmen, daß nur noch eine gewaltsame Lösung möglich erscheint.

Gerade im Bürgerkrieg steht die Kontrolle über das Gewaltmonopol an zentraler Stelle, ist er doch per Definition »ein Zustand bewaffneter Gewaltanwendung *in* einem Staat. Rivalisierende, fest organisierte Gruppen der Bevölkerung tragen Kämpfe gegeneinander aus, um in den Besitz des staatlichen Gewaltmonopols zu gelangen. Dieses wird der legalen Regierung streitig gemacht.«[492]

Wenn aber die Angst vor dem Bürgerkrieg bereits die Politik beeinflussen kann, dann ist es nicht mehr weit bis zum Schritt, daß in der Politik die Drohung mit dem Bürgerkrieg Fuß faßt. So schildert Blasius unter Rückgriff auf Winkler die »Drohung des Bürgerkriegs« gegen Ende der Weimarer Republik:

---

492 Blasius, Weimars Ende, S. 19-20

»Es gab in der Bürgerkriegslage der Jahre 1930-1932 keinen Stellungskrieg zwischen den verfeindeten politischen Lagern, eher einen asymmetrischen Frontverlauf. Nationalsozialisten und Kommunisten bekämpften sich zwar mit zunehmender Hemmungslosigkeit, kämpften aber auch gegen Regierungen, die das Gewaltmonopol des Staates aus schlichten Machtberechnungen aufs Spiel setzten. Heinrich August Winkler, dessen Oeuvre die historische Forschung die tiefsten Einsichten in Geschichte und Geschick Weimars verdankt, hat das Jahr 1932 unter der Kapitelüberschrift »Die Drohung des Bürgerkrieges« abgehandelt. Nicht nur für den Zeitraum des Sommers 1932, auch für die beiden vorhergehenden Jahre ist es wichtig, den Anteil von *Bürgerkriegspolitik* an der Verschärfung der Bürgerkriegslage herauszuarbeiten. Der »drohende Bürgerkrieg« hatte in der Drohung mit dem Bürgerkrieg eine seiner Wurzeln. In der »Vermeidung des Bürgerkrieges« hat Winkler eine Konstante sozialdemokratischer Politik in der Weimarer Republik gesehen. Welches Gewicht kam dieser in der Tat unveränderlichen Position in einem geschichtlichen Umfeld zu, in dem die Inhaber der Macht mit dem Bürgerkrieg hantierten und diejenigen Kräfte, die die Macht erobern wollten, auf die Entfesselung des Bürgerkriegs und die Entfachung von Bürgerkriegsfurcht setzen?«[493]

Die Drohung mit dem Bürgerkrieg – und daß damals die Sozialdemokraten einen solchen unbedingt vermeiden wollten – gehört also zur historischen Erfahrung der Deutschen und ihrer Führungseliten. Aber wenn wir die Schilderung Blasius' konsequent weiterdenken: Wären die Nationalsozialisten wirklich an die Macht gekommen, wenn die Sozialisten mit ihrer großen Mitgliederzahl und gesellschaftlichen Verankerung radikal Front dagegen gemacht hätten? Ist es nicht gerade die Lehre aus Weimar, im Zweifelsfall den Kampf mit radikalen Kräften beherzt aufzunehmen?

Die »Drohung mit dem Bürgerkrieg« läßt weiter fragen – wie reagiert die bundesrepublikanische Harmonie- und Konsensgesellschaft auf Bürgerkriegsszenarien, auf angedrohte, drohende und reale? Die Konflikte zwischen Türken und Kurden in den neunziger Jahren haben eine

---

493 Blasius, Weimars Ende, S. 20

umarmungsversessene deutsche Regierung nicht davon abgehalten, Hunderttausende deutscher Pässe an türkische Staatsbürger und damit auch an ethnische Kurden zu verteilen, obwohl schon anhand dieser zwei Konfliktparteien auf deutschen Boden sichtbar war, daß die Bundesrepublik zunehmend unfähig wurde, ihr Gewaltmonopol durchzusetzen.

Scholl-Latour schildert anschaulich die Situation zu Beginn des Jahres 1999:

»Zwei Tage lang hat die PKK immerhin demonstriert, daß sie – sobald ihre Untergrundführung dazu aufruft – die Städte Europas und speziell der Bundesrepublik, wo eine halbe Million Kurden lebt, in einen Zustand der Unsicherheit und des Aufruhrs versetzen kann.«[494]

Mit der Masseneinbürgerung hat die rot-grüne Regierung sehenden Auges den Konflikt, der bis dahin primär ein Konflikt von ausländischen Staatsbürgern auf deutschem Boden war, zu einem Konflikt zwischen deutschen Staatsbürgern gemacht.

Während die Deutschen den Bürgerkrieg fürchten wie der Teufel das Weihwasser, ist er in der Türkei über die Jahrzehnte praktisch Bestandteil der politischen Kultur geworden. Kurz nach ihrer Gründung 1923 begann im Osten der Türkei ein Kleinkrieg von Teilen der kurdischen Minderheit, der in vielem bürgerkriegsähnliche Züge trug, immer wieder mal einschlief und immer wieder mal aufflammte. Der Kurdenkonflikt ist die schwärende, nie heilende Wunde im Staatskörper der Türkei.

Viele Türken und türkische Funktionäre sind somit in gewisser Weise mit dem Zustand des Bürgerkrieges vertraut, zumal sie auch in Deutschland primär türkische Medien konsumieren und die Berichterstattung über »kurdische Terroristen« aufgesogen haben.

So verwundert es nicht, daß viele unter ihnen die Rhetorik des Bürgerkriegs beherrschen, und das um so mehr, da ihnen die besonders tiefe Furcht der Deutschen vor einem Bürgerkrieg nicht verborgen geblieben sein dürfte.

---

494 Scholl-Latour, Allahs Schatten über Atatürk, S. 296

Im Sommer 2007 verschärfte die Bundesregierung die Bedingungen für den Familiennachzug aus dem Ausland und machte dafür den Erwerb einfacher Deutschkenntnisse bereits im Herkunftsland zur Bedingung. Außerdem wurde das Mindestalter für den Ehegattennachzug von 16 auf 18 Jahre heraufgesetzt. Ausgenommen von diesen Regelungen waren EU-Europäer, Nordamerikaner, Israelis und Japaner. Zahlenmäßig betroffen waren von den Gesetzen insbesondere die Türken.

Das rief sofort den stärksten Widerspruch insbesondere der türkischen Interessenorganisationen in Deutschland hervor. Dabei verstiegen sich diese zu bislang unerhörten Aussagen, die weit über die unter den Deutschen übliche Gesetzesschelte hinausgingen. Die »Welt« schrieb am 11. Juli 2007: »Die letzte Warnung an die Kanzlerin« und zitierte Kolat, den Vorsitzenden der »Türkischen Gemeinde in Deutschland« (TGD). Bezüglich der jungen »Deutschtürken« in der Bundesrepublik sagte Kolat: »Wenn das Zuwanderungsgesetz in der geplanten Form durchkommt (...) dann habe ich die nicht mehr unter Kontrolle. Die fühlen sich dann so zurückgewiesen, da kann ich dann auch für nichts mehr garantieren.«

Man kann Kolats Worte als eine sachliche Prognose sehen. Kritische Mitmenschen könnten darin aber auch eine mehr oder weniger offene Drohung erkennen. Zumindest zeigt seine Wortwahl, daß er die »Deutschtürken« sonst »unter Kontrolle« hat, was ein merkwürdiges Verständnis bezüglich der Hoheitsrechte des deutschen Staates demonstriert. Selbst junge Türken ohne deutschen Paß sind in der Bundesrepublik in keiner Weise der formalen Kontrolle von Herrn Kolat unterworfen, sondern deutschen Gesetzen. Wenn er sie dennoch kontrolliert, dann dürfte dies auf einem gegenseitigen Einvernehmen beruhen.

Kolats Worte sind der Einbruch der Gewalt-Drohung in die deutsche Politik; selbst wenn er sie nicht so gemeint haben sollte: sie wurden von vielen so verstanden. Doch seine Aussage zog keine Konsequenzen nach sich, genau so wenig wie der Brief türkischer Interessenverbände an den Bundespräsidenten mit der Aufforderung, das Gesetz nicht zu unterschreiben, genau so wenig wie die *ultimative* Forderung an die Bundeskanzlerin, mit den Verbänden über das Gesetz zu sprechen, weil diese sonst den anstehenden »Integrationsgipfel« boykottieren würden.

Das Gesetz wurde verabschiedet – und der Bürgerkrieg blieb aus. Das macht Kolats Worte nicht weniger schlimm. Auch wenn sie in diesem Fall keinen Erfolg zeitigten, könnten sie später, unter anderen Umständen bei einem anderen Thema, doch Erfolg haben. Daß er persönlich nicht tangiert wurde, etwa durch Rücktrittsforderungen, dürfte sich langfristig eher so auswirken, daß im Verständnis vieler Türken signalisiert wurde: »Wenn ihr mit Gewalt droht, geschieht euch trotzdem nichts.«

Damit ist die Migrantengewalt auf der höchsten Ebene der Politik angekommen.

Sie wäre ein zweitrangiges, polizeilich-kriminologisches Problem, wenn dieser fatale Schulterschluß von anerkannten türkischen Interessenvertretern und der Drohung mit Migrantengewalt in der Öffentlichkeit nicht stattgefunden hätte. Kolat weiß sehr wohl, daß viele Türken in Deutschland hochkriminell sind, daß die jungen Türken »den mit Abstand gewalthaltigsten Faktor der deutschen Zukunft« bilden.[495]

Wäre dem nicht so, würde er sich kaum eine Wirkung von seinen Worten versprochen haben. Daß die Drohung verpuffte, daß das Gesetz trotzdem durchkam, sollte nicht als Beweis für eine felsenfest gegründete Sicherheit des deutschen Rechtsstaates gelten. Was mit knapp drei Millionen Türken auf deutschem Boden heute noch nicht möglich ist, könnte mit vier oder fünf Millionen nach einem EU-Beitritt leicht Wirklichkeit werden...

Dabei ist eine solche Gewaltdrohung die Wurzel für Bürgerkrieg und den Untergang eines Staatswesens. Und sie zeigt bereits jetzt, wer im eigentlichen Sinne der *Souverän* in der Bundesrepublik ist. Nach Schmitt besteht bei Konflikten innerhalb der Gesellschaft eines Staates die Souveränität darin, »diesen Streit zu entscheiden, also definitiv zu bestimmen, was öffentliche Ordnung und Sicherheit ist, wann sie gestört wird usw.«[496]

In einem Satz zusammengefaßt, einem der bekanntesten und anerkanntesten Schmitts:

»Souverän ist, wer über den Ausnahmezustand entscheidet.«[497]

---

495 Raddatz, Die türkische Gefahr?, S. 227
496 Schmitt, Politische Theologie, S. 15
497 Ebd., S. 11

Kolat hat diese Entscheidung – zumindest nach Schmitts Definition – gewagt, Kolat war in Schmitts Sinn der Souverän, der sowohl darüber entscheidet, »ob der extreme Notfall vorliegt, als auch darüber, was geschehen soll, um ihn zu beseitigen.«[498]

Der extreme Notfall liegt also vor, wenn die deutsche Legislative über die Köpfe der türkischen Interessenverbände hinweg ein Gesetz beschließt, das deren Belange tangiert – und somit einen Aufstand der Türken in der Bundesrepublik provozieren könnte. Kolat zeigte aber auch die Lösungsmöglichkeiten auf, diesen »Notfall« zu beseitigen: Rücknahme des Gesetzes und Einbindung der türkischen Interessenverbände in den Gesetzgebungsprozeß auf gleicher Augenhöhe mit der Legislative. Deutschland im Jahre 2007…

Die angestrebte Augenhöhe mit der Legislative und die Einflußnahme auf Gesetze, ohne selbst in irgendeiner Weise plebiszitär legitimiert zu sein – denn die »Türkische Gemeinde« ist nur ein Zusammenschluß von Vereinen –, ist der offensichtliche Versuch, die Legislative zu verändern. Locke urteilt über solche Bestrebungen: »Diejenigen, welche die Legislative absetzen oder ändern, beseitigen jene Entscheidungsgewalt, die niemand auf andere Weise haben kann als auf Grund der Ernennung und mit der Einwilligung des Volkes. Zerstören sie so die Autorität, die das Volk verliehen hat und die niemand sonst einsetzen kann, und errichten eine Gewalt, die das Volk nicht ermächtigt hat, so führen sie in der Tat den Kriegszustand herbei, nämlich einen Zustand der Gewalt ohne Autorität.«[499]

Hobbes kommt auf Hierarchie-Ebenen zu sprechen und konstatiert, daß eine »untergeordnete Vereinigung« immer der »höchsten Gewalt« unterworfen sein muß, weil sie ansonsten als Staat im Staate zu betrachten ist. »Denn wollte der Oberherr erlauben, daß eine untergeordnete Bürgervereinigung in allen Angelegenheiten einen Teil des Volkes darstellen könnte, so würde er praktisch hinsichtlich dieses Teiles der Bürger der Regierung des Staates entsagen und zum Nachteil des Frie-

---

498 Schmitt, Politische Theologie, S. 12-13
499 Locke, Über die Regierung, S. 171

dens und der Wohlfahrt des Volkes seine Herrschaft teilen. Dergleichen kann aber der Oberherr unmöglich erlauben, wenn er nicht die Bürger von ihrer Verpflichtung gegen ihn mit deutlichen Worten zugleich lospricht«[500]

Mit der von selbsternannten Fürsprechern einer gesellschaftlichen Gruppe ausgehenden Gewaltandrohung, und sei sie nur latent, wird nicht allein Bürgerkrieg und Staatszersetzung der Boden bereitet, sie widerspricht zudem eklatant demokratischen und rechtsstaatlichen Grundsätzen.

»Ebenso wie gegen die Gesetzesdurchsetzung ist Bürgergewalt auch gegen die Gesetzgebung unzulässig. Im parlamentarisch-demokratischen Rechtsstaat darf der Gesetzgeber von keiner Seite genötigt und damit in seiner freien Entscheidung behindert werden. Egoistische Gruppeninteressen dürfen nicht deshalb auf Kosten des Gesamtinteresses Vorteile erlangen, weil in der Industriegesellschaft die Inhaber von Schlüsselpositionen (z.B. Fluglotsen oder Müllträger) über ein wirkungsvolleres Nötigungsarsenal als andere verfügen. Wer ein Gesetzgebungsorgan des Bundes oder eines Landes sogar rechtswidrig mit Gewalt oder durch Drohung mit Gewalt nötigt, seine Befugnisse nicht oder in einem bestimmten Sinne auszuüben, wird nach § 105 StGB bestraft.«[501]
Und weiter:
»Wer im parlamentarisch-demokratischen Staat den Erlaß oder die Änderung von Gesetzen begehrt, muß die Vordertreppe zum Parlament benutzen und darf nicht über die Hintertreppe der Gewalt zum Ziel kommen wollen. Der Bürger kann bei Wahlen und Abstimmungen und durch die Beeinflussung der öffentlichen Meinung, insbesondere durch den Gebrauch seiner Grundrechte, auf das Parlament einwirken, jedoch darf er nur argumentieren und nicht revoltieren, nur demonstrieren und petitionieren, aber nicht terrorisieren.«[502]
Es bleibt noch anzumerken, daß die Drohung mit dem Bürgerkrieg nicht auf die Verlautbarungen der Funktionäre türkischer Interessenverbände beschränkt ist, sondern auch in die Literatur Einzug gehalten

---

500 Hobbes, Leviathan, S. 200-201
501 Merten, Rechtsstaat und Gewaltmonopol, S. 44
502 Merten, Rechtsstaat und Gewaltmonopol, S. 44

hat. Cem Gülay, der in Hamburg das Abitur machte, dann in das kriminelle Milieu abrutsche und nach seinem »Ausstieg« eine Biographie verfaßte, äußert sich so:

»Aber ihr werdet ihn kriegen, euren Krieg, den Straßenkrieg im eigenen Land. Es wird so kommen. Ich weiß es, und ich werde versuchen zu erklären, warum. Es kann jederzeit passieren. Es werden keine Vorstädte brennen wie in Paris oder Straßburg, in Lyon, Marseille oder auch in Kopenhagen. Nein. Die Innenstädte werden brennen. Sie werden diesen Kampf in die Städte hineintragen, weil sie sich dort bewegen. Weil es euch dort am meisten schmerzt. Wir werden diese Aufstände bekommen – wenn wir nicht umdenken. Wer sind *sie*? Es sind die jugendlichen Migranten, die sogenannten. Wir sind viele. Wir sind bereits jede vierte Familie in eurem Land, das auch unser Land ist (…)«[503]

Sollte Gewaltandrohung oder -anwendung nämlich auch nur einmal oder gelegentlich den gewünschten Erfolg zeitigen, dann tritt ein verhängnisvoller Teufelskreis ein. Der Erfolg führt dazu, daß die Drohung bzw. Anwendung von Gewalt institutionalisiert wird. Verschärfend kommt hinzu, daß andere Gruppen in der Gesellschaft ebenfalls dazu übergehen (könnten), das »Erfolgsmodell Gewalt« zu kopieren – die Gewalt in der Gesellschaft breitet sich dann immer mehr aus.[504]

Der Vorstoß der türkischen Interessenverbände hinsichtlich der Nachzugsregelung zielte darauf ab, die Verabschiedung eines geplanten Gesetzes zu verhindern. So könnte man den Ausfall Kolats noch als einmaligen Vorfall verstehen, als Überreaktion einer »emotionalen Angelegenheit« von der er sprach.[505]

Doch es blieb kein Einzelfall. Im Jahr 2009 folgte erneut ein Vorstoß Kolats, um den brandenburgischen Lehrplan für Geschichte hinsichtlich des Völkermords an den Armeniern 1915 zu »korrigieren«. Dieses Thema, so Kolat in der türkischen Zeitung »Hürriyet«, setze die türkischstämmigen Schüler unter einen psychologischen Druck, der sie in ihren schulischen Leistungen beeinflusse, und es »gefährde den inneren Frieden«. Er werde sich deshalb mit dem Brandenburger Ministerpräsiden-

---

503 Gülay/Kuhn, Türken-Sam, S. 8
504 Gurr, Rebellion, S. 227-228, Hannah Arendt: Macht und Gewalt, S. 79
505 »Welt« vom 11. Juli 2007

ten treffen und diesen darum bitten, die Vorwürfe aus dem Lehrplan zu streichen, kündigte Kolat an. Auch die geplante Gedenkstätte für den Potsdamer Pfarrer Lepsius, der den Genozid dokumentierte, will Kolat verhindern – der Brief an Angela Merkel sei schon unterwegs.[506]

Die von Kolat angesprochene »Gefährdung des inneren Friedens« wurde von der »Frankfurter Allgemeinen« so interpretiert, daß er Angst habe, »daß es in Brandenburg deshalb zu ausländerfeindlichen Übergriffen kommen könnte«. Sicher würde sich Kolat gegen eine solche Auslegung nicht wehren. Aber seine Worte, so diffus formuliert, sind durchaus in die andere Richtung deutbar – Unruhen von Türken, um die Änderung des Lehrplans zu erzwingen. Wieder steht die Gewaltdrohung zumindest latent im Raum, um deutsche Lehrpläne faktisch durch türkische zu ersetzen. Damit kommen wir zu einer weiteren Kernfrage: inwiefern verändert die Masseneinwanderung von Türken, ihre geschlossene Ansiedlung und Konstituierung als Volksgruppe die politische Lage in der Bundesrepublik?

Nach Schmitt beruht die demokratische Legitimität auf dem Gedanken, daß der Staat die politische Einheit eines Volkes ist.[507] In Deutschland war dies trotz der territorialen Zerrissenheit und der deutschen Teilung stets eine Antriebskraft, denn gerade weil sich die Deutschen kulturell und durch die gemeinsame Abstammung so verbunden fühlten, wollten sie diese staatliche Trennung aufgehoben und sich in einem Staat vereinigt sehen.

Mit der Masseneinwanderung der Türken und ihrer Etablierung als eigenständiger Volksgruppe tritt ein anderes Volk zum deutschen Volk auf deutschem Boden hinzu, und zwar eines, das weder klein ist und für sich selbst existiert (wie die Sorben) noch eines, deren »Schutzmacht« im Vergleich zu Deutschland relativ schwach ist (wie Dänemark mit 5 Millionen Einwohnern bei den Dänen in Schleswig-Holstein).

Die Bevölkerung in der Türkei vermehrt sich immer noch rasant und wird in einigen Jahren an Köpfen die Bevölkerung der Bundesrepublik überflügeln; die Türkei befindet sich zudem an einer strategischen Schnittstelle und wird deshalb von den USA hofiert, welche über die Türkei die Rohstoffvorräte Zentralasiens in den Westen holen wollen.

---

506 »Frankfurter Allgemeine« vom 7. August 2009
507 Schmitt, Verfassungslehre, S. 90

Wesentlich trennendes Element zwischen beiden Volksgruppen, zwischen Deutschen und Türken, ist neben der Ethnie die Religion, und zwar von der türkischen Seite aus. Über Jahrhunderte hat sich im Osmanischen Reich, dessen Staatsvolk die Türken waren, gemäß islamischem Recht die Gleichung Nichtmuslim = rechtloses Subjekt eingebürgert. Das wurde von den Türken verinnerlicht, die als Muslime die christlichen Minderheiten beherrschten und als Türken die zwar muslimischen, aber nichttürkischen Minderheiten. Atatürks Reformen haben diese Gleichung variiert, aber nicht grundlegend verändert. Trotz des vielbeschworenen Laizismus trennt der türkische Staat eindeutig zwischen muslimischen und nichtmuslimischen Bürgern und behandelt letztere als Bürger zweiter Klasse.[508]

Tief im türkischen Volk vor allem der ländlichen Regionen, aus denen sich der Hauptteil der Einwanderer nach Deutschland rekrutierte, ist die Vorstellung verwurzelt, daß Türkisch-Sein mit Muslimisch-Sein identisch ist.[509]

Man kann darüber streiten, ob die Religion letztlich nur Ausdruck eines ethnischen Selbstbehauptungswillens ist, ob sie die wirkliche Ursache der Absonderung darstellt oder nur als Mittel zum Zweck vorgeschoben wird. Hätte man fast drei Millionen überzeugter Kemalisten im Land, wäre die Problematik anders geartet, in ihrer Essenz aber doch gleich – statt Moscheen würden dann eben mehr türkische Kulturzentren gefordert. Hätte man theoretisch drei Millionen deutscher Islam-Konvertiten im Land, gäbe es solche Forderungen nicht. Tatsache ist, daß die Absonderung der Türken von den Deutschen sehr oft in der Durchsetzung religiöser Normen des Islam seinen Ausdruck findet.

Das ständige Gegeneinander-Ausspielen von weltlichen und religiösen Gesetzen, wie sie in der Bundesrepublik beispielhaft in der verbissenen »Kriegführung« muslimischer Verbände gegen deutsche Schulgesetze zum Ausdruck kommt, ist nur scheinbar ein Konflikt auf niedriger Ebene um Detailregelungen im Unterricht; in Wahrheit stellt er die Spitze des Eisbergs dar. Grundsätzlich geht es darum, daß säkular-deut-

---

508 Cagaptay, Who is a Turk?, S.1
509 Schiffauer, Die Bauern von Subay, S. 102

sche und muslimische-türkische Herrschaftsansprüche in einen Konflikt eingetreten sind, der alle Potentiale eines Bürgerkriegs enthält.

Langfristig ist die Gefahr eines Bürgerkriegs vor allem deshalb nicht von der Hand zu weisen, weil der Machtanspruch muslimischer Interessenverbände allumfassend ist, ihre Religion, Mentalität und Gesellschaftsform dem Grundgesetz und der deutschen Kultur in eklatanter Weise widerspricht. Sie werden sich zudem langfristig nicht damit begnügen, ihre archaische Lebensform für sich selbst zu bewahren, sondern werden versuchen, sie auch den Deutschen aufzuzwingen – das unterscheidet sie z.B. von orthodoxen Juden, die keinerlei Missionsanspruch haben.

Da die von den Türken/Muslimen dominierten Viertel primär jene Deutschen beherbergen, die entweder sozial schwachen Randgruppen zugehören oder sich dort nur in ihrer Ausbildungsphase aufhalten (Hilfsarbeiter, Rentner, Sozialhilfeempfänger, Studenten), ist der großen Masse der Deutschen dieses Problem bis vor kurzem noch nicht bewußt beziehungsweise als zweitrangig betrachtet worden. Gleiches läßt sich für die Führung des Landes sagen. Allerdings ist die Durchmischung der sozialen Schichten und verschiedener Volksgruppen in Deutschland in Wohnlagen immer noch ausgeprägter als in Amerika, so daß die Konfliktlinien im Alltag viel öfter und intensiver zutagetreten.

Als potentielle übergreifende Konfliktlinien eines zukünftigen Bürgerkrieges in der Bundesrepublik sind vor allem die zwei folgenden wahrscheinlich:

1.) Es besteht die Möglichkeit, daß es zu größeren Konflikten zwischen der Staatsmacht der Bundesrepublik und gewalttätigen Migranten vornehmlich muslimischer Konfession kommt.

Zu erwarten ist, daß deutsche Eliten kurzfristig weiterhin einknicken und dem Partikularinteresse vieler Muslime unter ständiger Vergewaltigung des Allgemeinwohls Raum geben. Damit wird die Konfliktlage aber nur vorläufig und oberflächlich vermindert, in Wirklichkeit aber langfristig und tiefgründig verschärft. Denn ein solches Vorgehen wird nicht nur berechtigten Unmut bei der restlichen Bevölkerung hervorrufen; wie die Erfahrung zeigt, stillen Zugeständnisse nicht die Forderungswut radikaler Gruppierungen, sondern steigern sie sogar noch.

Die Reaktion der Bundesregierung auf den aufkommenden Terror der RAF demonstrierte eine zuerst zögerliche, teils ratlose, auch zum

Verhandeln bereite Haltung, welche bekanntermaßen den Terror nicht aufhielt, sondern ihn im Gegenteil weiter anfachte. Mit einem harten, kompromißlosen Zuschlagen, etwa durch die Erstürmung der »Landshut« 1977, wurde dann der Umschwung bewirkt. Damals ging es aber nur darum, ein paar exponierte Terroristen auszuschalten. Das weitgehende Fehlen staatsbürgerlicher Loyalität würde bei einem Potential von mehreren Millionen Muslimen viel weitgehendere Maßnahmen erfordern, falls sich dieses in aufstandsähnlichen Formen Bahn bricht.

Sollte sich der Staatsapparat der Bundesrepublik aber weitergehenden Kompromissen gegenüber den radikalen Forderungen von Muslimen verweigern, wird die Konfliktlinie primär zwischen diesen radikalen Muslimen und der Staatsgewalt verlaufen.

2.) Es besteht die Möglichkeit, daß die Staatsmacht der Bundesrepublik die Migrantengewalt zu kooptieren versucht, um der Bevölkerung zu suggerieren, die Lage unter Kontrolle zu haben und um sich weiterhin zu legitimieren. Es gibt erste Anzeichen dafür: Zusammenarbeit von Polizei und Moscheegemeinden, verstärktes Werben der öffentlichen Dienste (auch und gerade der Polizei) um Bewerber mit »Migrationshintergrund«.

Wenn der Staatsapparat der Bundesrepublik den Forderungen der Türken bzw. Islam-Lobby langfristig und weitgehend nachgibt, wird sich der entstehende Konflikt primär als ein Konflikt der Staatsgewalt (und ihr kooptierter Migrantengewalt) gegen aufrührerische Deutsche präsentieren, die sich gegen eine solche Entwicklung stemmen.

Denn diese Zugeständnisse würden darauf hinauslaufen, den Türken und den Muslimen als Gruppe eine bevorrechtigte Position zu verschaffen – viele unter ihnen empfinden das als gerecht, weil sie historisch als Minderheit die Geschicke der Mehrheit lenkten, etwa auf dem Balkan oder in den mehrheitlich von Armeniern und Griechen besiedelten Gebieten Kleinasiens; eine solche Bevorteilung spricht aber nicht nur allen bürgerlichen Gesetzen und aller staatlichen Verfaßtheit der BRD Hohn, sie wird auch zwingend und notwendig den Widerstand großer Teile der zu Zweitklassigen ernannten Deutschen hervorrufen.

Es bleibt in diesem Szenario fraglich, welche Zukunft eine Staatsführung hat, die bereit ist, gegen das eigene Staatsvolk Krieg zu führen und gezielt Ressourcen von der Mehrheit der Bevölkerung auf eine Minderheit umzuschichten.

Dieses zweite Szenario wird den Bürgerkrieg letztlich also nicht verhindern, sondern nur zeitlich verzögern und verkomplizieren, wenn illoyale Muslime in den Staatsdienst eingesickert sind.

Das ist die verhängnisvollste Folge der Kooptation – daß sie, allen Absichten der Eliten zum Trotz, zum Bürgerkrieg führen wird.

Mißstände können nur zu einem gewissen Grade totgeschwiegen werden. Die Migrantengewalt aber hat durchaus das Potential, die Bundesrepublik zu zerrütten – vor allem dann, wenn sie weiter derart verharmlost wird und weiter medial derart unbeachtet bleibt, daß die deutsche Bevölkerung ihrem Staat die Loyalität aufkündigt.

Die Polizei delegitimiert sich nicht nur gegenüber gewalttätigen Migranten, wenn sie sich ihrer nicht konsequent erwehrt oder deren »Hoheitsgebiete« bewußt meidet und faktisch herrschaftsfreie Räume zuläßt; die Justiz handelt übrigens ähnlich, wenn sie Migranten – aus was für Gründen auch immer – weniger hart verurteilt als Deutsche.

Die Polizei delegitimiert sich vor allem bei der deutschen und (bisher) staatstreuen Bevölkerung, die sich völlig zu Recht langfristig eigene Regulative schaffen wird, wenn der Staat als Ordnungsmacht versagt. Bisher konnten die Konflikte auf einem niedrigen Niveau gehalten werden, da vor allem die Mittelschichten aus bestimmten Vierteln weggezogen sind oder sich, wie es vor allem bei Linken vorkommt, in schizophrener Manier des Wohnens in multikulturellen Gegenden erfreut, aber die Kinder dort anmeldet, wo wenig Migranten zur Schule gehen. Diese Ausweichbewegung wird zunehmend verunmöglicht werden, da bereits in Großstädten Mitteldeutschlands wie Leipzig Migrantengewalt etabliert wurde und sie sich auch in »bessere Gegenden« ausbreitet, in Berlin z.B. in den Bezirken Wilmersdorf oder in klassische Ost-Bezirke wie Pankow, in denen der Anteil der Migranten an der Wohnbevölkerung eher gering ist.

Oft waren es Eliten, die sich zum Vorreiter gesellschaftlicher Entwicklungen machten. Man könnte die aktuellen Probleme mit der Migrantengewalt als vorübergehendes Phänomen betrachten, das verschwindet, wenn die »nationalbornierten« unteren Schichten den Multikulturalismus akzeptiert haben, so wie sie die früher verpönte Emanzipation der Frau ja auch akzeptierten.

Der Denkfehler hierbei besteht darin, daß die Deutschen die Entwicklung der Frauenemanzipation als Deutsche mitvollzogen haben und in großem Maße alle Schichten von der Emanzipation durchdrungen wurden. Es profitierten zudem die Männer in nicht geringem Maße von dieser Emanzipationsbewegung – durch die Arbeitstätigkeit der (Ehe-)Frau, von ihrer »sexuellen Befreiung« ganz zu schweigen.

Mit der »Multikulturalisierung« durch Masseneinwanderung von Türken/Muslimen ist es ganz anders: diese Entwicklung verläuft parallel zum deutschen Volk, genauso wie die Entwicklung von Türken-Ghettos räumlich parallel verlief bzw. sich in einer nicht skandalisierten Verdrängung von Deutschen äußerte. Und es ist etwas ganz anderes, wenn die Emanzipation einer Gruppe negativ auf die eigene Lebensführung durchschlägt: sei es von der Lärmbelästigung durch den Muezzinruf bis hin zu sexuellen Belästigungen von deutschen Frauen durch türkische Jungmachos, bis hin zum Gefühl, im eigenen Lande fremd zu sein und sich anpassen zu müssen:

»Mit fortschreitendem Expansionsprozeß der türkischen Kulturkolonien verstärkt sich allerdings auch die *Umkehrung der Realität*, d.h. der Rollentausch, der die deutsche Bevölkerung zum kulturellen ›Paria‹ wandelt. Nicht nur die generelle Abwehr von Protest als ›Rassismus‹, sondern auch der abschätzige Tenor, mit dem der Anspruch des Gemeinwohls (...) abgekanzelt wird, kennzeichnen den Unwert der einheimischen Bevölkerung. So wurde es inzwischen zur täglichen Pflichtübung von Politik und Medien, z.B. lokale Widerstände gegen Moscheebauten als mehr oder weniger absurde Zumutung vom Tisch zu wischen.«[510]

Anders als in den USA ist die räumliche Trennung zwischen verschiedenen sozialen Schichten in Deutschland längst nicht so strikt ausgeprägt und es ist fraglich, ob sich »gated communities« der (deutschen) Reichen auf der einen und »ethnic quarters« in Gestalt von Türken-Ghettos auf der anderen Seite im dichtbevölkerten Mitteleuropa so ausprägen können wie jenseits des Atlantik. Die von Hannah Arendt be-

---

510 Raddatz, Die türkische Gefahr?, S. 207

schriebene Situation, daß die (weißen) wohlhabenden Liberalen von
der Aufhebung der Rassentrennung nicht geschädigt wurden, in deren
Folge die schwarze Unterschicht die öffentlichen Schulen der weißen
Mittelschicht flutete und deren Niveau senkte, ist so in Deutschland
trotz der Tendenz zu Privatschulen nicht möglich. Man lese den 1971
verfaßten Text Arendts und ersetze dabei »Neger« durch »Türken«
und »Weiße« durch »Deutsche«, und man wird viele Parallelen zur heutigen Situation der öffentlichen Schulen in Deutschland erkennen, aber
auch die Unterschiede zwischen den beiden Ländern. Genau diese räumliche Segregation, die es den Reichen in den USA ermöglicht, den mittleren und unteren Schichten Rassenmischung zuzumuten, sich ihr selbst
aber zu entziehen, ist in Deutschland weitgehend unmöglich:

»Im Osten und Norden des Landes hat sich herausgestellt, daß eine
Integration der Neger in den gehobenen Einkommensschichten auf keine großen oder unüberwindlichen Schwierigkeiten stößt. Sie ist heute
eigentlich überall ein fait accompli. Wohnhäuser mit verhältnismäßig
hohen Mieten kann man integrieren, wenn die schwarzen Einwohner
der gleichen, gehobenen Schicht angehören wie die weißen und gelben
(vor allem Chinesen, die als Nachbarn besonders beliebt sind.) Da die
Zahl erfolgreicher Neger-Kapitalisten sehr gering ist, handelt es sich
hier im Wesentlichen um die akademischen und freien Berufe – Ärzte,
Anwälte, Schauspieler, Schriftsteller usw. Die gleiche Integration im
mittleren oder unteren Bürgertum, vor allem der Arbeiterschaft, die ein-
kommensmäßig eher zu der oberen Schicht des Kleinbürgertums gehört, führt zu Katastrophen, und zwar nicht nur, weil das Kleinbürgertum eben besonders »reaktionär« ist, sondern weil diese Schichten nicht
zu Unrecht der Meinung sind, daß alle diese Reformen in der Neger-
frage auf ihre Kosten erfolgen. Das läßt sich am besten am Beispiel
der Schulen illustrieren. Die öffentlichen Schulen, inklusive der »high
school«, sind in Amerika unentgeltlich. Je besser diese Schulen sind,
desto größer ist die Chance für unbemittelte Kinder, in die Colleges und
Universitäten zu kommen, das heißt, sozial aufzusteigen. Dieses öffentliche Schulwerk in den Großstädten ist unter dem Ansturm eines
sehr zahlreichen, nahezu ausschließlich schwarzen Lumpenproletariats
eigentlich zusammengebrochen, mit sehr wenigen Ausnahmen; diese
Institutionen, in denen Kinder zwölf Jahre gehalten werden, ohne auch

nur Lesen und Schreiben zu lernen, kann man kaum noch als Schulen bezeichnen. Wird nun eine Straße oder ein Viertel der Stadt schwarz auf Grund der Integrierungspolitik, so verwahrlost die Straße, verwahrlosen die Schulen, verwahrlosen die Kinder, kurz, die Gegend wird in kürzester Zeit ein Slum. Die Hauptleidtragenden sind die Italiener, die Juden, die Iren, die Polen und andere ethnische Gruppen, die nicht arm sind, aber auch nicht reich genug, um einfach umziehen zu können.

Dies ist aber durchaus, wenn auch oft unter erheblichen Opfern, den gehobenen Schichten möglich. Man sagt mit Recht: in New York können bald nur noch die ganz Armen und die ganz Reichen leben. Nahezu die gesamte weiße Bevölkerung schickt ihre Kinder entweder in die sehr teuren Privatschulen, die oft sehr gut sind, oder in die vor allem katholischen Konfessionsschulen. Ausweichen können auch Neger der gehobenen Schichten. Nicht ausweichen kann die Arbeiterschaft und das Kleinbürgertum. Was diese Leute nun besonders erbittert, ist, daß die Begüterten auf Grund ihrer liberalen Gesinnung Gesetze durchsetzen, deren Folgen sie nicht spüren. Sie verlangen die Integration der öffentlichen Schulen, die Abschaffung der Nachbarschaftsschulen (man fährt die schwarzen Kinder aus den Elendsquartieren, die zum großen Teil einfach verwahrlost sind, in die Schulen der vorwiegend weißen Gegenden), die zwangsweise Integrierung der Wohnbezirke – und schicken die eigenen Kinder in Privatschulen und verlegen den eigenen Wohnsitz in Vororte, die sich nur bestimmte Einkommensgruppen leisten können.«[511]

Die politische Elite der Bundesrepublik – die trotz aller Lippenbekenntnisse zu Europa und zum Weltbürgertum immer noch deutsch ist – hat langfristig die Wahl, sich entweder selbst abzuschaffen durch immer stärkere Kooptation von Migranten vornehmlich aus dem muslimischen Lager oder existent zu bleiben durch den einzigen Weg, Augenhöhe im türkisch-islamischen Lager zu erreichen: Konversion zum Islam. Beides, auch das erstere, ist äußerst zweifelhaft. Keine gesellschaftliche Gruppe schafft sich selbst ab, und es kennzeichnet gerade die Führungsschicht der Bundesrepublik, daß sie nur in einer gewissen

---

511 Arendt, Macht und Gewalt, S. 128-129

Richtung »international« geworden ist – studiert wird in den USA, in Großbritannien und Frankreich, aber in den seltensten Fällen in der Türkei oder in Ägypten. Man ißt Sushi und Französisch, Italienisch und Chinesisch, aber den Döner holt man sich äußerst selten in vornehme Häuser. Man gibt die Kinder in den Schüleraustausch in die USA oder nach Frankreich, aber nicht in die Türkei. Früher oder später werden Moscheebauten aber nicht mehr auf die typischen Migrantenviertel begrenzt sein, und die deutschen Eliten müssen dann Farbe bekennen.

Der Gedanke, die Forderungen der Türken/Muslime würden sich gerade durch Kooptation abschwächen, ist genauso irrig. Es führt dies nur zu einem Aufschub, aber nicht zu einer Verhinderung des Bürgerkriegs, weil die Kooptation mit den ständig ausgesandten Demutssignalen deutscher Politiker gegenüber türkischen und muslimischen Interessenvertretern das genaue Gegenteil bewirkt:
»Einen stolzen Menschen durch Geld oder Würden von nachteiligen Unternehmungen gegen den Staat zurückhalten zu wollen ist sowenig Belohnung wie Gnade, sondern ein Beweis der Furcht; da doch der Staat ein König über alle Stolzen und gemacht ist, ohne Furcht zu sein. Dergleichen gereicht nicht zum Vorteil des Staates, sondern zu dessen offenbaren Schaden und ist ebenso ein Streit des Oberherrn mit dem stolzen Bürger wie der des Herkules mit der vielköpfigen Hydra. Denn wie bei dieser an Stelle eines verlorenen Kopfes drei andere zugleich nachwuchsen, so werden, falls man einen Stolzen durch solche Belohnungen besänftigt hat, mehrere andere sich finden, die aus Hoffnung, ein Gleiches zu erhalten, das Gleiche tun werden. Es geht mit den Freveltaten wie mit den Waren: je höher ihr Wert, desto mehr häufen sie sich an. Wird daher auch dadurch, daß man schlecht gesinnte Menschen zu gewinnen sucht, der Bürgerkrieg eine Zeitlang aufgeschoben, so nimmt die Gefahr dennoch immer mehr zu, und der Umsturz des Staates wird unvermeidlich. Der Oberherr darf also diejenigen, welche durch Unruhen im Volke die Macht erstreben, nicht durch Belohnungen davon abzuhalten suchen.«[512]

---

512 Hobbes, Leviathan, S. 291

Die Möglichkeit einer auch nur zeitweiligen Usurpation des deutschen Staates durch türkische Interessengruppen wird den Staatszerfall in jedem Fall fördern. Denn deren klientelistische Struktur und Verhaltensweise, die primär von der Bedienung des Partikularinteresses bestimmt ist, gemahnt an Muster, wie sie in Afrika vorherrschen. Der Staatsapparat wird zur Geisel partikularer Interessen, die sich ethnisch oder anders (z.B. religiös) begründen. Durch die Usurpation dieser Partikularinteressen wird der Staat für die Gesellschaft in ihrer Gesamtheit dysfunktional:

»Der Zerfallsprozess staatlicher Legitimität, Autorität und Kapazität setzt ein.«[513]

Wer fahrlässig die ethnische und religiöse Homogenität des eigenen Landes durch Masseneinwanderung zerstört, wird früher oder später die Konsequenzen tragen müssen; selbst die Elite wird dann die Auswirkungen ihres Handelns – und ihres Unterlassens – deutlich zu spüren bekommen. Wer Millionen von Orientalen ins Land läßt, wird zwangsläufig orientalische Verhältnisse erreichen, zynisch formuliert: die Rechtsstaatlichkeit von Syrien, den Religionsfrieden des Libanon, den inneren Frieden der Türkei in den Kurdengebieten...

---

513 Spanger, Die Wiederkehr des Staates, S. 27

SCHLUSSWORT

Die Bedrohung der Demokratie in Deutschland

> *»Wird also ein Staat nicht*
> *durch eine äußere Gewalt,*
> *sondern durch innere Empörung zerstört,*
> *so sind seine Stifter daran schuld.«*[514]

Es wurde aufgezeigt, welche Ausmaße die Migrantengewalt in den Städten Deutschlands hat und daß sie zunehmend nicht nur die exekutive Gewalt in Form der Polizei bedrängt, sondern auf politischem Wege Einfluß auf die Legislative nimmt. Dabei gehen türkisch-/muslimische Interessenvertreter unterm Strich noch nicht mit offensiver Gewalt, aber bisweilen mit Gewaltrhetorik vor und vertrauen auf die bisher eingeübten Mechanismen des deutschen Staates, Konflikte durch Konsens und Kooptation besänftigen und beseitigen zu wollen.

Diese Kooptation nimmt dann exzessive und schädliche Formen an, wenn sie in der Politik dazu führt, daß Personen primär nach ihrer ethnischen Herkunft ausgewählt werden und nicht mehr nach sonstigen Kriterien. Der Aufruf Kenan Kolats vor der Bundestagswahl 2009, türkischstämmige Kandidaten zu wählen ungeachtet ihrer Parteizugehörigkeit, ist symptomatisch für dieses Verhalten. Es drängt sich der Eindruck auf, daß es in der Politik nicht mehr um bestimmte Programme geht, sondern um die Ersetzung einer Ethnie durch eine andere.

Dieser Machtwechsel geschieht schleichend, ohne Schüsse und Barrikaden, aus von Deutschen gewährter Kooptation wird langsam Usurpation durch Türken und Muslime. Diese Usurpation ist nach Lockes Definition »etwas wie eine Eroberung im eigenen Land«, bei der Personen ausgewechselt werden, Form und Regeln einer Regierung aber erhalten bleiben.[515]

Das Buhlen aller etablierten deutschen Parteien um Wählerstimmen von sogenannten »Deutsch-Türken« zeigt einmal mehr, daß die Vertre-

---

514 Hobbes, Leviathan, S. 267
515 Locke, Über die Regierung, S. 150

ter dieser Gruppe einen unangemessenen Einfluß auf die Legislative ausüben, und sei es nur durch ihre selbsternannten Fürsprecher wie Kolat.

Das Bemühen der deutschen Eliten, bürgerkriegsähnliche Zustände durch Kooptation verhindern zu wollen, führt in eine Sackgasse. Je stärker türkisch-muslimische Interessenverbände auf den Gesetzgebungsprozeß Einfluß nehmen und je stärker sie bestehende Gesetze erfolgreich in ihrem Sinne verändern, desto mehr verliert die gesamte Legislative an Legitimität und Zustimmung bei den Deutschen, dem Staatsvolk der Bundesrepublik.

»Wer immer auf anderem Wege zu irgendeinem Teil der Machtausübung gelangt, als es die Gesetze der Gemeinschaft bestimmt haben, hat kein Recht auf Gehorsam, auch wenn die Staatsform erhalten bleibt.«[516]

»Zwar wird oftmals einem neuen Staatsgebilde Platz gemacht, wenn man das alte zerstört – doch ohne die Zustimmung des Volkes kann damit niemals ein neues errichtet werden.«[517]

Die Verbände der Türken/Muslime arbeiten dabei mit dem Aufstellen von Gesslerhüten, die in öffentlichen Diskussionen der Bundesrepublik nicht angetastet werden dürfen; der effektivste ist der Gesslerhut der Religionsfreiheit, flankiert von jederzeit abrufbaren »Nazi«- bzw. »Rassismus«-Vorwürfen an die deutsche Adresse, wenn Kritik am Islam bzw. an der »multikulturellen Gesellschaft« erfolgt.

Es gibt jedoch Gefahren, die in ihrer Latenz stärker sind als in ihrem akuten Bedrohungspotential. Ein muslimischer Prediger, der offen die Ersetzung deutschen Rechts durch die Scharia fordert, würde sich sofort eine mediale Welle der Empörung und Zurückweisung einhandeln. Dieselben Medien geben sich aber geradezu beglückt über alles, was unter dem Etikett des »Multikulturalismus« die Bildung einer islamischen Gegengesellschaft fördert – z.B. die Einweihung einer Moschee oder eines islamischen Kulturzentrums – und damit die Einführung der Scharia nicht heute, aber morgen....

---

516 Locke, Über die Regierung, S. 150
517 Locke, Über die Regierung, S. 134

Nach Durchsicht und Lektüre der recht zahlreichen und seit Ende der siebziger Jahre florierenden Literatur zum Thema Ausländerkriminalität/Integration hat sich in der Bilanz des Verfassers ein eindeutiges Fazit herausgebildet: es ist fast alles verwirklicht worden, was die Linken *gefordert* haben. Im gleichen Maße ist aber auch alles eingetreten, was die Rechten *befürchtet* haben. Inzwischen haben wir beides – Millionen Ausländer mit deutschen Pässen *und* jene Gegengesellschaften, die nach Meinung der Linken angeblich nur mit Masseneinbürgerung und »gleichen Rechten« zu verhindern waren.

Durch Masseneinwanderung aus dem außereuropäischen Raum ist in Europa und speziell in Deutschland eine zunehmend heterogene Gesellschaft entstanden. Sie droht die politische Willensbildung zu lähmen und zu blockieren, in vielen Fällen der Mehrheit durch nichtdemokratische Prozesse wie den der Kooptation den Willen einer ethnisch-religiösen Minderheit aufzuzwängen.

Das Problem ist nicht nur ein deutsches, sondern ein europäisches, wird durch ständige Bezüge auf die USA und deren erfolgreiche Lösung des Rassenproblems noch verschlimmert. Denn der Vergleich hinkt; Schwarze waren schon assimiliert, bevor sie 1865 von der Sklaverei befreit wurden und bevor sie hundert Jahre später die vollen Bürgerrechte erhielten. Sie waren zwangsassimiliert worden und hatten mit der englischen *Sprache* und dem *Christentum* jene wesentlichen Merkmale ihrer angelsächsischen Herren angenommen, die doch gerade viele eingewanderte Volksgruppen in jedem europäischen Land von der Aufnahmegesellschaft unterscheiden.

In Deutschland wird das Problem durch eine Beißhemmung gegenüber Minderheiten und durch die Geschichtspolitik extrem verschärft. Als oberstes Feindbild gilt der Rechtsextremismus bzw. dessen politisches Wiedererstarken in Form eines Nationalsozialismus. Dieser stach historisch dadurch hervor, daß er eine religiöse Minderheit, die von ihm als Rasse definiert wurde, erbarmungslos verfolgte.

Folglich haben zwei Punkte höchste Priorität in der Diskussion darüber, was die Bundesrepublik gefährden könnte, wobei man sich stets das Schicksal der Weimarer Republik vor Augen hält: man fürchtet ein Wiedererstarken radikal rechter politischer Strömungen und man ächtet jede Form von Minderheitenkritik, weil diese latent mit Antisemitismus gleichgesetzt wird.

Diese Tendenzen haben sich nach dem Fall der Mauer 1989 noch verschärft, da der Kommunismus als bis dahin herrschendes stärkstes Feindbild plötzlich wegfiel.

Die deutschen Eliten haben in den neunziger Jahren, nach der Wiedervereinigung, den »Neo-Nazi« als größten zu bekämpfenden Feind erschaffen, offenbar um Anwürfen fehlender Wachsamkeit gegenüber Rechtsradikalismus von außen und innen zu begegnen und nach dem Zusammenbruch des Kommunismus ein neues Feindbild zu prägen. Gleichzeitig wurde der deutsche Charakter der Bundesrepublik langfristig durch den »Multikulturalismus« in Frage gestellt. Auch der in diesen Jahren extrem propagierte »Verfassungspatriotismus« hatte seinen Zweck: eine Ablösung von der Definition des Staates als Heimstätte des deutschen Volkes als ethnischer Gemeinschaft zu einem Nationsverständnis nach angelsächsischem bzw. französischem Muster.

Das neue Feindbild und die mit ihm verbundenen Reflexe haben sich allerdings verselbständigt. Mag zu Beginn der neunziger Jahre Grund für eine harte Bestrafung gegenüber rechten Gewalttätern bestanden haben, ist diese längst obsolet. Die Verdächtigungen und falschen Beschuldigungen bezüglich rechtsextremer Taten scheinen inzwischen zahlreicher als die tatsächlichen Vorkommnisse, und der sonst verdammte »Generalverdacht« kann ohne Probleme auf »die Deutschen« angewandt werden.

Bei einer solchen Sachlage ist in der öffentlichen Diskussion für alles Platz, nur für eines nicht: für die Migrantengewalt und das Bewußtsein, daß aus einer religiös-ethnischen Minderheit heraus dem Staat der Bundesrepublik Gefahr drohen könnte.

Das Verzwickte an der Situation besteht darin, daß jede starke Maßnahme gegen türkisch/muslimische Interessengruppen zugleich verschiedene etablierte deutsche Gruppen mit ihren Partikularinteressen angreift; die Linken und Grünen wollen den »edlen Wilden aus dem Morgenland« weiterhin möglichst original konservieren, um ihn als positives Gegenbild zum deutschen Spießer zu präsentieren, sie teilen mit dem türkischen Ministerpräsidenten Erdogan dessen in Köln verkündete Auffassung, daß »Assimilation ein Verbrechen gegen die Menschlichkeit« sei.

Eine zurückhaltende Vergabe der deutschen Staatsbürgerschaft oder ihre schnelle Aberkennung bei staatsfeindlichen Umtrieben widerspräche dem Ansinnen der meisten Parteien, sich Wähler durch Masseneinbürgerungen zu verschaffen. Eine konsequente Laizismus-Politik ist schon deshalb nicht möglich, weil der deutsche Staat in vielfacher Weise den beiden größten Religionsgemeinschaften in Deutschland Sonderrechte eingeräumt hat und sogar Kirchensteuer für sie eintreibt.

Die staatliche Führung der Bundesrepublik wird also weiter der territorialen Zersplitterung und der schleichenden Aushöhlung des Gewaltmonopols durch Migrantengewalt entgegentaumeln, weil die Konsensdemokratie bundesrepublikanischer Spielart eine entschiedene Problemlösung noch weniger möglich macht als in anderen Demokratien westlichen Musters.

Die Demokratie in der Bundesrepublik ist also in vielfacher Weise bedroht. Doch man muß sich darüber klarwerden, daß diese Bedrohung »hausgemacht« ist. Die Feinde der Freiheit nehmen sich nur jenen Spielraum, der ihnen gelassen wird. Es wäre verfehlt und unzutreffend, »die Türken« oder »die Muslime« pauschal als die entscheidende Gefahr für die Bundesrepublik zu stilisieren. Wenn eine fremde Ethnie oder Religion hierzulande zunehmend Machtansprüche stellt, dann nur deshalb, weil ihnen bereitwillig Platz gemacht wird – vom Parteienwesen in Deutschland, das den Willen des Souveräns längst nicht mehr abbildet, sondern sich verselbständigt hat; von deutschen Führungspersonen, die Toleranz mit Selbstaufgabe verwechseln, die Multikulturalität predigen, sich in ihren von der Einwanderung (noch) verschonten Villenvierteln aber nur unter ihresgleichen bewegen.

Hier liegt der entscheidende Ansatzpunkt für eine notwendige Kurskorrektur. Die Migrantengewalt ist in diesem Sinne tatsächlich nur »ein Produkt der deutschen Gesellschaft« – aber in einem anderen Sinne, als es linke Intellektuelle wahrhaben wollen.

Der deutschen Politik wird es niemals gelingen, der Migrantengewalt mit den bisher angewandten kosmetischen Mittelchen Herr zu werden. Die Wahrheit ist, daß die Politik selbst sich radikal ändern muß. Die Lösung liegt aber nicht in einer veränderten Einstellung zu den Fremden, sondern in einer veränderten Einstellung der Deutschen zu sich selbst – daraus ergibt sich alles weitere.

LITERATURVERZEICHNIS

Dursun Akcam:
Deutsches Heim - Glück allein
Alaman Ocagi: Wie Türken Deutsche sehen
Göttingen 1993

Peter Alexis Albrecht/Christian Pfeiffer:
Die Kriminalisierung junger Ausländer. Befunde und Reaktionen sozialer
Kontrollinstanzen
München 1979

Freia Anders/Ingrid Gilcher-Holtey (Hg.):
Herausforderungen des staatlichen Gewaltmonopols. Recht und politisch
motivierte Gewalt am Ende des 20. Jahrhunderts
Frankfurt/Main 2006

Hannah Arendt:
Macht und Gewalt
München 1971 (2. Aufl.)

Ulrich Arnswald/Heiner Geißler/Sabine Leutheusser-Schnarrenberger/
Wolfgang Thierse:
Sind die Deutschen ausländerfeindlich? 49 Stellungnahmen zu einem
aktuellen Thema
Zürich 2000 (2. Aufl.)

Canan Atilgan:
Türkische Diaspora in Deutschland.
Chance oder Risiko für die deutsch-türkischen Beziehungen
Hamburg 2002

Autorengruppe Ausländerforschung:
Zwischen Ghetto und Knast. Jugendliche Ausländer in der Bundesrepublik
Reinbek 1981

Deborah D. Avant:
The Market for Force
The Consequences of Privatizing Security
Cambridge 2005

Werner Baumeister:
Ehrenmorde.
Blutrache und ähnliche Delinquenz in der Praxis bundesdeutscher
Strafjustiz
Münster 2007

Beauftragte der Bundesregierung für die Belange der Ausländer:
Ausländerkriminalität oder kriminelle Ausländer.
Anmerkungen zu einem sensiblen Thema
Bonn 1993

Bezirksamt Kreuzberg:
Trauer nach Solingen in Kreuzberg.
Berlin 1993

Gero Birke:
Private Military Companies. Akteure in rechtlichen Grauzonen
Saarbrücken 2007

Dirk Blasius:
Weimars Ende. Bürgerkrieg und Politik 1930-1933
Göttingen 2005

Mathias Bös:
Rasse und Ethnizität. Zur Problemgeschichte zweier Begriffe in
der amerikanischen Soziologie
Wiesbaden 2005

Wolf-Dietrich Bukow/Klaus Jünschke/Susanne Spindler/Ugur Tekin:
Ausgegrenzt, eingesperrt und abgeschoben.
Migration und Jugendkriminalität"
Opladen 2003

Soner Cagaptay:
Islam, Secularism and Nationalism in Modern Turkey. Who is a Turk?
New York 2006

Johannes Dietlein:
Die Lehre von den grundrechtlichen Schutzpflichten
Berlin 1992

Norbert Elias:
Studien über die Deutschen.
Machtkämpfe und Habitusentwicklung im 19. und 20. Jahrhundert
Frankfurt/Main 1989

Guido Fickenscher:
Polizeilicher Streifendienst mit Hoheitsbefugnissen.
Rechtsfragen der freiwilligen Polizeidienste und Sicherheitswachten in
Deutschland
Baden-Baden 2006

Ernst Forsthoff:
Rechtsfragen der leistenden Verwaltung
Stuttgart 1959

Wolfgang Gieler/Torben Ehlers:
Von der Anwerbung zur Abschottung oder zur gesteuerten Zuwanderung?
Grundlagen deutscher Ausländerpolitik
Albeck bei Ulm 2001

Cem Gülay/Helmut Kuhn:
Türken-Sam.
Eine deutsche Gangsterkarriere
München 2009

Ted Robert Gurr/Peter N. Grabosky/Richard C. Hula:
The politics of crime and conflict
Beverly Hills 1977

Christian Hanssen:
Trennung der Märkte.
Rechtsdogmatische und rechtspolitische Probleme
einer Liberalisierung des Drogenstrafrechts
Frankfurt/Main 1999

Kirsten Heisig:
Das Ende der Geduld.
Konsequent gegen jugendliche Gewalttäter
Freiburg/Breisgau 2010

Thorsten Hinz:
Zurüstung zum Bürgerkrieg
Schnellroda 2008

Max Hermanutz/Christiane Ludwig/Hans Peter Schmalzl:
Moderne Polizeipsychologie in Schlüsselbegriffen
Stuttgart 2001 (2. Aufl.)

Thomas Hobbes:
Leviathan
Erster und Zweiter Teil
Stuttgart 2007

Martin Ludwig Hofmann:
Monopole der Gewalt
Mafiose Macht, staatliche Souveränität und die Wiederkehr
normativer Theorie
Bielefeld 2003

Wilhelm Hofmann (Hrsg.):
Die Sichtbarkeit der Macht.
Theoretische und empirische Untersuchungen zur visuellen Politik
Baden-Baden 1999

Bernd Hüttner/Gottfried Oy/Norbert Schepers (Hg.):
Vorwärts und viel vergessen.
Beiträge zur Geschichte und Geschichtsschreibung sozialer Bewegungen
Neu-Ulm 2005

Samuel P. Huntington:
Who are we?
Die Krise der amerikanischen Identität
Hamburg 2004

Martina Huppertz/Volkmar Theobald (Hrsg.):
Kriminalitätsimport
Berlin 1998

Josef Isensee:
Das Grundrecht auf Sicherheit.
Zu den Schutzpflichten des freiheitlichen Verfassungsstaates
Berlin 1983

Jörg Kinzig:
Die rechtliche Bewältigung von Erscheinungsformen organisierter
Kriminalität
Berlin 2004

Heinrich von Kleist:
Michael Kohlhaas
München 2004 (3. Aufl., Nachdruck der Erstausgabe von 1810)

Regina Klose:
Deskriptive Darstellung der subjektiv empfundenen Haftsituation
männlicher türkischer Inhaftierter im geschlossenen Jugendstrafvollzug in
Nordrhein-Westfalen
Frankfurt/Main 2002

Wolfgang Knöbl:
Polizei und Herrschaft im Modernisierungsprozeß.
Staatsbildung und innere Sicherheit in Preußen, England und Amerika 1700-
1914
Frankfurt/Main 1998

Manfred Krause/Solinger Geschichtswerkstatt (Hrsg.):
Solingen - eine Stadt und ihre ausländischen BewohnerInnen.
Geschichte und jüngste Vergangenheit
Solingen 1994

Peter Kreuzer:
Politische Clans und Gewalt im Süden der Philippinen
Frankfurt/Main 2005

Klaus von Lampe:
Organized Crime.
Begriff und Theorie organisierter Kriminalität in den USA
Frankfurt/Main 1999

Landeskommission Berlin gegen Gewalt:
Berliner Forum Gewaltprävention/Sondernummer 1
Kriminalität, Gewalt und Gewalterfahrungen von Jugendlichen
nichtdeutscher Herkunft in Berlin
Berlin 2000

Anna Leander:
Eroding State Authority?
Private Military Companies and the Legitimate Use of Force
Rom 2006

John Locke:
Über die Regierung.
(The Second Treatise of Government)
Stuttgart 2008

Karl Loewenstein:
Kooptation und Zuwahl.
Über die autonome Bildung privilegierter Gruppen
Frankfurt/Main 1973

Niccolo Machiavelli:
Der Fürst
Stuttgart 1978 (6. Aufl.)
Discorsi – Gedanken über Politik und Staatsführung
Stuttgart 1977 (2. Aufl.)

John J. Mearsheimer/Stephen Walt:
Die Israel-Lobby.
Wie die amerikanische Außenpolitik beeinflußt wird
Frankfurt/Main 2007

Detlef Merten:
Rechtsstaat und Gewaltmonopol
Tübingen 1975

Jan Motte/Rainer Ohliger (Hg.):
Geschichte und Gedächtnis in der Einwanderungsgesellschaft.
Migration zwischen historischer Rekonstruktion und Erinnerungspolitik
Essen 2004

Christian Müller:
Das staatliche Gewaltmonopol.
Historische Entwicklung, verfassungsrechtliche Bedeutung und aktuelle
Rechtsfragen
Berlin 2007

Frank Neubacher:
Fremdenfeindliche Brandanschläge.
Eine kriminologisch-empirische Untersuchung von Tätern,
Tathintergründen und gerichtlicher Verarbeitung in Jugendstrafverfahren
Bad Godesberg 1998

Oberstadtdirektor Solingen:
Dokumentation Veröffentlichung der Stadt Solingen zum Jahrestag des
Brandanschlages Pfingsten 1994
Solingen 1994

Jürgen Osterhammel:
Kolonialismus. Geschichte, Formen, Folgen
München 1995

Mark Pieth/Mario von Cranach/Claudio Besozzi/Christa Hanetseder/
Karl-Ludwig Kunz:
Gewalt im Alltag und organisierte Kriminalität.
Die Ergebnisse eines Nationalen Forschungsprogramms
Bern 2002

Hans Plattner:
Die Türkei.
Eine Herausforderung für Europa
München 1999

Wolfram Pyta:
Hindenburg.
Herrschaft zwischen Hohenzollern und Hitler
München 2009

Helmut Quaritsch:
Einwanderungsland Bundesrepublik Deutschland?
München 1982 (2. Aufl.)

Hans-Peter Raddatz:
Die türkische Gefahr?
Risiken und Chancen
München 2004

Matthias Rebmann:
Ausländerkriminalität in der Bundesrepublik Deutschland.
Eine Analyse der polizeilich registrierten Kriminalität von 1986 bis 1995
Freiburg/Breisgau 1998

Ralf Rogge/Armin Schulte/Kerstin Warncke:
Solingen.
Großstadtjahre 1929-2004
Gudensberg-Gleichen 2004

Jürgen Roth/Rainer Nübel/Rainer Fromm:
Anklage unerwünscht!
Korruption und Willkür in der deutschen Justiz
Frankfurt/Main 2007

Ralf Rother:
Gewalt und Strafe.
Dekonstruktionen zum Recht auf Gewalt
Würzburg 2007

Martina Sauer/Faruk Sen:
Türkische Unternehmer in Berlin.
Struktur - Wirtschaftskraft - Problemlagen
Berlin 2005

Carsten Schäfer/Letizia Paoli:
Drogenkonsum und Strafverfolgungspraxis.
Freiburg/Breisgau 2006

Werner Schiffauer:
Die Gewalt der Ehre.
Erklärungen zu einem deutsch-türkischen Sexualkonflikt
Frankfurt/Main 1983

Werner Schiffauer:
Die Bauern von Subay.
Das Leben in einem türkischen Dorf
Stuttgart 1987

Werner Schiffauer/Gerd Baumann/Riva Kastoryano, Steven Vertovec
(Hrsg.):
Staat - Schule - Ethnizität.
Politische Sozialisation von Immigrantenkindern in vier europäischen
Ländern
Münster 2002

Arthur M. Schlesinger:
The Disuniting of America
New York 1998

Heinz Schöch/Michael Gebauer:
Ausländerkriminalität in der Bundesrepublik Deutschland.
Kriminologische, rechtliche und soziale Aspekte eines gesellschaftlichen
Problems
Baden-Baden 1991

Carl Schmitt:
Verfassungslehre
Berlin 1957 (Unveränderter Nachdruck von 1928)

Carl Schmitt:
Die geistesgeschichtliche Lage des heutigen Parlamentarismus
Berlin 1923

Carl Schmitt:
Politische Theologie.
Vier Kapitel zur Lehre von der Souveränität
Berlin 1990 (unveränderter Nachdruck der zweiten Auflage von 1934)

Carl Schmitt:
Positionen und Begriffe im Kampf mit Weimar – Genf – Versailles – 1923 –
1939
Hamburg 1940 (Neudruck Berlin 1988)

Carl Schmitt:
Staat, Großraum, Nomos.
Arbeiten aus den Jahren 1916-1969
Berlin 1995

Peter Scholl-Latour:
Allahs Schatten über Atatürk.
Die Türkei in der Zerreißprobe
München 2001 (6.Aufl.)

Dirk Schumann:
Politische Gewalt in der Weimarer Republik 1918-1933.
Kampf um die Straße und Furcht vor dem Bürgerkrieg
Essen 2001

Wolfgang Sofsky:
Traktat über die Gewalt
Frankfurt/Main 1996

Dinesh D'Souza:
Illiberal Education. The Politics of Race and Sex on Campus
New York 1991

Hans-Joachim Spanger:
Die Wiederkehr des Staates.
Staatszerfall als wissenschaftliches und entwicklungspolitisches Problem
Frankfurt/Main 2002

Ulrich Storost:
Staat und Verfassung bei Ernst Forsthoff
Frankfurt/Main 1979

Hanne Straube:
Türkisches Leben in der Bundesrepublik
Frankfurt/Main 1987

Hanne Straube:
Der kandierte Apfel.
Türkische Deutschlandbilder
Berlin 2001

Hermann Tertilt:
Turkish Power Boys.
Ethnographie einer Jugendbande
Frankfurt/Main 1996

Ahmet Toprak:
Das schwache Geschlecht - die türkischen Männer.
Zwangsheirat, häusliche Gewalt, Doppelmoral der Ehre
Freiburg/Breisgau 2005

Vasileios Tzemos:
Das Untermaßverbot
Frankfurt/Main 2004

Udo Ulfkotte:
Vorsicht Bürgerkrieg!
Was lange gärt, wird endlich Wut
Rottenburg/Neckar 2009 (2. Aufl.)

Rüdiger Voigt:
Den Staat denken.
Der Leviathan im Zeichen der Krise
Baden-Baden 2007

Matthias Weidemann:
Geschichte der Sippenhaftung – Das Einstehenmüssen von Verwandten
Münster 2002

Hans-Rudolf Wicker/Jean-Luc Alber/Claudio Bolzman/Rosita Fibbi/Kurt
Imhof/Andreas Wimmer:
Das Fremde in der Gesellschaft.
Migration, Ethnizität und Staat
Zürich 1996

Jan Wriedt:
Von den Anfängen der Drogengesetzgebung bis zum Betäubungsmittel-
gesetz vom 1.1. 1972
Frankfurt/Main 2006

Feridun Zaimoglu:
Kanak Sprak
24 Mißtöne vom Rande der Gesellschaft"
Hamburg 1995